Rudolf Steiner

ルドルフ・シュタイナー 思考の宇宙

中村昇

河出書房新社

はじめに

ルドルフ・シュタイナーとの長いつきあいを、どう書きだせばいいのだろうか。始まりは、鹿児島市の金海堂書店だ。たしか天文館通りをでて、左側にあった本屋だった。書店に入ると真正面の棚に、それはあった。毎週通っていたので、新しい本はすぐ目につく。見たこともない紫色の背表紙。『神智学《しんちがく》』と書いてある。「この本を読め」とこちらに語りかけているようだ。

その頃は、鹿児島市の南端、谷山の下宿で暮らしていた。中学高校と、三畳や四畳半の部屋で一人かなり鬱屈していた。本ばかり読んでいた。学校の図書室で『南方熊楠《みなかたくまぐす》全集』とであい、ニーチェやショーペンハウアー、ベルクソン、小林秀雄、吉本隆明《たかあき》を読む。どこにでもいる素直じゃない高校生だった。でも、神秘主義には、それほど関心はなかった。それなのに、その本が、まっすぐこちらに飛びこんできたのだ。

紫の箱から本をとりだして開くと、シュタイナーの横顔の写真があった。何ともいえない佇《たたず》まいに驚く。静謐《せいひつ》ですべてを見通している眼。問答無用だった。「あ、この人は、あらゆることを知っている」と直観した。何年かあとに、同じイザラ書房からでた『いかにして超感覚的世界の認識を獲得するか』の写真は、もっと鮮烈だった。こちらを正面からじっと見つめ、すべてを見透かしている。この写真は、いまも大学の研究室の机上で、こちらをじっと見つめている。

こうして、シュタイナーとのつきあいが始まった。中学高校の頃から古本屋によく通っていた。

高校をでて上京し、早稲田や神田の古本街、高幡不動の文雅堂書店など、多くの古本屋に本を売り払った。稲垣足穂《いながきたるほ》に憧れ、「本来無一物《ほんらいむいちもつ》」などといって、すべての蔵書を売り払ったときでも、なぜか、シュタイナーの『神智学』と『いかにして超感覚的世界の認識を獲得するか』の二冊だけは手元に残った。本当に不思議だ。大修館書店の『ウィトゲンシュタイン全集』も、松籟社の『ホワイトヘッド著作集』も、すべて売り払った後にも（もちろんこの二セットは、その後再び買い揃えた。専門なので）、この紫の二冊だけは、ぽつんと部屋に残っていた。

大学院で、ウィトゲンシュタインを研究することになったとき、高橋巖《いわお》先生に手紙をだした。「これから、ウィトゲンシュタインを研究するつもりなのだが、シュタイナーもとても好きなのです。どうしたらいいのでしょうか」といった支離滅裂な内容だった。高橋先生はこの上なく優しく、「何かあったら、いつでも来なさい」というお返事をいただいた。しかし残念ながら、未だにその機会はない。四〇年ほど前のことだ。

当時から考えるといまは、信じられないくらいシュタイナーの本がでている。初めて、ちくま学芸文庫からでたときには（『神秘学概論』一九九八年）、小躍りして喜んだ。「シュタイナーが、文庫になった」と思わず声がでたほどだった。現在、とても読破できないくらい、シュタイナー関係の書物が出版されている。それなのにいま、シュタイナーの本をあらためて書くことに、どんな意味があるのだろうか。

この本の特徴は、「哲学者としてのシュタイナー」にも焦点をあてて書くという点にある。神秘学徒だと公《おおやけ》にする前に、一人の哲学者であったシュタイナーが、どんな哲学を構築したのか。そしてその哲学は、神秘学にどう影響しているのか。そういう観点にも配慮して、この稀代の思想家を描くことができれば、と思っている。森羅万象に通じているこの偉大な人物を、哲学にかかわってきた私なりにスケッチしてみたいというわけだ。

ルドルフ・シュタイナー 思考の宇宙 ＊ 目次

第3章　シュタイナーの生涯　67

ルドルフ・シュタイナー　思考の宇宙

第1章

シュタイナーという思想家

1　いかにしてわたしは、ルドルフ・シュタイナーにたどりついたのか

幼稚園に入る前に、大病をして毎月のように入院していた。はっきりした記憶はないが、夜の病室や、病院の売店のことなどぼんやり覚えている。その頃は、たしかに死が身近にあった。生まれてそれほど時間はたっていないし（死の領域から、こちらに来たばかり）、病気も立てつづけにしたからだ。小学校に入ると、身体はわりと丈夫になった。ただ死に対する身近な思いは、もちつづけていたように思う。まわりには年寄りが多く、他人の死がとても身近だった。

この頃は、夜寝る前に、死に対する恐怖に毎晩のようにしめつけられていた。いつか必ず死ぬという人間の有限性、そして死ぬと意識がまったくなくなる（自分がいなくなる）という想像を絶する状態。だが同時に、もし死なない場合でも、その無限性（いつまでも生きつづけるということ）も気持が悪かった。この世界（偶然で意味のわからない）にいつづけなければならないというとてつもない恐怖を感じた。とにかく、いったいこの世は、どうなっているのか、という思いをいだきつづけていたのだ。

誰かちゃんとした大人が、「生きている意味と死後のこと」をいずれ教えてくれると本気で思っていた。もし、そうでなければ、この世界はかなり奇妙な世界だろう。お金のことや、学校や仕事やテレビのことなど、どうでもいいことに、みんな血道をあげている。必ずみんな死ぬのに、誰もが笑って生きていける。いま生きている人のほとんど（ほんの少しの例外を除いて）は、一〇〇年後には、この世にはいないのに。どうしてみんなこれほど能天気なのか。

そうこうしているうちに、中学から親元を離れ、一人暮らしが始まる。中学三年間は、四畳半

の下宿だった。狭い部屋にひとりぽつんといる一三歳は、やはり死ぬことや生きることの意味をどうしても考えてしまう。昼間は中高一貫の進学校に行くにはいっていたが、まったく興味がもてなかった。中一のとき、同級生の下宿で、たまたま本棚にあった黒いカバーの文庫本に興味をもち借りる。一行目からかなりの衝撃を受ける。『人間失格』だった。

それから、太宰治、三島由紀夫、大江健三郎、安倍公房《こうぼう》などにのめりこんでいく。この人たちは、たしかに、世間一般の人たちとはちがう。人間が生きるというのは、どういうことなのか、深く考えているようだ。この人たちは、いままで会った大人とはちがい、「まともな人たち」だと直観した。

下宿の夕飯をかきこむと、黄昏《たそが》れていく街を一人路面電車の終着駅に向かう。近くの書店まで歩くのだ。文庫本の棚を隅からすみまで見て、面白そうな本を何冊か買う。四畳半に戻り、夜遅くまでその本を読む。「まともな人たち」の声をじっと聞く。至福のときだった。そして中二のときに、小林秀雄にであい、評論や思想関係の本も読み始める。そのなかでも、哲学者という人種が、私と同じ疑問を考えているようだと見当がついた。

その当時いちばん気に入っていた哲学者は、ショーペンハウアーだった。とにかく饒舌《じょうぜつ》だ。小難しいことはいわず、とてもわかりやすい。ときどき、唐突にヘーゲルの悪口をいう。これがまたいい。たまに会う底抜けに面白い親戚のおじさんのようだった。大学に行ったら、『意志と表象としての世界』を、きちんとドイツ語で読もうと思った。

さらにドストエフスキーやベルクソンを読み始めた頃だろうか、アルベール・カミュの『シーシュポスの神話』を手にした。やっと、わたし自身の問題と同じものを考えている人が現れたと思った。人間の生は、シーシュポスが受けている罰と同じで徒労ではないのか。だから、自殺するかどうかこそが、人間の唯一の問題だ。自殺だけが、人間に許されたただひとつの能動的な行為だというわけだ。衝撃を受けた。

そして、ついにシュタイナーにであう。あの写真とあの内容。やっと本当のことを教えてくれる人が目の前に現れたと思った。このことこそが、われわれ人間にとって（いや、私にとって）、最も知りたいことなのだから。

2　三人の思想家

その後上京し、二〇歳前後に、さらに二人の人物を知る。スウェーデンボルグとエドガー・ケイシーだ。シュタイナーも入れて、この三人は、幼い頃からの疑問に正面から答えてくれた。この三人の著作を耽読《たんどく》することによって、霊界の存在、輪廻転生《りんねてんしょう》といった事柄をだんだんと信じるようになっていく。静思社の『スウェーデンボルグ全集』や、ジナ・サーミナラのケイシーに関する本（『転生の秘密』『超能力の秘密』など）を、当時むさぼるように読んだものだ。この世界の秘密が、つぎつぎと解きあかされていくと感銘を受けていた。

もちろん、『神智学』や『いかにして超感覚的世界の認識を獲得するか』も何度も読み返していた。その後も、シュタイナー自身の著書や、彼に関する本が、どんどん刊行されていったので、「表の顔」（西洋哲学の研究者）とは、あまり接点のないこれらの本を大切に読破していった。そのなかでも、とくに子安美知子さんの『ミュンヘンの小学生』（中公新書）には、心の底から感動する。シュタイナー教育の実際が、とてもわかりやすく説明されていた。これが真の教育だ、と魂が震えたのを覚えている。

なぜ、わたしは、これほどまでに、この三人に心惹かれたのだろうか。おそらく、つぎのような事情だったにちがいない。

何もかもうまく説明できない、この世界の有様は、あまりにも滅茶苦茶のような気がしていた。倫理や道徳といったもののでたらめさ（時代や地域によって異なるあり方）、人間や諸々の存在の原理的な不平等さ（この世界では、どこにも、「平等」など実現されていない）。生まれも育ちも、その人が選んだわけでもなく、寿命だって、ことごとく勝手に決められているという原理的な受動性。生まれてすぐ亡くなる子もいれば、悪いことばかりして天寿をまっとうする政治家もいる。戦争という底知れずばかげた行為は、この地球上からいつまでたってもなくならない。

一方で、生物種や植物種の豊富さはどうだろう。ミクロのレベルでも、マクロでも、とんでもなく複雑で豊饒な世界の様相。これもまた、眼を瞠《みは》るものがある。なぜ、これほどまでに宇宙は、彩り豊かなのか。何の目的があって、これほど派手に細工がほどこされているのか。モルフォ蝶の美しさ、擬態の不思議さ、昆虫の無数の種類。心の底から不思議だ。どんな些細なことも、これっぽっちも説明できない。この複雑怪奇な世界のあり方に圧倒される。いま、われわれがもっている以外の原理がなければ、この世界や人間のあり方は、けっして明解には説明できないだろう。

いま考えると、このような思いにとらわれていて、この三人の著作にのめりこんでいったということがわかる。世界のこの無秩序な豊饒さや、その無根拠を前にすると、たとえば、シュタイナーの『アカシャ年代記より』の壮大な宇宙進化論も、さほどおかしなこととは思えなくなる。スウェーデンボルグの天界の描写も、ケイシー・リーディングの底知れない細かさも、ケイシーの口を借りて、病気の治療法を伝授するアトランティスの医師団の存在も、もしかしたら真実かもしれないと思ってしまう。どちらもどちらだと思ってしまうのだ。

3　根源的な問について

そもそも私たちが、なぜ生きているのか、という問に、この世界内部の知識だけで答えることができるのだろうか。この「なぜ」を勝手に薄く解釈すれば、答えることができるかもしれない。私たちは、なぜ生きているのか。幸せになるため、平和な世界をつくるため、いろいろな経験を手にするため、子孫を残すため……。

なるほど。このような答でいいのであれば、いくらでも答えることはできるだろう。問答の形式として、とくにおかしいわけでもない。「なぜ」の問に対して、ちゃんと答えてはいる。それに、ある程度納得もできる。

しかし、「なぜ私たちは、生きているのか」という問は、そんな答を目指しているわけではない。それらのそのつどの恣意的な答の最も奥にあるものを目指している。いちばん深いところを貫く「なぜ」なのだ。この究極の問に対する答は、やはり、この世界の内部にはなく、世界を超えたところになければならない。この世界そのものの意味を問うわけだから、世界の外側から答えるしかないのではないか。あるいは、この世界の外側にこそ、その答がある可能性が高いのではないだろうか。

「なぜ私たちは、生きているのか」という問に対する答は、世界の内側をくまなく探しても見つからない、ということはたしかだ。だが、その理由は、よくわからない。さまざまな学問や営為のなかに、世界の意味が見つかってもよさそうなのだが、どうしても、うまくいかない。少なくとも私は、手にすることができなかった。この世界のなかには、この問に対する答は、どこにも落ちてはいない。

たとえば、建物の外観すべてを見渡すためには、その建物の外側から見なければならない。ドローンで、全方位から見るのが一番だろう。あるいは、自分が属している場所が、どんなところなのかというのは、他の場所に行ってみなければわからない。内側からでは何もわからない。外から見なければ、自分がいる場所の、いわゆる「相対化」はできないからだ。そういう意味で、われわれの世界も、やはり外側から眺めなければ、その意味はわからないのかもしれない。

シュタイナーは、このあたりの事情をつぎのようにいっている。

> 現代という時代は超感覚的な認識を必要としている。なぜなら私たちが通常の仕方で世界と人生を経験するあらゆる事柄は、多くの疑問を私たちのなかに呼びおこすが、この疑問には、超感覚的真実を通してしか答えることができないからだ。存在の基礎について今日の精神潮流の内部で学べることは、より深く感じる魂にとっては、世界と人生の大きな謎に対する解答ではなく問いかけである、このことは銘記されなければならない。しばらくの間は、「厳密な科学的事実の成果」や現代の何人かの思想家の所説のなかに、存在の謎を解決してくれるものがあると考えられるかもしれない。しかし魂が、自分自身を本当に理解するときに入っていかなければならない深みにまで入っていくなら、はじめ答のように見えたものが、真の問いかけのためのうながしであることが明らかになる。
>
> ——*Theosophie*, Rudolf Steiner Verlag, 2005, S.13／『神智学』高橋巖訳、ちくま学芸文庫、二〇〇〇年、一二頁／『テオゾフィー　神智学』松浦賢訳、柏書房、二〇〇〇年、XVI頁

（以下『神智学』と略記。他のシュタイナーの著書も同様だが、引用は邦訳を大いに利用した。ただ地の文との兼ね合いなどにより語句を変えたところもある。訳者の方々に感謝したい。原書と邦訳書の頁数を併記する）

ここでシュタイナーがいっていることは、肺腑をえぐられるようによくわかる。これだけ、多くの学問があり、さまざまな知見が溢れているのに、肝心のことは、けっして見つからない。一番知りたいことは、どこにもないし、誰も教えてはくれない。

内側から、いわば感覚できるものだけの世界の内部においては、この世界そのものの謎は解けないということだ。この現実世界は、外側から、つまり超感覚的世界、あるいは、彼岸から眺めなければ、その秘密を明かしてくれないように思われるのである。

だが他方、肝心なことは何も教えてくれない世界内部の学問も、ひじょうに興味深い。この世界のなかにあるさまざまな謎も、はかり知れないからだ。このような構造も、この上なく不思議だといえるだろう。つまり、最も知りたいことは、とても答がでそうになく、「解不能」だということは、うすうすわかる。しかし、それ以外の不思議なことが無数にあって、それを解くゲームもこの上なく面白いという構造だ。

小さい頃から「われわれは、なんで生きているのだろうか？」と疑問に思っていても、それに答えるすべはないことが、だんだんとわかってくる。ところが、それと反比例するかのように、この世界内部の謎が迫ってくる。こうしてわれわれは、いつのまにか、物理学、生物学、政治学、心理学、経済学など、挑めば答がでてくる学問にのめりこんでいく。これらの学問は、とても興味深いし、それなりの成果があがる。この構造だ。

どうして、われわれの世界は、一番知りたい問の前に、いろいろなトラップがしかけてあるのか。「解不能」の問を隠蔽するかのように「解可能」の問が、やまほどあるのか。シュタイナーも、ちょっとちがった角度から同じことを指摘している。

一方で、今日多くの人々は、最も必要としているものを、最も烈しく退けようとしているという事実がある。「確実な科学的経験」に基づく多くの見解には強い説得力があるため、多くの人々は本書（『神智学』－中村）のような書物の内容を、根拠のないナンセンスだと考える。しかし、超感覚的な認識について記述しようとする者は、どのような幻想もまじえずに、この現実に向き合うことができる。

——『神智学』S.14、一三頁、XⅦ頁

自身の生きている意味、世界の存在の理由、死後のことなど、生存の最も根源的な問題がいつも切実なものとして、足下に、いや眼前にあることを、われわれはわかっている（はずだ）。しかし、これらの問題を考えても仕方のないものとして、日々隠蔽しつづけている。隠蔽する理由として、多くの学問や毎日の生活があるというわけだ。「そんなことは考えても仕方ない」といいながら、われわれは生きていく。そして、一生を終える。

「確実な科学的経験」は、誰もが納得でき、学校でも教えられ、どこで話しても批判されることはない。だから、安心して人前で口にできる。「科学」という名詞は、どこでも通用し、ある意味で最強だ。ところが、死後や霊界のことを話すと、「科学的ではない」と一言で片づけられる。「根拠のないナンセンス」という判断を下される。

科学の研究は、多くの成果をだしていく。誰でも確認できる法則、実験結果など、疑う余地はない。惑星の運行を予測でき、病気の人たちを治癒し、パソコンやスマホを自在に使うことができる。これら「確実な科学的経験」が偉大な成果を日々生んでいることは誰の目にも明らかだろう。

だが、これらが、なぜそうなっているのか、ということは誰にもわからない。ビッグバンや惑星の運行、あるいはウイルスや病原菌の存在の根拠は、どんな学問でも解明できない。このことは、量子力学が、われわれの生活に、どれほど応用されたとしても、その原理が何を意味するのかは、量子力学者たちにも、わからないということと似ているだろう。ファインマンもいったように、「量子力学を理解したというのは、量子力学を理解していない証拠」なのだ。

われわれは、この「科学」というトラップに注意しなければならない。「科学」がトラップになりうるということを確認するためだけにも、科学をちゃんと認識し、ある程度理解していなければならないだろう。それは、ルドルフ・シュタイナーも意識的に心がけたことだった。だからこそ、四〇歳までは、自分が神秘学徒であることを公表しなかったのだ。

4　思想の広大さと同時代人

さて、このように私にとって最も信頼できる思想家であるシュタイナーの特徴をざっとまとめてみたい。まずその特徴は、何といっても、この世界についてもそうだが、向こうの世界についても、とてつもない知識をもっているということだろう。彼岸にも此岸にも、おそろしく通暁《つうぎょう》している。

こちらの世界についてだけでも、哲学、生物学、生理学、農業、教育、建築、文学、経済、社会理論など、とどまるところを知らない。しかも、その知識は、どこにでもいる学者（私も含めて）のように、机上の空論ではない。実践も伴い、ある程度（評価はいろいろあるだろうが）成功もしている。こちらの世界の業績だけでも、じゅうぶん歴史に名を残す人物なのだ。

むろんシュタイナーの本領は、そこにはない。彼は、何しろ二〇世紀最大の神秘家でもある。それも、この思想家の本を一行でも読めばわかるように、その記述は、向こうの世界に関することでも、ことのほか詳細であり、あらゆる事象にわたっている。人間の構造（肉体、エーテル体、アストラル体、自我）、霊的世界の階層、惑星自身の進化や地球の霊的歴史、超感覚的世界を見るための修行の実際など、彼岸についても、すべての領域に通じているのではないかと思われる。しかも彼岸は、われわれが確認できるこの現実世界を包摂しているのだ。だから、その知識は、この上なく膨大なのである。

たしかに、いつの時代にも霊的視力が桁ちがいの人たちは存在した。スウェーデンボルグ、出口王仁三郎《おにさぶろう》、ブラヴァツキー、グルジェフなど枚挙にいとまがない。しかし、ルドルフ・シュタイナーほど、範囲も深さも底知れない人物はいなかったのではないか。シュタイナーを読み進めれば読み進めるほど、一人の人間がこれだけの知識と能力を兼ね備えていることが本当に可能なのかと思ってしまう。柳田國男《やなぎたくにお》が、南方熊楠について語った「日本人の可能性の極限」という言葉を借りれば、「シュタイナーは、人類の可能性の極限」ではないのかと思うほどだ。

西平直《にしひらただし》は、すぐれたシュタイナーの入門書で、この「可能性の極限」をつぎのように列挙している。

シュタイナーの理論は、壮大な体系を成している。
もし、そのすべてを概観しようとすれば、その章立ては、例えば、こんなことになるだろう。

1認識論（学問方法論）
2人間論（心理学・生理学・十二感覚論）
3転生論（ライフサイクル論・カルマ論）
4高次認識論（瞑想修行論）
5教育論（自由ヴァルドルフ学校）
6社会有機体論（社会三層化運動）
7芸術論（オイリュトミー・絵画・建築）
8医学論（病因論・治療論）
9農業論（バイオダイナミック農法）
10キリスト論（キリスト者共同体）
11思想史論（西洋精神史解釈）
12宇宙論（地球史論・宇宙生成論）……

――『シュタイナー入門』西平直、講談社現代新書、一九九九年、一〇八頁

「12宇宙論」のあとには、「……」がある。もちろん、これでおしまいではないという意味だ。たとえば、思いつくのは、「13哲学、とくにカント、ドイツ観念論、ニーチェ」「14宗教論、仏教論」「15身体論」「16数学論」など、いくらでもでてくるだろう。とどまるところをしらない。

それでは、このようなシュタイナーの同時代人は、どういう人たちだろうか。私がよく知っている哲学の世界を中心に見てみよう。まず、とても誕生日が近いのは、アルフレッド・ノース・

ホワイトヘッドだろう。シュタイナーの誕生日は、一八六一年二月二七日、ホワイトヘッドは、一八六一年二月一五日である。なんと一二日しかちがわない。シュタイナーは、オーストリアのクラリェヴィツァ（出生時はハンガリー領、現在はクロアチア）で生まれ、ホワイトヘッドは、イギリスのケント州ラムズゲイトで生まれている。

このように生まれた日はとても近いが、しかし、この二人のたどった人生は、ずいぶん異なる。シュタイナーが、最初の著書『ゲーテ的世界観の認識論要綱』を出版したのは、一八八六年二五歳のときだ。一八九四年一一月（三三歳）には、哲学にかんする主著『自由の哲学』を出版。さらに一八九五年三四歳のときに、『ニーチェ　みずからの時代と闘う者』をだす。一八九七年三六歳になると、シュタイナーのゲーテ論の集大成である『ゲーテの世界観』も刊行している。シュタイナーは、神秘家であることを公にする前から、これだけの著書を世にだしている。かなり早熟だといえるだろう。

それに対してホワイトヘッドは、どうだろうか。最初の著作『普遍代数論』は、一八九八年三七歳のときだ。シュタイナーが、『ゲーテの世界観』をだした一年後である。さらにバートランド・ラッセルとの共著であり、記号論理学の不朽の名著『数学原理』全三巻がだされるのは、一九一〇年、一九一二年、一九一三年だ。最後の巻が刊行された時点で、ホワイトヘッドの年齢は、すでに五〇歳を越えていた。さらに、空前絶後の形而上学書『過程と実在』が刊行される一九二九年には、ホワイトヘッドは、とうに還暦を越え（六八歳）、シュタイナーは、その四年前にすでに亡くなっている。同じ年齢であっても、この二人は、活躍した時期が、大きく異なっていたといえるだろう。

ほかの同時代人として、アンリ・ベルクソンも挙げられるだろう。一八五九年一〇月一八日生まれ、シュタイナーよりも二歳年上だ。ベルクソンの最初の著書『意識に直接与えられたものについての試論』(=『時間と自由』)は、一八八九年刊行である。第二の主著『物質と記憶』は、一八九六年にでていて、重要な著作を二作も二〇代から三〇代にかけて出版している。シュタイナーと同じように、ひじょうに早熟だったといえるだろう。そして、晩年まで同じように、著書を刊行しつづけていた。とても創造的な人生であった。シュタイナーの方が、かなり早く亡くなる。

この二人の哲学者は、シュタイナーと思想や生涯においてとくに接点はない。だが、ベルクソンと同い歳であるフッサール(一八五九年四月八日生まれ)は、シュタイナーと同じように、ウィーン大学のブレンターノの講義を受けていた。シュタイナーとフッサールは、ブレンターノに教えを受けた、いわば「兄弟弟子」なのだ。フッサールは、最初の著作『算術の哲学』を一八九一年に刊行している。一九〇〇年、一九〇一年に『論理学研究』の第一巻・第二巻を発表し、現象学という潮流を形成していく。

現象学の形成される時期は、シュタイナーが、神秘学徒としてカミングアウトして、神智学協会にはいり、『神智学』(一九〇四年)、『いかにして超感覚的世界の認識を獲得するか』(一九〇九年)、『アカシャ年代記より』(一九〇九年)といった珠玉の書物を世にだしていく時期と重なっている。ブレンターノという魅力的な哲学者で合流した流れが、まったく異なる大きな二つの流れにわかれていったというわけだ。

他にも多くの同時代人がいる。フロイト(一八五六−一九三九年)、ユング(一八七五−一九六一年)もそうだ。実は、フロイトも、ウィーン大学で、ブレンターノの講義を聴講していた。フッサール、フロイト、シュタイナーの三名が、同じ哲学者の講義を聴いていたというのは、なんとも興味深い。「人智学」「現象学」「精神分析」という二〇世紀の大きな潮流をおこす三人の思想家が、ブレンターノという哲学者の講義で、若い頃交叉したというわけだ。

ユングは、自伝を読むと、あきらかにオカルティストだったことがわかる。これは、誰もが指摘している。シュタイナーとユングにかんしては、『ユングとシュタイナー』(ゲルハルト・ヴェーア、人智学出版社、原著一九七二年)などの比較研究もあり、多くの共通点が見いだせるといえるだろう。

日本人でいえば、同い歳は、内村鑑三(一八六一－一九三〇年)、少し歳下には、森鷗外(一八六二－一九二二年)、夏目漱石(一八六七－一九一六年)、南方熊楠(一八六七－一九四一年)、西田幾多郎《にしだきたろう》(一八七〇－一九四五年)などがいる。

ちなみに、シュタイナーの邦訳は大正時代には、すでにでていたらしい。大川周明《おおかわしゅうめい》(一八八六－一九五七年)が、その翻訳を読み、かなり影響を受けていたという(高橋巖「シュタイナーと出会うために」、『ユリイカ』二〇〇〇年五月号所収、九四頁参照)。

5　畏敬の行

シュタイナーという思想家の特徴として、もう一つ強調したいのは、他人の考えを内側から理解するという姿勢だ。これは、なかなかできることではない。どうしても、自分自身の見解が相手を見る目を曇らせてしまうからだ。誰でもそうだが、どれほど先入見をなくしたつもりでも、かならずバイアスをかけてしまう。

それを、シュタイナーは、厳しく峻拒《しゅんきょ》する。シュタイナーはひじょうに早い時期にニーチェ論を書いた。一八九五年、ニーチェが精神の闇におちて六年後、亡くなる五年前だ。シュタイナーの後年の思想からすれば、ニーチェの哲学は、まったく正反対の考えだといえるだろう。いわば思想上の「敵」である。

ニーチェが批判したのは、西洋形而上学が前提した二世界説である。イデアとこの現実の世界という、二つの世界が存在するという考えだ。プラトンから始まったこの考えは、キリスト教の「神の国と地の国」という構図も支えてきた。地上の世界とは異なる神の国（イデアの世界）があるという考えをニーチェは否定しつづけたのである。ニーチェの敵は、プラトンとキリスト教であった。

後のシュタイナーは、この世界と霊的な世界とを認め、その二世界を背景に（ただし一元論的に融合して）すべての哲学を展開していく。霊界の様子をくわしく説明し、そこからわれわれの現実のあり方を解明する。しかし、ニーチェ論を書いたこの時期、シュタイナーが霊的世界の探究者だということは、まだ誰も知らない。シュタイナーが神秘学徒になるのは、二〇世紀になってからだ。

シュタイナーは、心の底からニーチェになりきって、この『ニーチェ　みずからの時代と闘う者』を書く。口さがない人からは、「ニーチェ馬鹿」とまでいわれた。それくらい、ニーチェの内側に入りこんだのだ。

シュタイナーは、初版のまえがきのなかで、つぎのようにいっていた。

> 本書が示しているように、ニーチェの思想のなかには、神秘主義の痕跡などどこにも存在しない。
>
> ――*Friedrich Nietzsche: ein Kämpfer gegen seine Zeit*, Rudolf Steiner Gesamtausgabe,1963, S.10／『ニーチェ　みずからの時代と闘う者』高橋巖訳、岩波文庫、二〇一六年、一二頁（以下『ニーチェ』と略記）

「超人《ちょうじん》」や「永劫回帰」といった概念をいいだし、神秘主義的な外装をまとってはいるが、そこに「神秘主義」は、これっぽっちもないとシュタイナーがいうのだ。二〇世紀最大の神秘思想家（しかしまだ、そのことを当時は誰も知らない）がそのように折り紙をつけるのである。しかもその上で、神秘主義とは、まったく関係のないニーチェに沈潜し、ニーチェその人になりきるシュタイナーというのは、やはりすぐれた（真の意味で客観的な）人物だといわざるをえない。自分の本来の考えを真っ向から否定する相手の懐に入りこむのだから。

シュタイナーは、後の講義（一九〇八年）のなかで、つぎのようにいう。

霊性の認識に関心をもつ人たちが、私の著書『ニーチェ みずからの時代と闘う者』を読んで気を悪くすることがあってもおかしくありません。なぜならその人がこういうとすれば、それは私たちの時代に応じた態度だからです。「ニーチェについてこういういい方をする人は、ニーチェ主義者にちがいない」。

しかし、私もこう言わせてもらいたいのです。「私自身がどんな思想に行き着いたかは、どうでもいい。ひたすらある人物に没頭することができないのだとしたら、その人物について語る資格など、私にはないのだ」と。

――『ニーチェ みずからの時代と闘う者』高橋巖訳、一六七頁

このニーチェに対する態度は、シュタイナーの根幹をなしている。このような態度をとることができないものは、神秘家にはなれないとシュタイナーはいう。他人を批判するのは簡単だ。自分の立場から、他人を自分とは異なるものとして批判すればいいだけだからだ。他人と自分とは、

根本的にちがう。そして、他人はまちがっていて、自分は正しい。だから自分は相手を批判する、というわけだ。

それに対して、他人をまるごと理解したうえで批判するのは、かなり難しいだろう。他人のことを、すべて理解するというのは、他人と同じように考えることができるようになるということだ。そうすると、その他人を批判するというのは、自分を批判することにもなる。他人と内側から同化し、そのうえで、その同化した自分自身を、他人のようにみなして批判するということになるだろう。

知りあって間もない人を批判的に見ることは、誰にでもできる。よく知らない人の気に入らない部分は、とても気になる。だが、たとえば、熟知している相手を外側から批判するのは、かなり難しいだろう。母親は（母親もいろいろだろうが、一般に）、自分の子供のことを知り尽くしている。そのような子供のことを、たんに批判するのは、かなり難しいにちがいない。子供が何を考え、どう感じているかが、ある意味で内側からわかるので、他人に対するように外側から批判するのは困難だろう。

シュタイナーは、そのような態度（母親が自分の子供に対するような態度）で、他人の考えや思想に対するべきだというのである。『いかにして超感覚的世界の認識を獲得するか』という神秘修行のいわば教科書のなかで、神秘学徒の最も重要な条件として、自分よりも高次の存在への畏敬の情がまっさきにあげられる。シュタイナーの言葉を聞こう。

> 道の発端をなすのは魂のある基調でなければならない。この基調は神秘学者によって、真理と認識への畏敬、礼讃の小道とよばれている。この基調をもつ者だけが神秘学徒となるこ

とができる。

——*Wie erlangt man Erkenntnisse der höheren Welten?*, Rudolf Steiner Verlag, 2014, S.18／『いかにして超感覚的世界の認識を獲得するか』高橋巖訳、ちくま学芸文庫、二〇〇一年、二五頁／『いかにして高次の世界を認識するか』松浦賢訳、柏書房、二〇〇一年、三八三頁七番の七頁（以下『いかにして』と略記）

日頃《ひごろ》の生活から、自分の周りにあるものを讃美し畏敬する習慣を醸成しなければならない。まずは、自分以外の存在をすべて礼讃し敬愛すること、これこそが神秘学に入門するための条件なのである。

シュタイナーはいう。

したがって神秘学徒たらんとする人は畏敬の気分に向けて決然と自己を教育しなければならない。そして讃美と崇敬の対象となりうるものを、環境や体験のいたるところに探し求めねばならない。誰かとであい、その人の弱点を非難するとき、私は自分で自分のなかの高次の認識能力を奪っている。愛をもってその人の長所に心を向けようと努めるとき、私はこの能力を蓄える。神秘学徒はつねにこの点に留意し、この指針にしたがうことを忘れてはならない。

——『いかにして』S.20、二九頁、一一頁

さきにも述べたように、われわれにとって、自分以外の者の欠点を見つけ、批判することはたやすい。しかし、そのような態度を封印し、まず長所に目を向け、そこを讃美しなければならない。神秘的能力を真に開花させるためには、このような態度や努力から出発しなければならないのだ。

シュタイナーは、軽蔑や批判について、つぎのようにいっている。

私たちが静かに座り、自分自身の意識の内部を見つめ、そこに、世界と人生を否定したり裁いたり批判したりするような判断が含まれているのに気づくとき、私たちはいつも、高次の認識へ近づく。そしてこのような瞬間に、世界や人生に対する讃美、敬意、尊敬の情だけで思考を満たすとき、われわれは急速な進歩を遂げる。このような瞬間にいままで微睡《まどろ》みつづけてきた諸力が、人間のなかで目覚めることを、経験を積んだ者はわかっている。

——『いかにして』S.21、三〇頁、一二頁

こうした畏敬の念をもち、他人を眺め、他人の話を聞くとき、世界の真のあり方が、初めて明らかになるということだろう。そして、このような畏敬の念をもって、シュタイナーは、ニーチェの言葉に耳を傾けた。だからこそ、ニーチェになり切って、ニーチェ自身の考えの良質なものだけを採りあげたということになる。ニーチェの言葉に対して、シュタイナーは、自身の見解をすべて沈黙させ、じっと聞きしたがったのだ。

シュタイナーはいう。

誰かが意見を述べ、他の人がそれに耳を傾けるとき、通常は、後者の心のなかに賛成、反対のいずれかが反応として現れる。その場合多くの人はすぐさま、賛成の意見や、とくに反対の意見を表明したくなる。しかし神秘学徒は賛成、反対いずれの意見をも沈黙させねばならない。

——『いかにして』S.42、六二－六三頁、四六頁

みずからの意見を沈黙させ、他者の声を傾聴する。「賛成」すら表明することなく、ひたすら耳を傾ける。これが、神秘学徒が最初に身につけなければならない習慣なのだ。そしてこれは、シュタイナー哲学の基礎にある態度でもある。

さらに、これは、優れた教師の子供に対する態度とも通じるだろう。生徒のことを本当によく知っている先生であれば、生徒のいうことに、自分を無にして耳を傾けることができるだろう。まずは、生徒や子供のいうことを心から傾聴すること、ここから始めるにちがいない。

このことは、たとえば小林秀雄のいう「批評とは無私を得んとする道」ということと同じことをいっているのではないか。小林がいっているのは、批評するためには、まず、モーツァルトやドストエフスキー、宣長《のりなが》の言葉に全面的に没入しなければならない。そこから何かを語りだすとき、それが初めて批評になるということだろう。自分を無にして（「無私」）、相手のいうことに全身で没入する。こちらの判断は、一切入れずに相手になり切る。それこそが、批評だという小林の姿勢は、ある意味で、シュタイナーのいっていることと同じなのではないか。

とても難しいことではあるが、シュタイナーがつぎのようにいうとき、たしかに「相手の魂に入る」ということがどのようなことなのか、わかるような気もする。

自分とは正反対の意見が述べられるときにも、「見当はずれな意見」がまかり通るときにも、批判的な考えを抱かずに傾聴する修行を積み重ねていく人は、次第に相手の本質的部分と完全に融合し、同化することができるようになる。相手の言葉を聴く行為を通して相手の魂のなかへ自己を移し入れる。

——『いかにして』S.43、六三－六四頁、四七頁シュタイナーのこの姿勢は、神秘学徒としての姿を現す前の時期、ゲーテ、ニーチェに対する態度として、とくに際立っている。この姿勢こそが、シュタイナー哲学を最も基底の部分で支えているともいえるだろう。それは、シュタイナーが「思考」を重視するとき、さらに鮮明になる。このことは、本書の一番論じたいテーマでもある。

6　思考の重視

他の思想家や哲学者と比較した場合に、シュタイナー哲学の特徴として目立つのは、「思考」の強調である。さきに指摘したように、シュタイナーが論理や自然科学を重視し、それらをみずからの方法論の根柢に据えていることはたしかだ。しかし、そのような論理や科学的姿勢とはべつに、最も根源の部分で、「思考」に重きをおく。たとえば、つぎのようないい方をする。

なぜなら人間は思考存在だからだ。人間は、思考から出発するときにのみ、自分の歩む認識の小道を見いだすことができる。人間が高次の世界のイメージを理解すると、そのイメージがいわば、自身の直観ではまだ捉えていない霊的事実のたんなる物語だったとしても、このイメージが人間にとって不毛なままで終わることはない。なぜなら、人間がうけとる思考内容は、それ自身、人間の思考世界で力となって作用しつづけるからである。

——『神智学』S.143、一九一頁、一八三頁

人間が「思考存在」だというのは、どのような意味だろうか。この文章は、『神智学』の最終章

の「認識の小道」の冒頭部分である。「認識の小道」は、『いかにして超感覚的世界の認識を獲得するか』で詳細に語られる霊的修行の過程を短くまとめたものだといえる。そのなかで、われわれ人間の本質を、最初に定義しているのだ。

シュタイナーにとって「思考」とは、何かを構築するための設計図のようなものだ。思考によって、ある思考像（イメージ）をつくると、その思考像は、みずからを実現するために働き始める。それが、シュタイナーのいう「思考存在」の意味である。思考は、実体的なものであり具体的に働く。

高次の認識内容を真の霊学者から伝えられると、その伝えられた者の思考のなかで、その内容は育っていく。伝えられたものの思考が生きいきと働き始めるというわけだ。

シュタイナーは、つぎのようにいう。

しかし、思考の根柢には、生きた力が存在している。認識する人間にとって、思考とは、霊（精神）のなかで直観された事象が直接姿を現したものだ。そして、それをべつの人に伝達するときには、伝達された者のなかで、認識の実りをもたらす萌芽となって作用する。

――『神智学』S.143、一九二頁、一八三頁

伝えられた思考像は、認識の果実になる萌芽となって、その人のなかで成長していく。われわれの五感によっては把握できないけれども、生成し活動していくというのである。シュタイナーは、こういういい方もする。

> なぜなら、純粋な思考は、それ自身がすでに超感覚的な活動だからだ。純粋な思考は、感覚的なものであるかぎり、それ自身によっては超感覚的な事象にいたることはできない。しかしこの純粋思考が、超感覚的な直観を通して語られた、超感覚的な事象に向けられるならば、その思考は、自分自身によって、超感覚的な世界のなかにまで成長していく。そもそも、超感覚的な認識について述べられたことを思考して、高次の世界へ参入することは、超感覚的な領域の知覚能力を獲得するための最上の道の一つなのだ。
>
> ——*Die Geheimwissenschaft im Umriss*, Rudolf Steiner Verlag 2005, S.121／『神秘学概論』高橋巖訳、ちくま学芸文庫、一九九八年、一四八－一四九頁／西川隆範訳、イザラ書房、一九九二年、一四一－一四二頁（以下『概論』と略記）

感覚的なものを出発点にしても、超感覚的世界へと参入することはできない。超感覚的世界へ入るためには、「純粋な思考」によるしかない。「純粋な思考」は、この感覚世界（現実）のなかでおこなわれるにもかかわらず、「超感覚的な活動」なのである。つまり、われわれが現実の世界（此岸）で生きているとき、「思考」という橋によって、超感覚的世界（彼岸）に行くことができるということだろう。

シュタイナーは、このような事態を、時計の比喩を使って、巧みに説明している。

> 時計のような機械の背後に霊的存在（時計屋）が存在するというのが大切なのではなく、時計屋の精神のなかに時計製作に先立って存在する思考内容を知ることが大切なのだ。そしてその思考内容は、機械そのものを通して確認できる。
>
> ——『概論』S.107、一三〇頁、一二五頁

時計という機械が存在しているのは、それをつくった職人（時計屋）がいるからだというのは大切なことではないという。たしかに、時計屋という霊的存在（人間）がいなければ、時計はできない。しかし、時計という存在の秘密はそこにはない。時計屋が時計について「思考した」からこそ時計は存在している。「思考した」という事実が最初にあるのだ。これこそが最も大切なのである。

出発点となった「思考」があるからこそ、時計はできあがった。この「純粋な思考」がなければ、どんなに手練《てだ》れの職人でも、時計はつくれない。設計図がなければ、現実の機械はできあがらないように、時計屋の思考がなければ、時計という機械は、現実には現れないのだ。しかも、できあがった時計を見ると、その始源の思考がそこに確認できる。いわば、思考と現実世界とは重なっているのである。そしてその思考とは、霊的世界そのものなのだ。

『神智学』（『テソゾフィー　神智学』柏書房）の訳者である松浦賢は、この事情をつぎのように明解に説明している。

　では、私たちはなぜ思考をとおして霊をとらえることができるのでしょうか。それは、本来思考と霊は同じものだからです。通常の場合に私たちが体験する、感覚的な世界と結びついた思考は真の思考の影のようなものでしかありません。真の思考は霊の世界で、現実的な実体として存在しています。

――『テオゾフィー　神智学』松浦賢訳、訳者解説、二四四頁

ここには、シュタイナーの思考についての考えが、実にわかりやすく示されている。シュタイナ

ーのいう「純粋な思考」とは、この「真の思考」のことであり、「感覚的な世界と結びつい」ていない思考のことである。

私たちが、この感覚世界と離れて、思考そのものに沈むとき（正確には、「高まるとき」といった方がいいかもしれない）、そこには、霊的境域が拡がっているということだろう。純粋な思考の世界と感覚的な世界とは重なっているので、感覚からおのれを引きはがし純粋な思考界におもむくことにより、われわれは、霊界へと参入できるということなのだ。

7 方法論

シュタイナーの方法論について考えてみよう。この思想家の大きな特徴は、自然科学に対する信頼である。わたしたち誰もが知覚できるこの世界の研究方法としての自然科学を、感覚から離れた霊的（精神）世界にも適用するのだ。感覚的世界とそれを超えた世界は、もちろん異なっている。感覚的世界については、その能力のちがいはあるにせよ、ほとんどの人間が同じ対象を知覚する。

しかし、それに対して超感覚的世界にかんする認識は、その能力のちがいが歴然としている。シュタイナーに「見えている」ものが、少なくとも私には見えない。そういう意味で、この二つの世界は、まったく異なるといえるだろう。一方は、ほとんど万人が共有しているのに対して、他方は、一部の人間だけに「見えている」からだ。

このように異なる二つの世界に対して、同じ自然科学的方法をとるとシュタイナーは宣言する。つまり、感覚的世界について曖昧な叙述しかできなければ正確とはいえないように、超感覚的世界についても、曖昧で非科学的な描写は許されない。シュタイナーは、つぎのようにいう。

> 人間の表象は、この宇宙内容（非感覚的な宇宙内容－中村）に対しても、自然科学が対象とする宇宙内容に対するのと同じように研究活動をおこなう。神秘学は、感覚的事実の関連や経過に依拠する自然科学の研究方式と思考の特性を、自然科学の領域から解き放って、保とうとする。自然科学が感覚的なものについて語るのと同じ方法で、神秘学は非感覚的なものについて語ろうとする。自然科学が感覚的なもののなかでこの探究方法と思考方法を使うだけなのに対して、神秘学は自然に対する魂の働きを魂の自己教育の一種とみなし、そこで習得したものを非感覚的な領域に適用しようとする。神秘学は感覚的現象そのものにかんしては語らないが、非感覚的な世界内容について、自然科学者が感覚的なものについて語るように語るという態度をとる。神秘学は、自然科学的な方法のなかにある魂のあり方を、つまり、まさに自然認識を科学たらしめている契機を保っている。
>
> ――『概論』S.31-32、四〇頁、四〇頁

神秘学が「学」である以上、それは、きちんとした方法をもっていなければならない。そして、その方法は、自然科学と同じ方法だというわけだ。このようにシュタイナーは、霊的世界を対象にしているにもかかわらず、自分自身の方法をしっかり提示してきた。

しかもシュタイナーは、こちらの世界の自然科学そのものも研究している。だから、つぎのようにいえるのだ。

> つぎのようなことを打ち明けることができなかったならば、たとえば熱過程にかんして本

書のなかで語られることを公開しようと試みることは、けっしてなかっただろう。著者（シュタイナー－中村）は三〇年ほど前、物理学のさまざまな分野の研究に従事していた。（中略）著者は現代科学の認識内容を、自分でも納得できる仕方で述べうると思えたときにのみ、精神科学（霊学）の領域で同じ内容について書いたり語ったりするのを、自分の主義にしてきた。

――『概論』S.8-9、一一頁、一一－一二頁

シュタイナーは、自然科学的方法を、その専門分野で身につけてきている。そして、その方法を、超感覚的世界（霊界）にも適用したといっているわけだ。霊的世界でこちらの世界と対応する現象がおこっている場合、こちらの世界におけるその現象の説明を自然科学的にできる場合にだけ、書いたり語ったりするといっているのである。

通常の神秘家であれば、みずからの経験内容を自然科学的に説明するなど思いもよらない。実際に霊的体験をしているだけで充分だし、そのことを理性的に説明することなどできないというだろう。体験すればわかるのだし、それ以上の説明は不要だというだろう。リンゴは、食べてみればその味はわかる。リンゴの栄養素を分析することなど必要ないし、余計なことだというだろう。

それに対して、自然科学者は、そもそも霊的体験などというものは存在しない、だから当然のことながら、そんな体験を科学的に分析するなどということは、思いもよらないし無駄なことだという。最初から相手にしないだろう。

だがそうなると、実は、神秘家と自然科学者は、神秘的な体験に対して、ある意味で同じ立場に立っていることになる。「神秘的体験は、分析や解明をうけつけない」という立場だ。理由は

まったく逆だが、結論は同じなのである。

こう考えると、シュタイナーの方法や姿勢が、ひじょうにクリアになるだろう。以上のように立場が同じだけれども、異なった二つの考え方の双方を、批判していることになるからだ。シュタイナーは、結果的に、凡百の神秘主義者と唯物的な自然科学者に対して、両面作戦をとっていることになる。

西平直は、このことを、つぎのようにまとめている。


そこで、シュタイナーは、一方で、物質主義的自然科学が切り捨てた「超感覚的世界」を復権させながら、他方では、神秘家が切り捨てた「理性的な認識」を擁護するという、両面作戦をとることになる。

つまり、超感覚的世界を理性的に認識する。自然科学の方法で、超感覚的世界を認識する。自然科学の認識論を無視することなく、精神的（霊的）世界の認識を客観的に保証する。それが、シュタイナーの主張であったことになる。

——『シュタイナー入門』講談社現代新書、七一頁

誰でも見えているとはかぎらないからこそ、自分自身が「見えている」というのは、どういう意味で見えているのか、わかりやすく示さなければならない。自分だけが「見えている」のだから、それでいい。ほかの人も、「見ることができる」ようになれば、体験できるのだから、という立場ではないのだ。あくまでも、こちらの世界での説明方法（自然科学）を使って、きちんと説明しようとする。

これは、たとえば、われわれ全員が学校教育で習う物理学の世界でも同じことだと思う。量子

力学の最先端のことは、それに具体的に携わっていない者には、よくわからない。そこでは、わけのわからないSF的なこと（たとえば多世界解釈による世界観）がおこっている。そのまま説明されても、誰も信じないだろう。しかし、その方法が、数学を使い論理的ステップを踏んで、最先端の領域にたどり着いていることはわかる。自分たちが習った理科や物理を基礎にしていることは理解できるというわけだ。だから、ごく少数の物理学者が「見ている」世界を、われわれも（漠然とではあれ）理解し納得するのだ。われわれには「見えない」が、その方法論によって説得されるということだろう。

これは、シュタイナーが見ている世界についても構図は同じだ。霊的世界は、誰もが見える世界ではない。しかし、シュタイナーが主張しているように、自然科学的方法によって説明されているとすれば、論理的ステップさえ踏めば、誰でもそこにたどり着ける、ということになるだろう。シュタイナーは、「論理的」ということにかんしても、つぎのようにいっている。

「論理的」といったからといって、もちろん、超感覚的な研究の叙述においては、論理関係における誤謬が含まれることはないということではない。ここでも、「論理的」という言葉は、物質界における日常生活で語られているのとまったく同じ意味で使われている。

——『概論』S.120、一四七頁、一四〇頁

われわれが見聞きしているこの現実世界と、どんなに異なっていても、そこにおいても論理的でなければならないというのだ（だから、論理的誤謬の可能性もあるという）。霊的な世界で、われわれの想像を絶することがおきても、「論理」は、その出来事を貫いている。これは、よく考える

と、大変なことをいっていることがわかるだろう。われわれの「世界」は、感覚的世界も超感覚的世界もすべて、論理が基盤にあるといっているからだ。いかなる「神秘」も、根本的には「論理的」なのである。このように考えると、シュタイナーの自然科学的方法は、ひじょうに大きな射程を含んでいることがわかるだろう。

だからこそシュタイナーは、つぎのようにいうことができる。論理が、感覚世界と超感覚世界を貫いているからこそ、霊学と自然科学は、根柢でつながっている。対立する二つの世界ではなく、ある意味で、重なり合った同じ世界なのである、と。

実際には、霊学の研究と矛盾する科学の研究成果は存在しない。しかし、とらわれていない普遍的な見地から、科学の研究成果について調べてみようとしないときには、われわれは、特定の科学的な見解が超感覚的世界についての記述と一致していないと容易に信じこんでしまう。偏見を抱かないで、霊学と実証科学との研究成果を結びつけようとするとき、両者のあいだの見事なまでの完全な一致がますます認められるようになる。

――『いかにして』S.8、一〇－一一頁、Ⅷ頁

この記述を読むと、将来人類が、何度も(クーンのいう)「パラダイム・シフト」を経験して、現在の自然科学をこの上なく発展させたならば、(二一世紀の段階では)「霊的世界」「超自然」といわれているものが、たんなる自然現象として科学的に説明できるものになっている可能性をシュタイナーが語っているようにも思える。

さらにシュタイナーは、超感覚的世界を見るための修行方法も公開しているのだから、いって

みれば物理学の教科書をも自分自身で書く最先端の物理学者（たとえば朝永振一郎やファインマンのような）と同じだということになるだろう。

シュタイナーが自然科学的姿勢を強調するのは、この現実の世界と同じように、きちんと一歩いっぽ研究していけば、霊的世界も、誰にでも解明できるということを示すためだ。シュタイナーは、つぎのようにいう。

しかし、霊的な知覚器官を発達させるための規則を知っていながら、その規則を書物に書き記すことなどできない、と考える人々もいる。そのような人は、たいていは霊界にかかわる真実は門外不出であるべきだと考えている。けれども、そう考えることは、人類進化の現段階においては、ある点では時代遅れなのだ。

——『概論』S.253、三一五頁、二八七頁

いままでは、公開されず一部の人間だけが知っていた知識を、誰でも利用できるように公開しなければならない時代になっているというのだ。だからこそ、シュタイナーは、物理学の教科書を物理学者が書くように、神秘学者として『いかにして超感覚的世界の認識を獲得するか』を書いたのである。これは、これまで誰もなしえなかったことだろう。

シュタイナーはいう。

著者（シュタイナー――中村）は、霊的分野での自分の経験をとおして証拠を示すことができない事柄については記述しない。この意味で、自分の体験したことだけを本書で述べるつもりだ。

——『神智学』S.12、一〇頁、XⅢ頁

シュタイナーは、自分が経験したことだけを書いている。他人から聞いたり、予想できたりすることではなく、自分自身で見て確認したことだけを述べるというのだ。しかも、できるだけ論理的に誰にでもわかるように書く。さらに、その記述方法は、自然科学に依拠しているという。そしてその理由は、この現実世界と霊的世界を「論理」や「自然科学的理性」が貫いているからだ。

このようなシュタイナーの言葉を読むと、『神秘学概論』や『アカシャ年代記より』などが、とてつもない書物であることがわかるだろう。これらの著作で活写されている霊界の様相、宇宙や惑星の霊的進化を、シュタイナーは、みずから経験し「論理的に」叙述しているということになるのだから。この言葉を信じるということは、私たちの世界に対する考え方を根柢からすべて変えるということになるだろう。あるいは、現在のわれわれの方法論を、未知の膨大な全領域に拡大するということになる。

これが、ルドルフ・シュタイナーのやり方（方法）である。

第2章

シュタイナーの世界観

1　人間のあり方

ここで、シュタイナーの最終的な世界観をざっと叙述しておきたい。人間や世界について、神秘家であるシュタイナーがどのように考えていたのかを、先に示しておいた方がいいだろう。ただしかに、その地点にたどり着くまでの苦闘を書くのが本書のテーマである。ただ、やはりシュタイナーの真の思想を先に示しておいた方が、いいかもしれない。その方が、ある意味で安心して読んでいただけると思う。

最も包括的な著作である『神秘学概論』を手がかりにして、ざっとスケッチしてみよう。

私たちは、自分の感覚器官によって、この世界を見たり聞いたりしているかぎり、この世界は、物質的なもので満ちみちていると思う。したがって、すべての現象を、唯物的な用語で説明することは充分可能だろう。たしかにわれわれは、物理学や生物学や心理学など、すべての学問分野で、感覚器官によって捉えることができる現象だけで記述していく。そして、そのようなやり方で、この世界を過不足なく説明できる。

しかしながら、それだけではない。そのような唯物的現象以外にも、〈何か〉が、存在していると感じている人もいるだろう。私たちが、〈心〉や〈精神〉あるいは〈魂〉と呼ぶものの気配を感じている人もいるにちがいない。いや、こちらの方が、割合は多いだろう。〈心〉や〈精神〉が、言葉だけのものだといいはる人の方が少ないのではないか。

精神的に動揺したり、心が深く沈んだり、音楽や絵画に魂が震えたりするとき、どう考えても、物質だけでは説明できない領域があることに気づく。それを、あえて身体や大脳に還元して説明することも、もちろん可能だろうが、しかしそれは、かなり無理をしているという気がするのは私だけだろうか。そんな説明で満足できる人は、本当のところは、少ないのではないか。ただ、これはもちろん、あくまでも私の個人的な見解だが。

シュタイナーも、つぎのようにいっている。

> 感覚および感覚に支えられた知性には、超感覚的認識において人間存在として把握されるものの一部のみ、すなわち肉体だけが明らかになる。
>
> ――『概論』S.45、五七頁、五五頁

この世界が物質だけで構成されていて、それ以外の要素がないという前提から説明することは可能かもしれない。しかし、そういう説明に、どうしても違和感をもってしまう人間もいる。もちろん、私もそのなかの一人だ。この違和感をもちつづける者にとって、シュタイナーの世界観は、とても満足がいく。そういう観点から、シュタイナーの人間観、世界観をざっと説明してみよう。

私たちは、誰でも肉体をもっている。これは、すべての人が、みずからの感覚器官によってたしかめることができるし、他人の肉体も確認できるだろう。そして、この上なく不思議なことに、われわれの肉体は、その周りの環境と同じ物質で構成されている。

さらに人間が、この物質とまったく同じものになる現象がある。「死」である。生きいきと動きまわっていた人間が、まったく動かなくなる。そして死んだ人間は、なぜか死体になる。死の直前まで、心臓が動き、呼吸をし、言葉を発していた身体が、死後、たんなる物質になるのだ。この事態をシュタイナーは、つぎのようにいう。

> とらわれずに考察するとき、とくに重要なのは、鉱物世界と同じ性質の人間の構成要素が、人が死ぬとあらわになるという事実だ。死体とは、死後、鉱物世界に見られる物質過程に支配される人間の構成要素だと指摘できる。
>
> ――『概論』S.45、五八頁、五五－五六頁

生きている人間と、死んだ後の人間（死体）とは、はっきり異なる。これは、誰もが認めるだろう。このちがいの原因をシュタイナーは、「エーテル体」と呼ぶ。つまり、たんなる物質である肉体に「エーテル体」という存在が重なることによって、人は、生命活動ができるようになるというわけだ。だから、この「エーテル体」は、「生命体」とも呼ばれる。シュタイナーはいう。

> 生きている間、物質的な素材と力が、物質体が崩壊してしまう道を歩まないようにするものを、人間存在の独立した構成要素として、超感覚的な直観は観察することができる。この独立した要素を「エーテル体」または「生命体」と呼ぶ。
>
> ――『概論』S.47、五九頁、五七頁

肉体は、物質界の法則に支配されている。肉体と物質は、構成要素が同じだからだ。しかし、不思議なことに、その法則だけでは、有機体としての人間は崩壊してしまうというわけだ。すぐに、無機的な存在に変容してしまう。物質に何かが加わっていなければ、有機体として、生命として働くことはない。その「何か」が、「エーテル体」という名前で呼ばれるというわけだ。「エーテル体」が重なっているからこそ、われわれは、〈生きている〉というのである。

さらに不思議なことに、同じ物質でつくりあげられているにもかかわらず、この世界には、鉱物、植物、動物といった異なるあり方をしている存在がいる。たしかに、これら三種類の存在の

境界は、とても曖昧だけれども（たとえばウイルスや粘菌）、そのちがいそのものは、あきらかだろう。典型的な動物（たとえば、トラやヒト）と典型的な植物（たとえば、楠やタンポポ）とでは、そのあり方は決定的にちがう。そして、鉱物と動植物とのちがいも、その典型的な存在（石と人間・バラなど）を見れば、はっきりしている。生命の有無によって区別されているといっていいだろう。

シュタイナーは、物質体（肉体）とエーテル体だけで構成されている存在が植物だという。たしかに建築現場にある石材と森のなかの樫の木やシダとでは、物質であることは共通しているが、生長や種の継続という点では、はっきり異なる。シュタイナーによれば、それは、植物が「エーテル体」をもっているからだという。つまり人間は、鉱物などのただの物質と肉体を共有し、植物などの生物とエーテル体を共有しているというわけだ。

そして、エーテル体は、われわれのすべての身体器官を働かせる。

さしあたり、エーテル体は、物質体（肉体）のいたるところに浸透しており、物質体の一種の建築家とみなされるというだけで充分だろう。すべての器官の形態や状態は、エーテル体の流れと動きによって保たれている。「エーテル心臓」が物質的な心臓の基盤になっており、「エーテル脳」が物質的な脳の基盤になっている。

——『概論』S.49-50、六二頁、六〇頁

いっけんただの物質の過程であるかのように思われる、循環器系の精密な活動や脳の神経細胞の活発な働きは、すべてエーテル体によってなされているというわけだ。物質は、物質だけでは、さまざまな作用はできない。ただの無機物へと移行する。かならず「エーテル体」という指揮者

がタクトを恒常的に振っていなければならない。そして、それは、生命活動であるかぎり、植物も同じなのだ。

もちろん、人間は、植物とは異なり、動きまわることができ感情や意識をもつ。ようするに動物と共有する部分がある。この観点からすれば、植物と動物（人間）もまた、異なった存在だといえるだろう。そのちがいの原因を、シュタイナーは、「アストラル体」と呼ぶ。

つぎのようにいう。

人間は、物質体を鉱物と共有し、エーテル体を植物と共有しているように、アストラル体にかんしては、動物と同じ性質を共有している。

――『概論』S.51、六四頁、六二頁

それでは、この「アストラル体」をもつことによって、人間や動物は、植物とどうちがうのだろうか。シュタイナーによると、植物は、いつも眠っているのだという。われわれが覚醒しているときにもつ「意識」を植物はもっていないというわけだ。したがって、「アストラル体」は、意識の目覚めを可能にしてくれる。つまり、物質とエーテル体が結合することにより、生命をもった存在に、「アストラル体」が、さらに意識を付与するといえるだろう。

シュタイナーは、つぎのようにいう。

アストラル体の働きは、人間が眠りに落ちると、感覚的観察では捉えられなくなる。超感覚的に観察すれば、アストラル体は、依然として捉えられる。ただそのとき、アストラル体は、エーテル体から離れて見えるか、浮きだしているように見える。

われわれ（人間と動物）は、覚醒の状態を一定の時間維持すると睡眠をとる。そのとき、私たちのアストラル体は、肉体とエーテル体から離れ、べつの領域にいく。しかしエーテル体は、睡眠中も依然としてタクトを振って、肉体の生命活動を維持してくれている。睡眠中には肉体・エーテル体から離れるアストラル体によって、私たちは意識をもつことになり、植物とは異なる多くの活動をしているというわけである。

私たちは、暑さや寒さ、快や不快、空腹や渇きなどを感じ、そのことによって、みずからを意識する。これは、アストラル体をもつことによって可能となる意識だとシュタイナーはいう。身体とエーテル体を基盤にして、さらにアストラル体の働きが加わることによって、動物は動きまわり、外界と積極的にかかわる。このかかわりにより、さまざまな刺激を受け意識が豊饒になっていく。

——『概論』S.51、六四頁、六一–六二頁

つまり、鉱物は、生命や感情、感覚をもたない物質であり、植物は、物質と生命（エーテル体）が結合したものであり、動物は、それらにさらに意識（アストラル体）が加わったということになるだろう。

そして人間は、それら三重のあり方（肉体＋エーテル体＋アストラル体）に加えて、〈私〉という特殊なあり方をしているとシュタイナーはいう。物質、生命、意識という段階を経て、たんなる物質であったものが、感覚や感情をもつようになった。さらに〈私〉という中心、つまり〈自我〉が生まれる。物質を基盤として、生命が脈動し始め、さらに意識が誕生し、そして最後に〈自我〉が生成したということになるだろう。これが人間だ。この〈自我〉の生成によって、わ

れわれ人間はどう変容したのだろうか。

シュタイナーによれば、この〈私〉の生成により、われわれは「持続の体験」をもつようになったという。「自我」が加わることにより、われわれ人間は、記憶という能力をもつにいたり、過去・未来という時間の流れを意識できるようになったというのだ。

路傍《ろぼう》の石にエーテル体が融合し、生きいきとしたタンポポとなり、そこにアストラル体が進入することによって、動きまわる犬や猫になる。さらに、「自我」形成というジャンプがあり、時間の流れという観念をもつ人間が生まれてきたというわけだ。たんなる物質が、いくつもの契機により、最終的に時空の観念をもつ人類が登場したということになるだろう。

人間は、「自我」によって、記憶という能力を手にし、瞬間的な生命であることをやめる。過去を蓄積し、それを利用し、時間の流れを意識し、未来へと備えることができる存在になる。だからシュタイナーは、つぎのようにいう。

> 肉体（物質体）にとっての死、エーテル体にとっての眠りにあたるものが、アストラル体にとっては、忘却なのだ。また、こういういい方もできるだろう。エーテル体に特有のものが生命であり、アストラル体に特有なものは意識であり、自我に特有なものは、記憶である。
>
> ――『概論』S.53、六六－六七頁、六四頁

〈私〉というのは、世界の中心に唯一無二《ゆいいつむに》のあり方で存在している。いわば、私だけがこの世界に存在しているかのようだ。私においては、〈私〉が出発点であり、同時に終着点でもある。当たり前のことだけれども、〈私〉にしか、私は存在しない。私が世界であり、私が世界の枠組に

なっている。このような特別な中心に、人間は存在しているのである。

この〈私〉は、神的なものと同じあり方をしているとシュタイナーはいう。人間の根源的な部分は、神的なものを起源にしている。この神的なものによって、人間だけが、〈私〉という「内的な意識」を獲得するのだ。つまり、世界全体を包摂しているかのような〈私〉を手にするのである。この神的なものと〈私〉との関係を、海と、海からとってきた一滴の水にたとえて、シュタイナーは、つぎのように説明する。

海からとった一滴の水は、海と同じ性質や実質からなるというとき、その水滴が海であると主張したことになるだろうか。比喩的に表現すれば、一滴の水と海との関係のように、《自我》は神的なものに関係しているということができる。

——『概論』S.57、七二頁、六九頁

そしてシュタイナーによれば、この〈私〉を結節点にして、われわれがいるこの感覚的世界と、精神的な世界（霊界）とが、いわば表裏をなしているという。物質界と精神界（霊界）とが重なっているのである。

人間は、〈私〉という中心にいて、感覚的世界では、身体、エーテル体、アストラル体という三重のあり方をしている。それと同時に精神的世界（霊界）でも、同じように、霊的な身体、霊的な生命をもつ。霊的な世界における〈私〉は、「霊我」と呼ばれ、霊的な生命は、「生命霊」と呼ばれる。そして、霊的な身体は、「霊人」と呼ばれる。

まさにわれわれは、物質界と霊界（精神界）にまたがって存在しているのである。このようなわれわれのあり方に対応する現象が、覚醒と睡眠であり、人生と死後の生ということになるだろう。シュタイナーによれば、われわれが眠るのは、身体が疲れたからではなく、霊的な身体や生命が、物質界の拘束に疲れるからであり、霊界で、霊的エネルギーを補充するためだという。われわれは、毎晩、霊界で休息しているのである。

これと同じ構造が、一回の人生と死後の生との関係にもあてはまる。この人生においてわれわれは、身体やエーテル体、アストラル体という、いわば現世を生きるための「レンタカー」に乗って日々暮らしていく。そして、みずからが誕生前に予定していた多くの出来事を経験し終えると、その「レンタカー」から降り、死の領域へとおもむく。霊界に戻るのである。毎晩われわれが眠るように、そのつどの人生が終わると、霊界で、真の自分に戻るというわけだ。さらに、霊界にある期間滞在すると、今度はふたたび、つぎの人生に転生する準備を始める。これが、輪廻転生といわれているものだ。

こうして、われわれ人間のあり方（〈私〉を結節点にして、現実界と霊界とが重なり合っているというあり方）、覚醒と睡眠の日々の反復、そして輪廻転生の構造を考えてみると、すべて、感覚的世界と精神界（霊界）との二重構造であり、それはまた往還構造をなしていることがわかるだろう。これが、シュタイナーが考えている世界、そして人間の構造である。

2　シュタイナー教育

シュタイナー教育についても、ざっと説明しておいた方がいいだろう。いまでは、シュタイナー教育について多くの本が刊行されている。ここでは、私が最も感銘を受けた『ミュンヘンの小学生』（子安美知子著、中公新書、一九七五年）を手がかりにして、ざっと説明していきたい。この本では、ミュンヘンに行った子安夫妻が、自分の娘さんを小学一年生からシュタイナー学校に通わせる様子が実に生きいきと描かれている。まず子安さんは、シュタイナー教育の特徴を、三点あげる（二五頁。以下頁数は、すべて『ミュンヘンの小学生』から）。

「エポック授業」と「クラス担任は八年間もちあがり」と「点数のつかない通信簿」だ。この三点を見ていこう。まず「エポック授業」から。

「エポック授業」というのは、三～四週間、同じ科目の授業（たとえば国語なら国語）をおこない、その授業の期間が終わると、つぎの科目（たとえば算数）を同じように三～四週間おこなうというものだ。国語のエポックのときには国語だけ、算数のときには算数だけを毎日おこなう。シュタイナー教育の学校では、通常の学校のように、毎日さまざまな科目を均等にふりわけた授業は、最初の八年間はおこなわれない。

このようなやり方は、「忘却」の大切さを基礎にしているといえるだろう。われわれは、多くのことを学び、それをいったん意識の奥深くに沈めることによって、本当に自分のものにする。食べ物を咀嚼《そしやく》し、その栄養素を静かに消化吸収していくように。おそらくシュタイナーは、われわれ自身のもつ根源的なあり方に依拠して、エポック授業を組みたてたのではないか。

つまり、われわれ人間は、毎日覚醒と睡眠を繰りかえす。睡眠という状態がなければ、覚醒はつづかない。睡眠、いわば忘却は、覚醒のために不可欠の状態なのである。忘却によって、知識や能力が定着するのだ。このように考えれば、われわれの日々の生活そのものが、ある意味で、「エポック的」だといえるかもしれない。

つぎに「八年間の担任もちあがり」は、どうだろうか。シュタイナー学校では、日本の学年でいえば、小学校の一年生から中学二年生までの八年間、クラスは、同じ担任によって教えられる。

これもとてつもないことだと思う。このことによって、どのようなことがおこるのだろうか。学校というのは（とくに小学校、中学校）、毎日同じ人と顔を合わせ、長い時間をともに過ごす場だ。そのような濃密なつきあいを、八年間同じ人間同士がするというのは、かなり異例のことではないだろうか。

このような日々のつきあいを八年間することによって、担任は、子供たちの日々の感情や体調などを、もしかしたら、親や兄弟姉妹よりも知ることになるかもしれない。そのように生徒のことを知悉《ちしつ》してしまうと、容易に批判したり、叱ったりはできなくなるだろう。その子供のすべてを知っているのだから、その子にとって最も良い方法で話しかけ、力づけ、ときに叱ることもできるようになる。先生にとって生徒は、長いつきあいの、いいところも悪いところも知り尽くした親友やわが子のような存在になるだろう。

そして、シュタイナー学校では、特定の宗教を教えることはない。宗教の時間は、カトリック、プロテスタント、自由キリスト教というグループに分けられる。しかも、宗教の授業は、受けたくなければ受けなくてもよい。もちろん、シュタイナー自身の思想（人智学《じんちがく》）を教えることは禁止されている。こういうところは、実にシュタイナー的であるといえるだろう。あらゆる意味で、強制や押しつけはしないのである。

シュタイナーの考えからすれば、子供たちは、今世で、たまたま教師より年下なだけだ。多くの輪廻転生を経てきた経験豊かな魂という意味では、教師と生徒は、まったく同じ存在なのである。そのような存在を、偶然にも今世で教育する立場に立つことになった人間は、まずは、自分と同じ気高き魂に対して、畏敬の念を抱かなければならない。そのためには、じっくりと相手に向き合い、相手のことを熟知する必要がある。一年や二年で、魂の経験も、今世での環境も異なる子供を知ることはできない。八年間、毎日接することによって、生徒の本当の姿をすべて知り、その生徒に最もふさわしい対応やつきあい方ができるようになるということだろう。

さらに「点数のつかない通信簿」というのは、どういうことだろうか。しかし、これは、むしろごく当たり前のことではないか。人間の質的な能力や行動を数量化できると考えること自体が、そもそもおかしいのだから。通信簿を点数でつけるというのは、この上なく馬鹿げた習慣だといえるだろう。

『ミュンヘンの小学生』の主人公である子安文《ふみ》の担任のヴルフ先生は、一年に一度の通信簿について、「これはZeugnis《ツォイクニス》（成績表）というよりもBeschreibung《ベシュライブング》（記述、描写）です」（一六三頁）という。これだけ深くつきあっている相手（生徒）を一律に評価することなどできない。まして数量化なんてとんでもない。一人の人間のもつさまざまな側面を、その人間に真摯に向き合うもう一人の人間が「記述」（詳細に報告）するといったものでなければならない。

その人が良いか悪いか、などと（外側から）評価するのではなく、その人をそのまま受け容れ、その様子を（いわば内側から）描写する。これが、シュタイナー教育の通信簿だということになるだろう。ヴルフ先生の通信簿は、両親にあてた長い文章のあとに、子供にあてた詩が書かれていた。一人ひとりについて、その子の特徴を捉えた詩が贈られるのだ。子安文には、つぎのような詩がプレゼントされた。

小さな妖精——いきいきと、
あちこちに飛ぶ、青い夜を。
おとくいごとは、大いたずら、

明日は愉快になるだろう。

——一六四－一六五頁

自分だけのために、担任の先生が素敵な詩を創ってくれる。これがシュタイナー教育なのだ。

ほかにも、シュタイナー教育の特徴をあげてみよう。面白いのは、算数の時間だ。計算は、つねに答（計算結果）が先にある。たとえばつぎのような問題がでる。

10＝

10＝

10＝

10＝

10＝

8＝

8＝

8＝

8＝

8＝

答は、たとえばつぎのようになるだろう。

10＝1＋2＋1＋6
10＝3＋1＋1＋5
10＝2＋3＋1＋4
10＝5＋1＋4
10＝8＋1＋1

8＝1×8
8＝16：2（「：」は「÷」［割る］を意味している）
8＝4×2
8＝32：4
8＝72：9

答は一つではない。一つの数について多くの答を探すことによって、その数のもつ含みや厚みや性質が体験できるだろう。

あるいは、「かわいそうな数をさがしましょう」という問題もある。１００までの数字が並んでいる。その数字に、2の段、3の段、4の段、5の段、6の段…とそれぞれの段のかけ算の答を線で消していく。2はオレンジ色、3は赤、4は青、5は緑でといったふうに、色分けした抹消線で数字を消していく。その結果、まったく色のつかない数字が最後に浮かびあがる。色分けしながら数字を消していくと、素数が（10未満の素数は別として）、自然と目の前に現れるというわけだ。11、13、17、19……何と楽しい授業だろう。

このようなプロセスを、子安美知子さんは、「はっきりしているのは、子どもたちは、数と遊んだのだということだろう。計算練習という課題に苦しんだのではなく、数というものがもつさまざまな秘密にふれ、それをおもしろいと思いながらノートに確認していく。その遊びのなかで、数がもっているふしぎな体系に直観的なおどろきをおぼえることもあったのかもしれないのだ」（一九三頁）という。その通りだと思う。数というとてつもなく神秘的な存在と、色彩を使いながら全身で遊ぶこと。これがシュタイナーの算数教育だといえるだろう。

シュタイナー教育では、算数でも、国語でもクレヨンや色鉛筆が使われる。2の倍数がオレンジで、3の倍数が赤だったように、国語（ドイツ語）の時間では、ICH（わたし）とDU（あなた）はオレンジ色、WIR（わたしたち）が青、SIND（〜は〜です）が赤で、UND（〜と〜）は紫色のクレヨンで書かれる。

最初に学ぶ文は、「ICH UND DU SIND WIR」（わたしとあなたはわたしたちです）と「WIR SIND DU UND ICH」（わたしたちはあなたとわたしです）である。「わたし」と「あなた」と「わたしたち」のあり方が、色によってはっきりと認識できるだろう。「わたし」と「あなた」は、同じオレンジ色（同じかけがえのない存在）であるということ、そして、「SIND」（赤）という関係によって、「WIR」（青）という素晴らしい存在になるということ。この文を、発音しながら学ぶとき、視覚、聴覚、触覚、そして思考の世界がすべてかかわりあいながら、人間の根本的あり方（わたし、あなた、わたしたち）を体験することになる。

こうして、算数も国語も、授業は、芸術体験として進行していく。生徒も教師も、一人の芸術家として、授業という芸術活動の場に参加しているということになるだろう。

さらに文の担任であるヴルフ先生は、つぎのようなことまでいう。週末に宿題をだしたとき、子供たちにこういうのだ。

「これは宿題だけれど、もし、あしたお天気がよかったら、やらなくていい。それより、プールに泳ぎにでもいきなさい。雨がふったりしてうちにいるのなら、宿題をやっておいで」

――二〇二頁

これが本当の先生だろう。すべては変化している。一律に宿題をやらせるのではなく、そのときどきの天候や生徒たちの様子によって、そのつど対応しなければならない。やる気のある日も、ない日もあるだろう。そのような生徒の状態に寄りそうのが、本当の教師だ。

授業そのものも、もちろん同様である。教師は、その日の天気や生徒の様子を観察し、その調子や変化に耳を澄まし、敏感に対応していかなければならない。「とにかく教師は、「その日の子どもたちの脈の音をききとって」、授業を臨機応変に進めなければいけない」（二〇二頁）のだ。

その日の客の様子を見て、噺《はなし》を変える練達の落語家のようではないか。これが真の教育だと思う。『ミュンヘンの小学生』の「あとがき」のなかで、子安美知子さんは、結論のようなことを書いている。この言葉で、シュタイナー教育の紹介を終わりにしよう。

私は「教育は芸術である」、そして「教師は人生の芸術家（Lebenskünstler）でなければならない」という考えにあらためて共鳴するのである。つまり教育そのものがひとつの芸術であるという考えに。それは、子どものなかにひそんでいる造形的な、また音楽的な能力と、教師のがわの創造的な思考との協同作業でもある。

――二二〇頁

教育は芸術なのだ。そのつどそのつどの教師と子供たちとによる創造活動なのである。これ以上素晴らしい「教育」の定義があるだろうか。

3　宇宙の進化

最後にシュタイナーの宇宙進化史について、ざっと触れておこう。「アカーシック・レコード」というものが存在し、これまでの宇宙の歴史を細大漏らさず記録しているというのは、いろいろなところで言及されている。巨大な記憶装置として、膨大な書籍を管理している図書館として、あるいは宇宙情報を包蔵するスーパー・コンピューターとしてイメージされてきた。すべての存在の、つまり森羅万象の全時間（したがって未来も含まれる）の記録が蓄積されている場所なのだ。

そして、この比類なき装置は、多くの見者にその秘密を開示してきた。シュタイナーもまた、このアカーシック・レコードにアクセスできる能力者であった。この記憶装置から、宇宙の進化と人間の進化を読みとっていた。シュタイナーは、アカーシック・レコードを「アカシャ年代記」と呼ぶ。つぎのように説明している。

> 目に見える世界にいながら、知覚能力を拡大して、不可視のものにまで高めることができる者は、ついには、宇宙のあらゆる過去の経過を記録した、巨大な霊的パノラマとでもいえるものをまざまざと見ることができる。霊的なもののすべての不滅の痕跡を、「アカシャ年代記」と呼ぶことができる。
>
> ――『概論』S.119、一四六頁、一三九頁

霊的な世界を深く洞察する能力をもつ者だけが入ることができる無尽蔵の書庫が、「アカシャ年代記」なのだ。この年代記には、現在の地球にいたるまでの宇宙の歴史も刻まれている。「アカシャ年代記」によれば、宇宙そのものの進化は、人間の存在に多様な仕方でかかわりをもつ。もともとは、霊的なものだけが存在していた。その霊的なものは、物質的なものへと凝縮していく。あたかも、水が冷却されて氷塊になるように、霊的なもの（水）が、物質（氷）になる。

このようにして、ある太古の惑星状態が、霊的な宇宙存在から進化して登場する。われわれの地球は、今まで三度の惑星状態を通過してきた。ある惑星状態とつぎの惑星状態との間には、つねに霊化された中間の状態が存在する。人間の覚醒と睡眠や、輪廻転生のように、惑星も、物質化と霊的状態の往還を繰りかえしてきたというわけだ。

シュタイナーは、いままで地球が経てきたそれぞれの惑星状態を、「土星紀」「太陽紀」「月紀」「地球紀」と呼ぶ。ただし、この土星、太陽、月というのは、現在の太陽系の各天体とは、直接結びついているわけではない。むしろ、人間の肉体（土星紀）、エーテル体（太陽紀）、アストラル体（月紀）、自我（地球紀）と関係している。シュタイナーによれば、それぞれの時期に人間の肉体、エーテル体、アストラル体、自我が形成されてきたのだという。

シュタイナーは、つぎのようにいう。

人間が現在のような形姿をとるようになったのは、惑星の受肉の四番目、すなわちこの地球上においてである。この形姿において本質的なのは、人間が物質体、生命体、アストラル体、自我という四つの構成要素から組みたてられているということである。

――『概論』S.123、一五二頁、一四四頁

シュタイナーによれば、われわれ人間は、宇宙自身の壮大な進化とともに、みずからも進化してきた。われわれ人類と宇宙、恒星、惑星とは分かちがたく結びついている。こうしてシュタイナーは、宇宙進化と人間進化との平行性をひじょうに詳細に叙述していく。

さらに「アカシャ年代記」には、未来の進化も記述されている。「地球紀」のさまざまな現象の結果が、「木星紀」と呼ばれる宇宙存在へと進化していく。さらに、「地球紀」と「木星紀」の経過の諸結果が、「金星紀」という未来世界へと移行していく。最終段階として「ヴァルカン星紀」が現れる。

そして、これらの宇宙進化においても、とてもシュタイナー的な構造が見てとれる。先述したように、人間の肉体、エーテル体、自我は、霊界における霊人、生命霊、霊我に対応していた。つまり、物質界におけるヒエラルキーが、霊界においては、逆転するわけだ。肉体という、われわれ人間の最も基盤となっている物質的存在が、霊界では、霊人という最も霊的な存在に対応しているからだ。この不思議な対応関係（ヒエラルキーの逆転対応とでもいうべきもの）が、宇宙史における惑星状態の進化にもあてはまる。

シュタイナーは、つぎのようにいう。

同様に、さらに進化した超感覚的意識には、「ヴァルカン星紀」と名づけうる未来の進化状態が現れる。金星紀が太陽紀と関連し、木星紀が月紀と関連しているように、ヴァルカン星紀は土星紀と関連している。

――『概論』S.334、四一二頁、三七四頁

地球紀までの進化が、方向を逆にして、さらに進化していくようだ。これは、シュタイナー独自の対応関係だろう。われわれ人間のあり方と宇宙進化の構造が、対応しているというわけだ。

覚醒と睡眠のリズムと、生涯と死後の生とのリズムが対応しているように、ここでも、ミクロコスモスとマクロコスモスとの対応関係が、基盤にあるということになる。このように、シュタイナーの思想では、宇宙を構成するさまざまな要素が、多くの側面で緊密に関係しあっていることになる。

第3章

シュタイナーの生涯

1　二重の世界（一八六一－一八七二年）

この章では、シュタイナーが晩年に書いた『わが人生の歩み』（邦訳名『シュタイナー自伝』）を手がかりにして、彼の生涯をじっくりたどってみたいと思う。

シュタイナーの生涯は、さまざまな意味で、二つの世界や思想が重なっているかのようだ。そして、そのような二重性が、葛藤を生みながらも見事に調停されていく。シュタイナーは、それらの二つの思想や領域に引き裂かれることなく、それらを統合していく。このような一生をシュタイナーは生きたといえるだろう。

生涯の最初の時期から、この二重性は特徴的に現れている。オーストリアの自然豊かな土地で、シュタイナーの父親は、当時の技術の最先端である鉄道技師だった。一八二五年にイギリスで初めて鉄道が実用化されたのだから、一八六一年に生まれたシュタイナーにとって、鉄道は、とても目新しいものだったにちがいない。田園風景のなかを走る最新の機械が、後の思想家にどのように映っていたのかは、たいへん興味深い。大学卒業時（実科学校からウィーン工科大学）まで、いわば理系だったシュタイナーの原風景が、深い自然とそれを切り裂くように走る汽車だったのは、覚えておいていいだろう。

シュタイナーは、すでに小さい頃から、二つの世界に生きていた。万人が五感で捉える現実の世界と、ルドルフ少年だけに見える超感覚の世界だ。この二つの世界は、本当に重なって見えたらしい。というのも、シュタイナー自身がのちに語っているように、三六歳になるまで、感覚器官により世界を正確に把握できないくらい、眼前の対象は、超感覚的世界に覆われていたというのだから。

たとえば、七歳の頃、つぎのような経験をする。長いが引用してみよう。

待合室の隅にはストーヴがあり、その反対側の壁に出入り口がついていました。少年（シュタイナー－中村）はその両方の見える片隅に坐っていました。当時はまだとても幼い子どもでした。そうして坐っていると、出入り口の扉が開いたのです。そして今まで会ったことのない女性が入ってきました。一度も見たことのない顔でしたが、家族の一人にとてもよく似ていました。その女性は扉から入ってくると、部屋の中央にまできて、うなずき、そして次のように話しかけました。「私のために、出来るだけのことをしようとしてね。これからずっとよ」。そう彼女は少年にいったのです。そしてしばらくの間、一度見たら生涯忘れられないような姿で立っていましたが、それからストーヴの方へ歩いていき、そのままストーヴの中へ消えていきました。このときの印象は少年にとって非常に強烈でした。しかし家族の中にはこういうことを打ち明けられる人がいませんでした。もしそんなことをいったら、その愚かな迷信を、みんながひどい言葉でののしったことでしょう。

しかしこのことがあったあと、いつも朗らかな父がいつになく悲しそうな様子をしていました。父が知っていることをいおうとしていない、と少年は感じました。それから数日後、家族の一人が打ち明けてくれたところによると、駅舎から遠くはなれた土地で、少年が待合室で女性の姿を見たのと同じ時間に、親戚の一人が自殺したのです。少年はこの人と一度も会ったことはありませんでしたし、彼は――強調しておけば――周囲のうわさ話にはあまり興味がなかったので、この人の話をとくに耳にしたこともありませんでした。右の耳から入ったとしても、すぐ左の耳から出ていってしまったのでしょう。しかしこのときの事件は大きな印象を与えました。少年にとっては、自殺した当人が霊となって現われ、死者となったばかりの自分のために供養してくれるようにと依頼しにきたのだ、ということに疑問の余地がなかったのです。このことがあってから、少年の魂に新しい世界がひらけてきました。外の樹木や山々だけでなく、その背後の世界も語りかけてくるようになったのです。ほぼそのころから、その地方にとくに活発にはたらいている自然霊たち、事物の背後にあって創造行為に参与している霊たちと、外界の事物と親しむのと同じように、親しむようになったのです。

——『ルドルフ・シュタイナー書簡集』上、一九五五年／高橋巖『若きシュタイナーとその時代』所収、平河出版社、一九八六年、二〇－二一頁

親戚が死んだのと同じ時刻にシュタイナーは、離れた地で、その人から直接メッセージをもらう。眼の前にたち、「私のために、出来るだけのことをしようとしてね。これからずっとよ」といわれる。これは、たとえばベルクソンが、「〈生きている人のまぼろし〉と〈心霊研究〉」（一九一三年ロンドン心霊研究協会での講演、『精神のエネルギー』所収）の冒頭で話した戦地での夫の死を同じ時刻にまざまざと「見た」婦人の話とも通じるだろう。あるいは、スウェーデンボルグがストックホルムの大火事を、五〇〇キロメートル離れたところで、はっきり「見た」話も有名だ。このような出来事は、古今東西多く存在している。それを、シュタイナーは、七歳のときに経験した。しかも、霊界へと移行しようとしている当人に話しかけられたのだ。

この経験をしてから、他の者には見ることのできない自然霊たちとの交流も始まったと書いている。二重の世界を、はっきりと認識するようになったということだろう。このように二つの世

界を「現実に」経験していたシュタイナーにとって、この二世界をうまく理解し調停するのは、かなり苦労したにちがいない。引用にもあるように、ちがう世界について、もし口を開けば「愚かな迷信を、みんながひどい言葉でののし」るからだ。こうした必然的に孤独にならざるをえない環境で、シュタイナーは、ある学問にであう。

それは、幾何学だった。このであいは、彼にとって、この上なく大きいものだった。シュタイナーにとって、幾何学の世界は、自分が否応なく見ている超感覚的世界と同じものに思えたからだ。私たち誰もが知っている感覚世界とは、まったく異なる世界がある。その世界は、現実の体験には一切かかわらない純粋な世界だ。しかも、そのように独立した世界であるにもかかわらず、物理学をはじめとした諸科学を通してこの現実界と関係ももつ。この世界の法則を数学によって表すことができるのだ。

このような幾何学、そして数学の世界は、シュタイナーにとって、ある意味で救いのように思われたにちがいない。自分だけしか知らないと思っていたのと同様の世界が存在する。しかも、その世界は、学校ですべての人に共有されている。これは、本当に衝撃的な出来事だっただろう。

古代ギリシアのプラトンが開いたアカデメイアという学校の門には、「幾何学を知らぬ者、くぐるべからず」という文字が書かれていたという。シュタイナーにとって、超感覚的世界が、幾何学同様、日頃知覚する現実世界とは異なるものであるように、プラトンにとっても、幾何学は、現実とは異なるイデアの世界の象徴であった。われわれの複雑で錯綜した現実界の基底には、純粋で理想的な設計図があるのだ。シュタイナーだけが見ている超感覚的世界は、のちに「純粋思考による霊界」といわれる。そのような観点からすれば、イデア界と純粋思考の世界とは、とても似ているといえるだろう。

この頃、シュタイナーは、「認識の限界」について考えている。もちろん、これは、のちにそのように表現しただけだ。さすがにカントには、まだであっていない。シュタイナーは、自宅の近くにある水車小屋の製粉作業や、紡績工場でおこなわれていることに非常に興味をもっていた。「内部」の工程を、子供なりに「研究」したかったのだ。しかし、大人ではないという理由で、「内部」を覗くことは禁じられていた。これが「認識の限界」である。このような「認識の限界」に思い悩んでいたシュタイナーは、その頃、駅で「衝撃的なこと」にであう。

一度、駅で「衝撃的なこと」があった。列車が積み荷とともに走ってきた。私の父は、その列車を待っていた。うしろの車両が炎に包まれていた。列車の乗務員は、何も気づいていなかった。列車は燃えながら、駅に近づいてきた。そこでおこったことは、私に深い印象を与えた。車両の一つに燃えやすいものがあったので、火がでたのだ。どうしてこのようなことが起こるのかという問に、私は長い間取りくんだ。私の周りの人々がいうことは、いつものように、私にとって満足のいくものではなかった。私の心は疑問でいっぱいだった。答の得られない問を、私はもちつづけなければならなかった。こうして、私は八歳になった。

――*Mein Lebensgang*, Rudolf Steiner Verlag, 1982, S.16／『シュタイナー自伝　上』西川隆範訳、アルテ、二〇〇八年、一五―一六頁／『シュタイナー自伝　Ⅰ』伊藤勉・中村康二訳、ぱる出版、二〇〇一年、一七頁（以下『自伝上』と略記）

八歳になるかならないかの子供が、ある出来事の全貌を知りたいと思う。日常ではありえない異常な事件であったとしても、それを解明したいと思ったのだ。シュタイナーのいう「疑問でいっぱい」という言葉は、ひじょうに貪欲な知識に対する気持が表れているといえるだろう。世界を二重に認識していたといっても、ただの夢見がちな少年とははっきり異なる。この現実の世界に対しても、底知れぬ好奇心を抱く。しかも、大人たちは「いつものように」満足のいく答を与えてはくれない。シュタイナーの終生変わらぬ謎に対する態度、そして独学でその謎に挑む姿勢が、鮮明に示されているエピソードだといえるだろう。

シュタイナーにとって世界は、二重だ。そうなると、そもそも他の人たちが見ていない世界が存在すること自体の不思議と、その超感覚的世界内部のもろもろの謎があるだろう。もちろん同時に、誰でも知っているこの感覚世界でおこるさまざまな出来事の謎も存在している。つまり、シュタイナーにとって、この世界には、少なくとも三つの根源的な謎があることになるだろう。この現実内部の謎、超感覚的世界の謎、そして、この二つの世界が「二重である」という謎だ。シュタイナーは、この二重性の謎を解くきっかけとして、「幾何学」の存在を考えていた。つぎのように回顧している。

感覚が知覚する対象と経過は空間中に存在する。しかし、この空間が人間の外にあるのと同様に、内部に魂の空間があり、それは精神（霊）的な存在・経過の舞台であると私は思った。私は、思考は人間が事物についてつくるイメージのようなものだとは思えなかった。思考は、精神（霊）的世界が魂の舞台に開示したものだと思った。幾何学は人間によってつくられたもののように見えながら、人間からまったく独立した意味をもつ学問だと私には思われた。子供だった私は、もちろん明瞭には語れなかったが、幾何学と同様に精神世界についての知識を人間は自分のなかにもっていると感じた。

精神（霊）的世界の現実性は、感覚世界の現実性と同様、私にはたしかなものだった。しかし、この仮定の正当性を証明することが私には必要だった。感覚世界の体験と同様、精神（霊）的世界の体験は錯覚ではない、といえるようにしたかった。人間は幾何学において、魂自身がみずからの力によって体験するものを知ることができる、と私は思った。

――『自伝上』S.21-22、一九－二〇頁、二二－二三頁

ここで、シュタイナーがいっていることは、こういうことだろうか。幾何学という学問は、われわれが実際に知覚している空間を対象にしている。しかし、幾何学はその空間を模写しているだけではなく、幾何学独自の世界をもち、感覚世界からは独立した公理系でもある。

これとまったく同じように、われわれが外側で知覚する感覚世界とは、まったく独立した精神世界（霊界）があり、そこは感覚ではなく思考によって構成されている。それは、内的な魂の舞台であり、純粋な思考の世界だ。だから思考は、外的な事物を写しているわけではなく、それだけで独自の空間を形成している純粋な世界なのである。ここで一言、訳語について補足しておきたい。シュタイナーが、Geist あるいは、geistig という語を使うとき、日本語でいえば「精神」と「霊」という二重の意味がこめられている。したがって、そのときどきの文脈によって、「精神（霊）」と「霊（精神）」と書いていく。いずれの場合も、この語（Geist, geistig）には、二重の意味がこめられている。

このように考えれば、シュタイナーが、眼前にまざまざと捉えている霊的な世界（精神界）は、感覚器官によって知覚している現実とはちがう独立した世界だということになる。妄想でも、幻でも夢でもない、それだけで成りたつ「本当の世界」ということになるだろう。シュタイナーは、

この「本当の世界」こそが、われわれの感覚世界に大きな影響を与えつづけているというのだ。

2 カントとのであいと大学時代（一八七二－一八八二年）

シュタイナーは、一一歳から実科学校に入学する。父親の希望で、鉄道技師になるためだった。しかしシュタイナーは、同時に文学や哲学にも興味をもっていた。学校のあるウィナー・ノイシュタットの医師から文学の話を聞き、ゲーテ、シラー、レッシングなどを知る。理系の学問もしっかり勉強しながら、文学・哲学といった文系の学問にも没頭した。ここにも、根柢には、文と理との二重の世界があるといえるだろう。

そして一五歳のときに、カントの『純粋理性批判』にであう。何と二〇回以上も、この書を読んだという。哲学の専門家でも読み進めるのが難しい『純粋理性批判』を、これほど読みこむのは、並大抵の情熱ではない。ドイツ語をネイティヴとする者にとっても、かなり難解な哲学書なのだ。『純粋理性批判』が、あまりにも難しいので英訳で読んだといったオーストリア人の哲学者もいたくらいだ。

シュタイナーは、そのとてつもなく難解な書のレクラム文庫版（岩波文庫が模範にした廉価な文庫本）をばらばらにして、退屈な歴史の授業中にも集中して読んだという。かなりの部分を暗記するほどにも読む。なぜ、この書にこれほど熱中したのだろうか。

シュタイナーは、『純粋理性批判』とのであいを、つぎのように書く。

カントが私の思考領域に入ってきたとき、人類の精神史における彼の位置について、私はまだ何も知らなかった。同意にしろ拒絶にしろ、カントがどのような評価を受けているのかを、私は少しも知らなかった。『純粋理性批判』への強い関心は、私のまったく個人的な魂のいとなみからひきおこされた。人間の理性が事物の本質を本当に洞察するために何をおこなえるかを理解しようと、私は少年なりのやり方で努めた。

——『自伝上』S.38、三一－三二頁、三九頁

これもまた、幾何学にであったときと同じように、シュタイナー自身の内的な問題によって、必然的にであったものだといえるだろう。彼自身だけに見えている超感覚的世界を、人間の理性はどのようにあつかうことができるのか、という問題だ。

カントを読むことによってシュタイナーは、二つの点で影響を受けたという。まず、どんな思考も完全に見通せるようにし、感情が思考をくもらせないようにすること。さらに、思考と宗教との対立を調和させようとすること、この二つである。このような姿勢を、シュタイナーは、カントの哲学書から学んだというわけだ。

しかし同時に、カントの考えは、根本的なところでシュタイナーの考えとは異なっていた。つぎのようにいう。

思考は世界の事物と経過を本当に把握する力になることができる、と私は感じていた。思考の外に存在する「物質」についてては単に「考察」されるだけだというのは、私には我慢できない思想だった。事物のなかに存在するものは、人間の思考のなかに入ってくるにちがいない、と私は何度も思った。

——『自伝上』S.40、三三頁、四一頁

ようするにカントが、思考可能だが知覚はできないといって、「物自体《ものじたい》」を特別視するのが我慢できなかったのだ。シュタイナーによれば、思考の世界は、すべてを包摂するものであり、それは同時に、知覚世界と重なっている。シュタイナーにとって、世界は、どこまで行っても知覚できる（「見ることができる」）。そして、思考の世界（精神世界）は、感覚の世界を包摂する仕方で先行しているのだ。現象界にわれわれがいて、それを超えた物自体界を知覚することはできない、というカントの主張はおかしいと、シュタイナーは思ったのである。

なにしろシュタイナーは、「物自体界」が「見える」のだから、カントがいうように、「現象界」は、われわれの感性（時間と空間）や悟性（一二個のカテゴリー）によって構成されているといわれても納得はできないだろう。そのような人類仕様の「特性メガネ」など、シュタイナー自身はかけてはいない。何といってもシュタイナーは、超感覚的世界を「見ている」のだし、正しい方法によって修行すれば、万人が「見ることができる」といっているのだから。カントに対する根本的な違和感は、『自由の哲学』で存分に展開される。カント的な二元論（現象界—物自体界）に対して、一元論的な世界観を提示するからだ。

シュタイナーは、実科学校を卒業し、ウィーン工科大学に入学する。ウィーンでは、多くの哲学書を購入した。そして、フィヒテの『知識学』の第一草稿に取りくむ。しかも、『知識学』を一頁ずつ読み、それを自分の言葉で書きかえていくという念の入れようだ。

さらにカントの『純粋理性批判』をより深く理解するために『プロレゴメナ』（カント自身による『純粋理性批判』の入門書）も読み進めた。そして、シュタイナー自身が直接「見ている」精神世界を、思考のかたちで表現するように試みた。さらに、シェリング、ヘーゲルとも格闘していく。

ウィーン工科大学では、ゲーテの研究者であるカール・ユリウス・シュレーアーのドイツ文学の講義に惹きつけられた。シュレーアーから多くの文芸作品を教わる。また、同時期、ウィーン大学の講義も聴いている。とくにフランツ・ブレンターノに関心をもつ。

シュタイナーは、つぎのように書いている。

フランツ・ブレンターノの「実践哲学」の講義も私は聴いた。彼の人格が特別に私の関心を引いた。彼は鋭敏であると同時に内省的であった。彼の講義の仕方は荘厳だった。私は彼が語るのを聴いたが、彼のまなざし、頭の動き、表現豊かな手振りの一つひとつに注意を惹きつけられた。彼は完璧な論理学者であった。どの思考内容も絶対に透明で、他の多くの思考内容に支えられていなければならなかった。こうした一連の思考の形式には、最大の論理的誠実さがあった。(中略)ブレンターノにうけた刺激は、私のなかで強く作用した。私はまもなく、彼の著作に取りくみ始めた。のちには、彼の公刊されたほとんどすべての本を読んだ。

——『自伝上』S.58、四六-四七頁、五七-五八頁

ブレンターノの講義の素晴らしさは、多くの人が語っている。フッサールも、ブレンターノの講義を聴いて、数学から哲学へ専攻を変えたくらいだ。この時代のウィーン大学の様子を西平直は、つぎのように活写している。フロイト、フッサール、シュタイナーという二〇世紀の思想界に甚大な影響を与えた三人の人物の若い頃だ。

ここで試しに、一八八一年というところで、時計の針を止めてみると、フロイト、フッサール、シュタイナーという、二十世紀の思想史に大きな足跡を残した三人が、みなウィーンで、学生生活を送っていたことになる。
フロイトは、その三月、ようやく医学博士となったばかりの二十五歳。一種の授業助手の身であった。フッサールは二十二歳。ライプチヒ、ベルリンと、すでに五年間の学生生活の後、ウィーンに来て博士論文にとりかかったばかり。まだ数学科の学生であった。
そして、シュタイナーは、学生生活二年目。まだ二十歳の若者で、「哲学を通して真理を探究すること」を自分の義務と考え、「霊的世界を直接体験する霊的直観の正当性」について考え続けていた。

——『シュタイナー入門』講談社現代新書、六二頁

シュタイナーは、数学と自然科学をウィーン工科大学で学ぶかたわら（受講登録は、数学、博物学、化学）、文学や哲学も貪欲に吸収していく。それは、趣味として学ぶという姿勢からはほど遠いものだった。なにしろ、シュタイナーは、数学、自然科学を哲学の基礎の上で総合し、新たな普遍学を形成することをもくろんでいたからだ。
シュタイナーは、この企図を「義務」と呼んでいる。

私は当時、哲学をとおして真理を探究することを義務とみなしていた。私は数学と自然科学を学ばなければならなかった。それらの成果をたしかな哲学的土台のうえに据えることができなければ、それらの学問への関心を私は見いだせないだろう、と確信していた。しかし何といっても私は、精神世界（霊界）を現実として見ていた。

——『自伝上』S.59、四七頁、五八頁

「精神世界」つまりは「霊界」を実際に見ているシュタイナーにとって、たんに唯物的に世界を解釈する自然科学では、何も真実は解明されない。自分がまざまざと見ている現実を、きちんと説明できない学問であれば、何の関心も興味ももてないだろう。やはり、シュタイナーが「知覚している」精神世界をも包括したうえで、自然科学的世界を解明できなければならない。いやむしろ、精神世界が包みこんでいる自然界を、精神世界的かつ自然科学的な原理（ようするに統一的な原理）で説明できなければならないだろう。シュタイナーによれば、精神世界こそが、われわれの世界の最も基底にあるのだから。

だからといってシュタイナーは、心霊術のようなものとは距離をおき批判的だった。シュタイナーの心霊術や神秘主義に対する姿勢は一貫している。心霊術や神秘主義が対象としている世界（霊界）を、まざまざと見ているシュタイナーにとって、同じ世界を曖昧で感情的なやり方で語られるのは我慢できなかった。同じ世界をシュタイナーは、つぶさに「科学的に」分析していく。したがってシュタイナー自身は、当時巷間流行《はや》っていた心霊術のようなものは、はっきり拒絶する。同じ霊界について語ってはいるが、しかし、心霊術的なものとは、はっきりと袂を分かつのだ。

シュタイナーは、あくまでも自然科学と同様の神秘「学」を目指しているのであって、安易で感情的な神秘主義とは、一線を画している。まったく立場を異にしているのだ。とくに物質主義に汚染されたような心霊術は峻拒していた。

シュタイナーは、当時のみずからの立場をつぎのようにいう。

当時、霊界（精神界）について、私の体験を語ると、いたるところでこのような反応（誰も相手にしてくれない－中村）だった。人々は霊界について何も聞きたくないのであった。せいぜい、さまざまな心霊術にであうくらいであった。そこでは、私が何も聞きたくなかった。そのような方法で霊的なものに接近するのは悪趣味に思えた。

――『自伝上』S.59-60、四七頁、五九頁

その頃、シュタイナーは、一人の薬売りとたまたま知り合う。同じ列車でウィーンに通っていたのだ。この男フェリックスは、神秘主義にかんする本を、自宅にたくさんもっていた。彼といろいろ話すうちにシュタイナーは、根源的で伝統的な叡智《えいち》が、彼の魂に宿されていることがわかる。この導師から、シュタイナーは、多くのことを学ぶ。そして、さらに終生けっしてその名を明かすことのなかった、もう一人の導師も、フェリックスに紹介された。

小杉英了は、つぎのようにいう。

フェリックスがシュタイナーに引き合わせた真の導師について、シュタイナーは一切語ろうとしなかった。その人物について、名前はもちろん、職業も、住まいも明かさなかった。個人的なことに関しては元来寡黙《かもく》なシュタイナーだったが、この人物に関しては、生涯秘密を守り通した。この人物自身が、世にまったく隠れて生きることを使命の一つとしていたからだ。

――『シュタイナー入門』ちくま新書、二〇〇〇年、四一頁

この頃のシュタイナーは、ウィーン工科大学へ行き、同時にウィーン大学で聴講もしていた。そ

の上導師フェリックスとは、伝統的な神秘主義について存分に語り合う。しかし、それでもシュタイナー自身が小さい頃から実際に見続けていた精神（霊）的世界を充分に説明することはできなかった。

このように考えると、やはりシュタイナーの出発点は、あくまでもみずからの経験だったということがわかる。この誰のものでもない自分自身の経験（二重の世界）を学問的に探究するのが、シュタイナーの生涯の歩みだったといえるだろう。

3　当時の自然科学との関係（一八七九－一八八二年）

この頃、シュタイナーが逢着していた問題は、つぎのように表現されている。

> 私が他人から受けとった哲学の思考では霊界の直観には近づけなかった。それが、当時のわたしの魂の生活を重苦しいものにした。この方面で私が体験した困難から、私のなかで「認識論」が形成され始めた。思考のなかの生命は、魂が霊界で体験するものが物質的な人間のなかに輝き入った名残だ、と次第に思われた。思考体験は、私には現実の存在だった。その現実は完全に体験されたものであって、疑いを抱くことはできなかった。
>
> ――『自伝上』S.62、四九頁、六一頁

ここには、とても重要なことが書かれている。自分がまざまざと見つづけている世界を、哲学者たちは、一切説明してくれない。そのため、シュタイナー自身がみずからの手で新たな「認識

論」をつくりあげなければならない。そのとき、最も大切なものは「思考体験」だった。

そしてこの「思考体験」は、通常われわれが想定しているものとは、かなりちがう。われわれは思考するが、しかし、その思考を現実のものとは考えない。たしかに、思考している状態が、たとえば大脳の前頭葉で電位があがるという状態（物質変化）であることは理解している。しかし、そのとき考えられた内容（フッサールの用語を使えば「ノエマ」）が、現実に存在しているとは思わない。たんに「考えられたもの」だというだろう。物質と同じ意味で、存在しているとは誰も考えないだろう。だが、シュタイナーが考える「思考」は、そのようなものではない。もっと現実的で客観的なのだ。

シュタイナーにとって、みずからの思考は、完全に把握でき、現実の存在だった。しかし、感覚の世界は、思考のようにすみずみまで体験可能な世界ではない。感覚界の存在は疑いえないが、それには、思考とは異なり、シュタイナーにとって未知のものが入っていたのだ。思考の経験こそが、重要であり確実なのは、シュタイナーが霊（精神）的世界の存在をたしかなものとして認識し、そこで最も親しみのある確実な経験をしてきたからだった。シュタイナーの故郷は、何よりも霊的な世界（精神界）であり、そこから物質世界へ輝きを送る思考世界なのである。

このように思考の体験のたしかさと感覚世界の曖昧さに戸惑うシュタイナーは、ヘーゲルの研究へと向かう。ヘーゲルは、まさに理性、思考の運動をテーマにしているからだ。しかしシュタイナーは、最終地点でヘーゲルと袂を分かつ。

シュタイナーは、こういう。

ある思考過程を急いで独自の哲学的見解の形成へと導くのは危険だ、と思われた。それが私を徹底的なヘーゲル研究へと駆りたてた。この哲学者が思考の現実性を述べるときの姿勢は私の胸に響いた。ただ、生きいきとした思考世界へと接近しながら、具体的な精神（霊）的世界の直観には突き進んでいないことに、私は突き放された感じがした。

——『自伝上』S.63、四九頁、六二頁

シュタイナーによれば、ヘーゲルはいいところまで行ってはいるが、最終地点で、真の世界へと足を踏みいれることはない。しかし、意識、思考、理性、精神の運動を重視するヘーゲルは、シュタイナーにとって、とても身近で大切な哲学者だった。

カントを乗り越えるためにはもちろんのこと、自分自身の小さい頃からの経験を記述するためにも、ヘーゲルは（おそらく）唯一無二の先行者だったのではないか。シュタイナーは、こういっている。

思考内容から思考内容へと進んでいくときに、この哲学者が有する確かさが私を引きつけた。多くの人々が、経験と思考は対立するものだと感じていた。私にとっては、思考自体が経験であった。しかし、その経験は、そこで人が生きる経験であって、経験が外から人間にやってくるのではない。ヘーゲルは長いあいだ、私にとって非常に重要であった。

——『自伝上』S.63、四九－五〇頁、六二頁

シュタイナーは、自分が実際に見て経験してきた霊界を、この世界の記述から追放するのは、どうしても納得がいかなかった。当たり前のことだけれども、自分自身がものごころつく頃からず

っと経験し、たしかなものだと信じている世界が存在しないかのように扱われるのは、我慢ができないだろう。

シュタイナーは、二二歳になっていた。この頃、思考そのものの体験を、とても重視していた。抽象的な思考から精神的な観照にまで進み、霊的現実に入ることをシュタイナーは確信していた。思考を経験することが、事物そのものがわれわれに本質を開示してくれる。そのような意識状態を手にすることによって、霊的現実に近づいていくことになる。こうして思考自体の経験から精神（霊）界へとシュタイナーは、たどっていく。シュタイナーにとっては、「感覚が自然を知覚するように、精神（霊）的直観は精神（霊）を知覚する」（『自伝上』S.72、五五頁、七〇頁）のである。

このように、精神界、つまりは霊界を、純粋な思考を通って体験することによって、幼い頃から熟知していた霊的世界（精神界）を、さらに深く確信するようになっていく。そうなると、神秘主義的感情や心霊術的なものではない、たしかな確信が、霊界（精神界）に対して生まれてくるだろう。そしてこれは、七歳のときにであった幾何学が描く純粋数学の世界と比肩しうるものとなる。シュタイナーは、以下のように述べている。

曖昧な神秘的感情にもとづくのではない精神（霊）的観照が私の魂に現れた。数学的な思考と比較できる明晰さをもった精神（霊的）活動のなかで、この精神（霊）的観照は生じる。私が自分のなかにもっている精神（霊的）世界の直観は自然科学的な思考の法廷でも正当とされる、と思える魂の境位に私は近づいた。

――『自伝上』S.72、五五－五六頁、七〇頁

4　ゲーテ研究の日々（一八八二－一八八六年）

『わが人生の歩み』のなかで、シュタイナーは、多くの友人たちと交際し活発に議論している。しかし、彼が四〇歳を越えて、神智学協会に入るまでは、彼自身の本当の姿は隠されていた。したがって、普段の生活におけるシュタイナーは、みずからの精神内部では、やはり二重のあり方をせざるをえなかった。シュタイナーは、友人とのつきあいを、つぎのように回顧している。

> ここで述べている時期（大学時代－中村）の友情の数々は、私の人生の進展に独特の関係をもった。それらの友情は私に、魂における一種の二重生活を強いたのである。当時何よりも私の魂を満たしていた認識の謎を解く格闘に、友人たちはいつも強い関心を示したが、その格闘を共にしようとはしなかった。この謎の体験において、私はかなり孤独だった。私は反対に、友人たちが関心をもっているものすべてを共に体験した。こうして私のなかで、二つの生活が並行して経過していった。その一つを、私は孤独なさすらい人のように送っていた。もう一つの生活を、私は生きいきとした社交のなかで好ましい人々と共有した。
>
> ――『自伝上』S.80-81、六二－六三頁、八一頁

シュタイナー自身の内側の認識の謎を解く「格闘」に友人たちは外側から興味をもつ。しかし、共に闘おうとはしない。シュタイナーが見ているものがわからないからだ。ところが、シュタイナーの方は、友人が考えていることをすべて体験できる。実に非対称な関係であり、どうしても

避けられない孤独だったといえるだろう。

だからといって、友人と議論しなかったわけではない。同じ実科学校出身で一学年下の友人とは、ウィーン工科大学に入ってから親しくなり議論もした。その友人は唯物論者だった。その友人を論破するためにシュタイナーは、当時もっていた洞察や知見をすべて使ったという。その友人と議論をした後、別れ際にシュタイナーは、つぎのように捨て台詞をいった。


君が〝私は考える〟というとき、それは脳神経系内の経過の必然的な結果にすぎない、と君は主張するわけだ。その経過だけが現実なんだね。もし君が〝私はこれを見る〟とか〝私は歩く〟などというときも、そうなんだね。でも、君は〝私の脳がこれを見る〟とか〝私の脳が歩く〟とはいわないじゃないか。もし君の理論的な主張が正しいと本当に思っているのなら、いいまわしを変えなくてはいけない。それでも、君が〝私〟と語るのなら、君は実は嘘をついていることになる。

――『自伝上』S.84、六五頁、八四－八五頁

若者らしくこのような激しい議論をする側面も、シュタイナーはもっていた。このように多くの友人たちによってシュタイナーは、みずからの考えや方法を築いていったといえるだろう。

大学時代、シュタイナーが最も心をひらくことができた相手は、ゲーテの研究家であるカール・ユリウス・シュレーアーだった。シュタイナーは、シュレーアーと多くの時間を共にすごした。

私は彼のところにいると心が和んだ。私は何時間も彼のそばに坐っていられた。彼の昂揚し

た心から、聖夜劇、ドイツ方言の精神、文学のいとなみの経過が、生きいきと語られた。（中略）私がシュレーアーと二人でいるとき、いつも第三者がいるように感じた。ゲーテの霊である。シュレーアーはゲーテの人格と作品に深く傾倒しており、自分の魂に感情や理念が現れるたびに、「ゲーテもやはりこのように感じたり、考えたりしたのだろうか」と問うようにしていたのだ。

——『自伝上』S.92、七一頁、九三頁

しかし、そのようなシュレーアーとも、すべての面で一致していたわけではもちろんなかった。シュレーアーは、歴史における推進力を理念だと考え、そのなかに生命を感じていた。それに対してシュタイナーは、理念の背後に精神存在の生命があると考えていた。あくまでもシュタイナーにとっては、精神存在が独立した世界を形成している。「まず精神ありき」なのだ。また、シュタイナーは、このような認識を、自然科学と結びつけようとしたが、シュレーアーは、それには関心がなかった。

シュレーアーの推薦によってシュタイナーは、『ドイツ国民文学全集』のなかのゲーテの自然科学論文の巻を編纂し、序文と解説も書くことになった。

ゲーテを研究することによって、シュタイナーは、多くのものを獲得する。まず当時の自然科学とゲーテの自然認識とは、真っ向から対立していた。シュタイナーによれば、ゲーテは、自然認識を人間の創造の領域に位置づけていたが、それに対して、自然科学は無機的な自然のみを相手にする。シュタイナーは、ゲーテをつぎのように評価している。

有機的なものを認識するためには、有機的なものについて、どう考えなければならないかということを見いだしたのが彼の中心的な業績だ、と私は思った。

——『自伝上』S.112、八五頁、一一二頁

無機物であれば、それを分割し、最小単位を見いだすことによって、その本質を把握することができる。さらに、それらの最小単位の関係（結合や反応や変化）によって構築されたさまざまな無機物の関係や構造が自然法則として見いだされる。そしてその法則は数学的に定式化され、無機的宇宙の構造や関係が明らかになっていく。これが自然科学の方法論だといえるだろう。

それに対してゲーテは、有機物を認識する方法を樹立したとシュタイナーはいうのだ。しかも、その方法は、無機物の認識のための自然科学的方法論にも匹敵するという、つぎのように。

力学は認識の欲求を余すところなく満足させる。それは、無機物を感覚で知覚するときに明らかになる概念を、人間精神のなかで理性的に形成するからだ、と私は思った。ゲーテは同様の方法で有機物に取りくんだ、有機学の創始者だ、と私は思った。近代の精神生活史のなかでガリレイを見ると、無機物についての概念を形成したことによって近代自然科学を形づくった、ということに気づく。彼が無機物にかんしておこなったことを、ゲーテは有機物にかんして達成しようとしたのである。私にとって、ゲーテは有機学におけるガリレイであった。

——『自伝上』S.113、八五頁、一一二頁

これは、とてつもないゲーテ評価だといえるだろう。コペルニクスに始まり、ニュートンによって完成された一六世紀から一七世紀にかけての「科学革命」の中心人物であるガリレオ・ガリレ

イと同じくらい、ゲーテは「有機学」の成立に貢献したというのだから。

これは、二つの点で大きい評価だといえる。まずゲーテ自身の自然科学研究そのものに対する評価である。誰もなしえなかった有機物の研究を確立した。それと同時に、ゲーテが樹立した「有機学」という学問に対する歴史的評価だともいえる。ゲーテだけでは終わらない「有機学」というジャンルを創造したというのだから。

つまりシュタイナーにいわせれば、ゲーテの方法論を正当に評価して、彼が樹立した「有機学」を発展させれば、現在の自然科学と同様の方法論、そして新たな学問領域が成立することになるのだ。おそらく、これがシュタイナー自身も終生目指した学問のかたちだといえるかもしれない。

シュタイナーが実際に経験している精神世界と、誰もが知っているこの感覚世界とを同じ方法によって同時に解明すること。これは、無機的なものだけをあつかう学問では不可能であり、ゲーテが構想していた「有機学」によってのみ可能なのだ。シュタイナーは、この有機学の方法について、つぎのようにいう。


このような方法で植物の本質を把握しようと試みると、形のない概念で無機物を把握するときよりも、精神をとおした方が、ずっとよく自然に近づける。精神（霊）なしに自然のなかに存在するものの精神的な仮像を、人々は無機物として把握しているのだ。しかし、植物の発生においては、人間精神のなかで生じる植物のイメージとかすかに類似するものがある。自然は有機物を生みだすことによって、精神（霊）に類似した存在をみずからのなかで活動させる、ということに人々は気づく。

——『自伝上』S.114、八六頁、一一三頁

精神こそが、自然のなかで生きいきと働いている、いわば創造的エネルギーなのであって、精神なしにこの世界を把握することは不可能なのだ。だからこそ、シュタイナーは、ゲーテの方法をとてつもなく高く評価したのである。

5 エドゥアルト・フォン・ハルトマン訪問（一八八九 ― 一八九〇年頃）

一八八九年にシュタイナーは、初めてドイツに旅行する。ワイマール版ゲーテ全集の協力者として招待された。シュタイナーは、ゲーテの自然科学論文の一部をこの全集のために編集するよう頼まれたのだ。ワイマール滞在中に、短期間ベルリンに行き、何年も文通をしていたエドゥアルト・フォン・ハルトマンを訪問した。

この対話で、シュタイナーが当時の哲学とかけ離れていることを覚《さと》ったエピソードがある。会話の途中でシュタイナーが、「表象が非現実的であるという考えをきちんと吟味しなければならない」といったのに対し、ハルトマンは、つぎのように答える。

> エドゥアルト・フォン・ハルトマンは、「その点については異論の余地はない。なぜなら、〈表象〉ということばの意味には既に、表象には現実的なものが何一つ含まれていないことが示されているから」と反論した。
>
> ――『自伝上』S.155、一一七頁、一五六 ― 一五七頁

この答を聞いたとき、シュタイナーは愕然とする。自分が考えている哲学とのあまりのちがいに、

心底驚いたのだ。

この反論を聞いたとき、私は魂の寒気を感じた。「語の意味」が人生観の真面目な出発点になるとは。私は自分がいかに同時代の哲学から隔たっているかを感じた。

――『自伝上』S.155-156、一一七頁、一五七頁

シュタイナーは、あくまで自分自身の具体的な経験から出発する。自分が見てきた精神（霊）的世界や純粋思考の体験を、哲学的に説明しようと試みてきた。その経過において、「表象」が、どのような経験なのか、どのような事態なのか、ということを話していた。それに対してハルトマンは、「表象」（Vorstellung）というドイツ語の名詞の意味によって答えたのである。さすがのシュタイナーも、まったく共感できなかったのだろう。「魂の寒気」（seelisches Frösteln）を感じたというのだから。しかし、これは同時に、その当時の哲学の潮流から自分がいかに遠く離れているかということの確認でもあった。

この時期から二〇世紀にかけて、欧米の哲学界では、言語論的転回《てんかい》がおこる。たしかにハルトマンのように、語義（語の意味）だけで判断するほど浅薄ではないにしろ、言語そのものに哲学の関心は移っていく。おそらくシュタイナーも、このような流れを敏感に感じとっていたにちがいない。魂によって認識した世界を哲学的に解明しようとしているシュタイナーが「寒気を感じた」のも、無理からぬことだった。

シュタイナーは、みずからの人生の最初の三〇年間を一つの完結した時期だったという。そして、この三〇年間（一八六一―一八九一年）の成果が、『自由の哲学』だった。『自由の哲学』は、

ひとことでいえば、カントの二元論（現象界と物自体界）を批判するものだ。この本の内容は、シュタイナー自身の経験にもとづく一元論を、西洋哲学の用語で論じたものだといえるだろう。経験をもとにして構築したこのような哲学について、シュタイナーは、つぎのようにいう。

私が当時、自分の見解を表現するために用いた理念の本質的な部分は、私が感覚世界を本当の現実とはみなしていないことにあった。当時公にした著書や論文で、人間の魂は、魂が感覚知覚から汲みだす思考の活動ではなく、感覚知覚を超えていく自由な活動のなかで展開された思考活動において本当の現実として現れる、と私は語ってきた。（中略）認識の限界について語ることは、私には無意味だった。私にとって認識とは、魂をとおして体験された精神（霊）的内容を、知覚世界でふたたび見いだすことであった。

――『自伝上』S.162-163、一二二頁、一六四－一六五頁

シュタイナーは、ここではっきりいっている。自分は、本当の世界を見ている。そして、誰もが世界だと通常思いこんでいる「感覚世界」は、真の世界ではない。感覚知覚を超えた純粋な思考活動のなかでこそ、真の世界は姿を現す。だから、カントのように、われわれの認識を現象界だけに限定するのは、ただしくない。シュタイナーが魂の眼で見ている内容を、知覚する世界のなかに見いだすことこそが重要なのだ。だからわれわれは、認識の道筋をまちがってたどっているとシュタイナーはいう。われわれは、逆の方向へと突き進んでいたのだ。つぎのようにいう。

感覚世界に目を向け、感覚世界をとおして外に向かって突き進んで現実にいたろうとする認

識の道を、私は拒んだ。そのような外への突破ではなく、人間内部への沈潜によって真の現実を探究すべきだ、と私は示唆したかった。

――『自伝上』S.163、一二三頁、一六五頁

外側の感覚世界へ向かって、その世界を認識しようとする方向性では、真の世界へはたどりつけない。われわれが進むべき方向は、みずからの内部なのであって、内部へと深く沈潜することによって、本当の現実、真の精神世界へと分け入ることができるのだ。シュタイナーにいわせれば、「認識の限界」などといっている哲学者は、そもそも進むべき方向を最初からまちがっていたということになる。

シュタイナーは、真の精神（霊）的世界を、ほぼ生まれたときから経験し熟知している。その精神（霊）的世界は、われわれの外側に（いわば、客観的に）存在しているわけではない。私たちの内側の深淵に、豊饒な内容を湛えて存在しているのだ。シュタイナーは、感覚的に捉えるだけの世界を「幻想」（Illusion）とまでいう。

この世界像は、実は幻想である。感覚器官で知覚する人間は、幻想としての世界の前に立っている。しかし、感覚から自由な思考が、内面から感覚的な知覚につけくわわると、幻想に現実がしみこむ。そうすると、幻想はもう幻想ではなくなる。そうして、自分の内面で自己を体験していた人間の精神（霊）は世界の精神（霊）にであう。その世界の精神（霊）は感覚世界の背後に隠れているのではなく、感覚世界のなかで活動している。

――『自伝上』S.164、一二三頁、一六六頁

多くの人が共有するこうした外側の「幻想」を打破するためには、感覚世界の奥深くに、内側から思考によって入りこみ、真の精神世界を発見しなければならない。何といっても、精神（霊）的世界の方が、われわれが眼にしている感覚世界を包みこんでいるのであって、その逆ではないのだから。

6　神秘主義との関係（一八九〇年頃）

この時期（一八九〇年頃）、シュタイナーは、「人間の魂に指針を与えるもの」（Orientierungen der Menschenseele／『自伝上』S.169、一二七頁、一七一頁）に対して、はっきりとした考えを示す必要があると思った。その「指針を与えるもの」とは、「神秘主義」のことだった。シュタイナー自身も「神秘主義者」などといわれることもあるが、しかし彼自身は、神秘主義に対しては、はっきりと距離をとっている。いままでの叙述からもわかるように、シュタイナーは、論理や自然科学を重視し、それらを使って精神（霊）的世界を説明しようとする。もちろん、その自然科学は、唯物論とは異なるものであり、包摂範囲も現在の科学を、遥かにうわまわるものになるだろう。

シュタイナーは、あくまで論理や科学的態度、そして思考の重視といった姿勢は崩さない。霊的世界で神秘的合一といったものを目指すような「神秘主義」とは、はっきりと一線を画している。あつかっている対象領域は、たしかに重なってはいるだろう。だが、神秘主義とは、方法論もその範囲もまったく異なる。シュタイナーは、強い言葉で、つぎのように神秘主義を批判している。

人類進化のさまざまな時期に、東洋の叡智、新プラトン主義、中世キリスト教、カバラといったかたちで神秘主義は現れていたし、私も意識してはいた。しかし、私は素質的に、神秘主義とかかわることは困難だった。

神秘主義者たちは精神（霊）的なものが生きている理念世界の勝手がわからない人々だ、と私は思った。魂の満足を得るために理念なき内面に沈潜しようとするのは、現実の精神（霊）性が欠如しているのだ、と私は感じた。それは光への道ではなく、精神（霊）的な闇への道だと私は思った。

——『自伝上』S.169、一二七頁、一七一頁

シュタイナーの目指す思考によって精神（霊）的世界を明晰に解明する方法を「光への道」だとすれば、神秘主義は「精神（霊）的な闇への道」だとまでいっている。これほど酷評する神秘主義と、シュタイナー自身の考えやそのたどろうとする道とのちがいを見てみよう。まずシュタイナーは、神秘主義と唯物論との近さを、つぎのように指摘する。

神秘主義者は唯物論的な考えの自然科学者の立場を強化するのであって、弱めるのではないと思われた。唯物論的な考えの自然科学者は精神（霊）的世界の考察を拒否する。（中略）通常の神秘主義者は、人間の理念認識にかんして唯物論者と同じ考えをしている。理念は精神（霊）的なものに達しない、したがって、人間は理念による認識によっては、つねに精神（霊）的なものの外部にとどまるしかない、と神秘主義者は主張する。

——『自伝上』S.170-171、一二八頁、一七二－一七三頁

シュタイナーによれば、神秘主義者の考えは、唯物論的な自然科学者と、ある意味で同じなのだ。唯物論者は、精神（霊）的世界を認めない。唯物論的な自然科学者が対象としているのは、感覚的に確認できる外的世界だけだ。物質だけが存在している。

それに対して、通常の神秘主義者は、どうだろうか。彼らは、理念による認識については、唯物論者と同じだとシュタイナーはいう。理念によっては（論理や理屈では）、精神（霊）的なものに達することはできないと思っている。神秘主義者たちは、理論的に精神や霊的なものを把握するのは無理だと考えるのだ。精神や霊的なものは、感情や生命そのものであり、自然科学的分析や理念によっては解明できない。神秘主義者は、「理念のない内的体験に向かう」（『自伝上』S.171、一二八頁、一七三頁）のである。極端ないい方をすれば、何も考えずに、神人合一を目指すだけだというわけだ。

このように考えれば、結局、神秘主義者も、唯物論的な自然科学者と同じように、理念による認識の対象を、たんなる感覚世界だけに限定することになってしまう。論理や理屈によって解明できるのは、自然界（物質的な世界）だけだということになるだろう。

シュタイナーはいう。

それゆえ、神秘主義者は理念認識をたんなる自然認識に限定することによって、唯物論的な自然科学者を正当化することになる。

しかし、理念を伴わずに魂の内面に進むと、たんなる感情の内部領域にいたる。そうして、通常の生活でいう認識の道によっては霊的なものに到達できない、と語るようになる。霊的なものを体験するには、認識の領域からでて感情のなかに沈潜しなければならない、などと語るようになる。

――『自伝上』S.171、一二八頁、一七三頁

こうして神秘主義者は、唯物論者と同じような位置に立つことになる。論理や理念によって解明できるのは、唯物論的な感覚世界だけで、それ以上の精神（霊）的世界には、論理や理念を適用することはできない。それらの世界は、感情によってしか経験できない。

もし唯物論的な自然科学者が、精神的な事柄をある程度認めるならば、それは、たんに主観的なものであり感情的なものにすぎないというだろう。もちろん、最初からまったく認めない可能性の方が高いだろうが、いずれにしても、唯物論者にとって、精神（霊）的な事柄は、論理や理念によって議論できるようなものではない。この点で、唯物論的な考え方をする人は、神秘主義者とまったく同じ位置に立っていることがわかるのである。

このような意味で、一般の神秘主義に対して、シュタイナーは厳しい目を向ける。シュタイナーが目指しているのは、精神（霊）的世界を理念によって明晰に説明することなのだから、それは当然であろう。だから、シュタイナーが立っているのは、自然科学の方法論で、神秘主義者が認めてはいる領域を解明するという場所（おそらく非常に狭い場所）だといえるだろう。普通の唯物論者も神秘主義者も、けっして認めることはない位置に立っている。かなり孤絶した企図だといえるだろう。

シュタイナーはつぎのようにいう。

私には、内的な魂の体験において霊的なものを直観することは、感覚的な直観よりもずっとたしかだった。私にとって、この魂の体験に対して認識の限界を設けるなどということはあ

りえなかった。たんに感情によって霊的なものへたどり着くという道を、私ははっきりと拒否した。

――『自伝上』S.171-172、一二九頁、一七三―一七四頁

シュタイナーが、日頃から経験している世界を、理念によって論理的に解明すること、彼が目指している神秘学の道はこれである。自分がよく知っている世界を認識できないものとしてあつかうなどは論外であるし、感情的にその世界に没入するのも、自分が志向しているやり方ではない。もちろんシュタイナーは、自然科学の方法は堅持する。その方法によって、唯物論的な自然科学がけっして相手にしないような領域へと突き進む。何度も繰りかえすが、精神（霊）的な世界を、自然科学的方法論によって説明すること。これが、シュタイナーの方法なのだから。

シュタイナーは、みずからの意図をつぎのようにはっきりと述べている。

自然科学の分野での表現方法は、最初は唯物論的に思考されたものであっても、内容のある理念を含んでいる。感覚的に知覚できるものを自然科学が指し示すのと似た方法で、精神（霊）的なものを指し示す理念をつくりあげたい、と私は思った。

――『自伝上』S.173、一三〇頁、一七五頁

7　ゲーテからニーチェへ（一八九〇年頃）

シュタイナーは、ゲーテにかなり長いあいだ没頭していた。つぎのようにその苦闘を述べている。

『キルシュナー版ドイツ国民文学全集』の序文のためにゲーテの自然科学理念を叙述するのには、とても時間がかかった。一八八〇年代の初めに着手し、私がウィーンからワイマールにうつって人生の第二期に入ったときも、まだ完成していなかった。その理由は、先に述べた、自然科学的表現方法と神秘主義的表現方法に対する難しさだった。

――『自伝上』S.174、一三一頁、一七六頁

自然科学は、感覚世界のみを対象にして精神（霊）界は認めない。神秘主義は、精神世界（霊界）の存在は、もちろん認めているが、しかし、それを自然科学の方法によっては探究しない。すでに述べたように、シュタイナーは、精神（霊）的世界を自然科学的方法によって解明していくのだから、いずれの立場とも共通部分はない。自然科学が対象としない世界を、自然科学的方法論によって記述するというのが、彼のやり方だからだ。

ゲーテはどうだろうか。ゲーテは、感覚世界の豊饒さのなかに入っていき、それを精神世界から記述しようとする。しかしながら、その筆舌に尽くしがたい豊かさを、論理的な体系にしようなどとはつゆほども思わない。抽象的な思考には向かおうとはしないのだ。シュタイナーは、つぎのようにいう。

ゲーテは自然について語るとき、精神（霊）のなかにとどまっている。生きいきとした精神（霊）への内在状態から、この状態についての思考へと進んでいくと抽象的になるのではないか、と彼は恐れた。彼は自分を精神のなかで感じようとしたのであって、自分自身を精

神（霊）のなかで思考しようとはしなかった。

——『自伝上』S.175-176、一三二頁、一七八頁

ゲーテは、自然の底知れない豊かさに畏敬の念をいだきながら、それを精神（霊）的世界のなかで説明しようとする。しかし、精神（霊）的世界そのものについて考察し、それを論理的に追究することはない。それに対してシュタイナーは、自身の精神世界（霊界）体験を、直接記述し論理的に解明しようとする。最も熟知した領域なのだから、それはシュタイナーにとっては容易なことだろう。

しかしシュタイナーは、すでに知っている世界のみを探究するという安易な道を進まなかった。他の多くの領域の研究を条件としてみずからに課したのだ。このことをゲーテのおかげだといっている。ゲーテを研究することによって、みずからの精神世界をいっそう深く理解することが可能になったのだ。つぎのようにいう。

私がゲーテ解釈に取りくんでいた時期、ゲーテが警告者のように絶えず私のそばにいて、「精神（霊）的な道を早くいきすぎる者が達する精神（霊）の体験は狭く限定されている。現実の内容に乏しくなり、人生の豊かさから離れていく」と叫んでいるようだった。

——『自伝上』S.177、一三三頁、一七九頁

ウィーン工科大学でシュレーアーとであい、ゲーテ研究に勤しむようになった偶然を、シュタイナーは、みずからの霊的探究のなかの必然へと高めたといえるだろう。ゲーテの方法論は、シュタイナーの目指すものとはちがう。しかしながらその差異を充分意識しながら、みずから進む隘《あい》

路《ろ》（自然科学でも神秘主義でもない狭き道）を、しっかりとたしかめていったといえるかもしれない。ガリレイと比肩されうる「有機学」の開拓者から、シュタイナーは、とても若い時期に多くを教わったといえるだろう。

シュタイナーは、みずからの運命とゲーテとのであいを、つぎのように独特のいいまわしで表現している。

私はゲーテ研究との関連において、「いかにカルマが人生のなかで作用するか」をとても具体的に観察できた。運命は二つの局面からなり、その二つは人生のなかで一つのものになる。一つは内面の魂の衝動から流れでてきて、もう一つは外界から人間にやってくる。私自身の魂の衝動は、精神（霊的なもの）の直観に向かっていった。世間の外的な精神生活によって、ゲーテを研究するという課題が私にもたらされた。私は意識のなかでであった二つの流れを調和させせなければならなかった。

――『自伝上』S.177、一三三頁、一七九頁

シュタイナーのカルマ（前世のさまざまな蓄積からの影響）は、精神（霊）的世界に沈潜し、その内実を詳細に記述し、自然科学の方法論によって、新たな学をうちたてることであった。その衝動に突き動かされシュタイナーは、人生を進む。さらにカルマは、ゲーテという大きな課題をシュタイナーの前にあたかも偶然のように突きつける。それは、シュタイナーが生きる時代と場所に限定されたものだった。そして、その二つ（内的な衝迫と外的な条件）は、シュタイナーのなかで見事に統一され、その生涯に大きな成果を加えることになったのだ。シュタイナーは、このことを「カルマの作用」といっているのである。

ゲーテ論を完成させたのと同じ時期にシュタイナーは、ニーチェの著作にであう。『善悪の彼岸』を一八八九年（奇しくもニーチェが精神の闇に沈んだ年）に読んだのだ。後年ニーチェの存命中早い時期に、ニーチェ論を書き、その内容から「ニーチェ馬鹿」とまで揶揄《やゆ》されたシュタイナーは、しかし、初読の印象は、あまりよくなかった。つぎのように回想している。

私が最初に読んだニーチェの本は『善悪の彼岸』だった。私はすぐに、この本の考え方に惹きつけられると同時に、はねつけられもした。私はニーチェとは、馬が合わなかったのである。私は彼の文体を愛したし、彼の勇敢さを愛した。しかし、最も重大な問題について語るときのニーチェの語り口は、まったく好きになれなかった。

――『自伝上』S.185、一四〇頁、一八七頁

初読時の印象は、このようなものであったにもかかわらず、後年シュタイナーは、ニーチェの本を読むときは、まさに自分のために書かれたのではないかと思った、とまでいうようになる。ニーチェ自身がショーペンハウアーの『意志と表象としての世界』を読んだときに抱いた感想と同じようなことを書いていたのだ。さらに、ニーチェ自身と会見し、彼の精神の闇を霊視もし、とても興味深いこともいう。また、そのときニーチェの前世にまで言及している。しかし、最初に彼の本を読んだ段階では、このようにとてもアンビバレンツな思いを抱いたのだった。

この頃、シュタイナーは、ハインリヒ・フォン・シュタイン（一八三三－一八九六年）の『プラトン主義の七冊の本』を読む。その記述に、シュタイナーのプラトンに対する考えが垣間見える。少し見てみよう。

この書でシュタインは、「プラトンからキリストへの進展を、熱望の成就のように描いている」(『自伝上』S.199、一五〇頁、二〇〇頁)と、シュタイナーは説明する。『プラトン主義の七冊の本』では、キリストによって、プラトン自身が紡ぎだした理念世界が成就され、生命を得たと説明される。あくまでも、プラトンの世界観は、キリスト教の前段階ということになるのだ。

しかし、シュタイナーは、そうは考えない。あくまでもプラトンは、原初の真の啓示を理念化したのであって、イデア的世界観は、プラトン個人の恣意的な考えではない。原初の啓示によるものなのである。それは、まさしく、シュタイナーも見ている純粋な精神(霊)的世界の原初のあり方だともいえるのだ。

シュタイナーは、つぎのようにある意味でプラトンを擁護している。

> シュタインがプラトンの理念界を精神(霊)的世界の原初の啓示に帰していないのを、私は残念に思った。(中略)彼は、プラトン主義が、原初の啓示の理念的な残余であり、その残余が、キリスト教において、失われた精神内容をより高い形姿で再び獲得したことに気づいていない。
>
> ――『自伝上』S.200、一五〇―一五一頁、二〇一頁

このような叙述を見ると、シュタイナーのいう精神(霊)的世界が、プラトンが古代ギリシアで描きだしたイデア的世界と同等のものであることがわかるだろう。シュタイナーは、イデア界を「まざまざと見ていた」といえるかもしれない。

8　シュタイナーの「故郷」（一八九〇－一八九四年）

ワイマールにいた頃のシュタイナーは、自分自身の独特の位置を強く意識していた。それは、あらゆる立場の人たちを内側から理解できるがゆえに、どうしても避けられない深い孤独というものだった。彼は、自分自身が経験している精神（霊）的世界から、この感覚世界を眺めている。いわば、異邦人としてこの世界で生きていかざるをえなかったともいえるだろう。この土地（感覚世界）の人たちのことも充分わかるが、しかし、自分はべつの星（精神世界）の人間だというわけだ。この上ない孤独のなかにいるシュタイナーの生活が、この時期の様子にうかがわれる。つぎのように、なんとも微妙ないいまわしで、その頃のことを回顧している。

この時期、私は霊（精神）的にもっぱら外的生活に目を向ける年齢に達していた。私の魂は、外的生活のなかに人生との鞏固な絆を求めていた。私にとって、体験する世界観のどれもが、外界の一部であった。そのため、自分がこれまで、実際いかに外部世界と共に生きることが少なかったかを痛切に感じた。

――『自伝上』S.233-234、一七六頁／ここから、ぱる出版の訳書の方は『シュタイナー自伝　II』になる。ここは同書一三頁

これまでも多くの人々と交流してきたはずのシュタイナーだが、しかし、彼は外部世界とそれほどうまくつきあってきたわけではないというのが、この告白を見るとわかるだろう。二〇代後半

になり、外の世界との関係を築こうとしたが、やはりその関係は薄いものだった。そのことに愕然としたのだ。新しい交際や明るく派手な社交界に、どれほど入りこもうとしても、それはうまくいかない。そのことを「痛切に感じた」とシュタイナーは、正直にいう。

賑やかな社交生活から一歩離れると、私の従来から慣れ親しんできた世界は、私が内部で観照した霊的世界だけであることを、繰りかえし思い知らされた。この霊的世界とは容易に合一することができた。

——『自伝上』S.234、一七六頁、一三一頁

この「繰りかえし」(immer wieder)という副詞が、シュタイナーの心境を実に的確に表現している。霊的世界は、幼少の頃から自分の最も親しい世界であり、その世界のことであれば、だいたいのことは知りつくしている。しかし、その世界から一歩外にでて、他の人たちが共有しわかりあっている感覚世界においては、自分はよそ者だ。たしかに、普通に会話をし、社交的な生活もそつなくこなす。だが、自分の本当の居場所は、霊的世界であり、そこに戻ったときが一番落ち着く。何という寄る辺のなさだろう。

しかも、誰にとっても明確な外的世界は、シュタイナーにとっては、薄膜をかぶせたように曖昧であり、だからどんな人でもできることが彼には容易にできない。そのような困難をシュタイナーは、つぎのように述べている。

しかし、幼年期のすべてと青年期を経るうちに、感官を媒介として外部世界へいたる道を歩むことが、実に難しくなっている事実に、ことあるごとに気づかされた。たとえば、学問の

世界で前提とすべきちょっとした数値を記憶するのに、私はいつも苦労した。また、自然の事物が学問的に分類のどの綱に組みいれられ、何と命名されているかなどを知るために、私は繰りかえし対象を観察しなければならなかった。いうならば、感覚世界は私にとって影のようなもの、イメージのようなものであった。感覚世界は私の心をイメージとなって横切っていった。これに対して、霊的世界との一体感には、まぎれもなく真の現実感があった。

――『自伝上』S.234、一七六頁、一三頁

おそらく、われわれにとっての、現実の世界と夢の状態との関係のようなものが、シュタイナーにとっての霊的世界と感覚世界との関係だったということではないか。夢の世界は、われわれにとって、漠然としていてつかみどころがない。それと同じように、シュタイナーにとっては、現実のこの世界が、曖昧でたしかなリアリティが感じられないということだろう。

それに対して霊的世界は、シュタイナーにとって「真の現実感」がある。そこにいると、何もかもが鮮明でたしかだ。わたしたちが、現実の世界で、周りのものをはっきり認識しながら生きているように、シュタイナーは、霊界でたしかな感覚とともに生きているということだろう。いわば霊界こそ、彼の故郷なのだ。何というちがいだろうか。このような状態で、シュタイナーは生きてきた。そして、この状態は、三六歳までつづいた、と後に告白する。

シュタイナーが生来このような状態であったのならば、彼が神秘修行の最初の条件としてあげている「他者に対する畏敬の念」というのは、とてもちがった意味になってくるだろう。生きている世界がもともと異なる他者を理解するというのは、同じ地平にいる他人を理解するのとは、根本的に異質の作業になるからだ。だからこそ、シュタイナーには、「他人に没入する」という

行為があえて必要だったのだ。

私は友人たちを理解するために、彼らの考え方や感情の襞に立ち入らなければならなかった。彼らは、私が内面で体験したことや体験するであろうことをまったくとりあげなかった。私は他の人々の経験や思考に没入した。没入してはみたものの、私はこの体験した世界のなかへ自分の内側の霊（精神）的現実を流しこむことはできなかった。私は自分自身の本質とともに、つねに内部にとどまっていなければならなかった。実際、私の世界は、薄い壁によって一切の外部世界から隔離されていた。

——『自伝上』S.235、一七七頁、一四頁

多種多様な人々と交際していたシュタイナーは、どんな人に対しても、その人を内側から理解しようとした。自分と異なる意見の人であっても、その人の話を聞き、その人の著書はすべて読破した。しかし、この行為は、同じ家のべつの部屋を訪れるといった楽なものではなく、行ったこともない遠い土地を訪れるというくらい困難なものだったのかもしれない。

だからこそシュタイナーからは、多くの人が、自分とはそもそも異なった人として見えていた。そして、自分自身が経験している霊的世界について、誰も本当のことは教えてくれない。自分が熟知している〈この世界〉については、誰も触れない。このような位置にシュタイナーはいたといっていいかもしれない。だから、つぎのようにいっている。

私の魂は、多種多様な世界観に触れた。自然科学的世界観もあれば、観念論的世界観もあり、さらにその両者の多彩なヴァリエーションが目の前で展開された。私はそれらをすべて

吟味し、それらの世界観によって活動したい衝動に駆られたこともある。しかし、それらは究極のところ、私の霊的世界に一条の光も投げかけはしなかった。それらは、私にとって目前にたなびく現象にすぎず、私が同化できる現実ではなかった。

——『自伝上』S.236、一七七－一七八頁、一五頁

多くの哲学上の考えや自然科学の世界観が存在している。たしかに、それぞれの考えには、一理ある。どの立場に立っても、それなりに世界を説明することはできるだろう。カントでも、ヘーゲルでも、ライプニッツでもいいだろう。しかし、霊的世界の厳然とした存在を把握し、そこに生きている者にとっては、どれか一つを選ぶことは、特定の角度から世界を眺めることでしかないことがよくわかってしまう。

たしかに誰もが、そのようにしてみずからの哲学を構築し、世界を説明しつくそうとする。しかし、それは、あくまでも一つの「立場」にすぎない。シュタイナーはいう。

自分の思想傾向に合致しないものをすべて拒否しようとする人は、さまざまな世界観の有する相対的な価値に悩まされることはない。彼は一定の傾向から考えだされた理論の魅力を躊躇なく受け入れる。実に多くの人々が、こうした主知主義の魅力に取りつかれている。人々は自分と異なる思想をすげなく無視して通り過ぎてしまう。しかし、霊（精神）的なものでなければならない観照の世界を自分のうちにもつ者には、諸々の「立場」の存在理由が見えている。

——『自伝上』S.237、一七九頁、一六－一七頁

霊的世界から眺めれば、それぞれの主張の根拠が理解できる。したがって、どの主義も、どの考えも、安易に否定はできない。それぞれそれなりの「立場」から、世界を「正しく」解明しているからだ。どれもまちがいではない。だから、シュタイナーは、自分と対立する主張に対しても、それを根柢から理解し、それに共感できるのだ。

この立場は、「霊的世界」を基礎に据えなければ、この後シュタイナー自身が沈潜するニーチェの考えに似ているかもしれない。ニーチェも「真理は解釈にすぎない」といったからだ。これはまた、後で論じなければならないだろう。

シュタイナーは、結論のようなことをいう。

さまざまな知的な「立場」は、相互に反発しあっている。霊（精神）的観照は、「立場」は「立場」として尊重する。立場が異なれば、世界もちがって見える。丁度一軒の家をさまざまな角度から写真にとるようなものだ。その写しとられた像はちがっていても、家そのものは同じである。家をぐるりと一周すれば、全体の印象が得られる。霊（精神）的な世界に立って見ると、ある立場の「正しさ」を承認することができる。ある「立場」から撮影された写真が妥当であると認められる。すると、つぎにはその立場の妥当性と意味が問題になる。

——『自伝上』S.238、一七九頁、一七頁

したがって、シュタイナーにとっては、極端ないい方をすれば、カントもヘーゲルもフィヒテもブレンターノも、そして、ヘッケル（一八三四－一九一九年）もハルトマンも、あるいは、ゲーテやニーチェさえも、同様の「正しさ」をもっていたといえるだろう。だからこそ、かれらを内側

から理解できたともいえる。
ニーチェは、たしかにイデア界と神の国を激烈に批判した。もちろん、霊界など信じてはいなかった。しかし、シュタイナーの眼に、ニーチェの本質はつぎのように映っていた。

私の印象では、ニーチェは、一九世紀後半に生きた明敏な感性の持ち主ならば、立たざるをえないような位置から、いわば世界を撮影した人物であった。彼はこの時代だけの霊（精神）的内容を糧として生き、彼の意識には霊（精神）の直観は閃かなかったにしても、彼の下部意識にひそむ意志は、すさまじい力で霊（精神）に向かって突き進んでいた。私の魂に浮かんだニーチェのイメージは、このようなものであった。このイメージは、霊（精神）を見ることはなかったにしても内部では無意識のうちに、彼自身の霊（精神）と霊（精神）性を欠いた時代の世界観との相克に苦悩した一人の人物の存在を私に教えてくれたのだった。

——『自伝上』S.238、一七九頁、一七一一八頁

9　一つの真の現実（一八九二―一八九四年）

一八九四年に『自由の哲学』が刊行される。シュタイナーは、この最初の主著で、何を書こうとしたのだろうか。彼が闘おうとしていた相手は、まずは、唯物論であり、あるいは、言葉の意味だけで哲学を論じようとする姿勢だった。そして、もちろん、一〇代の頃、徹底的に読んだカントの哲学だ。現象界と物自体界をくっきりと分かつ二元論である。さらに、精神現象と物質現象を分け、物質を先行させる考え方もあるだろう。

シュタイナーは、当時の心境をつぎのように書いている。

道徳的・霊的内容とは無関係に世界の生成過程を叙述できる、という自然観が勃興しつつあった。この自然観は、世界の純物質的な起源を仮説として想定していた。この始源の状態から、生命あるもの、魂を鼓吹されたもの、精神化されたものが、現在見られるような形態で形成されたと考え、その法則性を人々は探究するのである。仮にこのような考え方を徹底すると――当時の私の考えでは――霊（精神）的・道徳的なものは、自然活動の一結果でしかないことになる。――『自伝下』S.240／ここから、アルテの訳書は『シュタイナー自伝　下』二〇〇九年になる。これ以降も『自伝下』と略記。一〇頁、二〇頁

事実的な世界と価値的なもの（倫理・道徳）との間には、深淵がある。さまざまな事実的な出来事が、この世界では日々おきている。食事をする、喧嘩をする、買い物をする、子供と一緒に遊ぶ、自宅で昼寝をする、などなど。これらの現象は誰もが確認でき、人によって極端に異なった見方はできない。

ところが、価値的な事柄は、そういうわけにはいかない。嘘をつく、他人のものを盗む、小動物を虐待する、暴力をふるう、殺人をおかす、などなど。これらは、たしかに事実的な現象として記述することもできるが、しかし、その記述には、どうしても価値的な判断を入れてしまうだろう。通常は、「やってはいけないこと」という価値判断を入れてしまう。

これは、哲学の世界でも、大きな問題だった。事実から価値へのジャンプは、いかにしておこなわれるのか。新聞やテレビで、毎日のように殺人事件が報道されている。それなのに、どうし

て、殺人罪という法律にかんして、われわれの判断は一致しているのか。事実として、人を殺す人がいるのに、倫理的には、それを誰も（「ほとんどの人」というべきだろうか）簡単には許せない。それは、なぜなのか。

シュタイナーが相手にしていた考え方は、事実的な世界から出発し（「純物質的な起源」）、結果として、「霊（精神）的・道徳的なもの」が生まれてきた、というものだった。そして、当時の自然観は、ダーウィンに代表されるように、無機的なものから有機的・生命的なものが、進化していったというものだ。しかし、そのような考え方には、シュタイナーは、与《くみ》するわけにはいかなかった。

無機物から、有機物・生命的なものが形成されるというだけでもとてつもないのに、それ以上の「精神・道徳」が生まれてくるのは、なぜなのか。シュタイナーは、つぎのようにいう。

> 私には、もう一つの現実が見えていた。つまり、道徳的・霊（精神）的であると同時に、自然的な現実が。この現実に向かって前進しようとしないのは、認識を求める努力が不足しているからだと思われた。私は、私の霊（精神）に即した直観にしたがって、つぎのように考えざるをえなかった。すなわち、自然現象と霊（精神）的・道徳的現象を超えて、一つの真の現実が存在する。そしてこの現実は、道徳的な現れ方をするが、しかし同時に道徳的行為を自然現象と同じような作用をする現象へと変容させる力も含んでいる。
>
> ――『自伝下』S.241、一〇－一一頁、二一頁

シュタイナーは、カントのように、道徳的世界は、われわれの事実的現象界とはべつの「物自体

界」にあるとはいわない。だからといって、自然界の進化の結果として道徳や精神が登場するというのでもない。シュタイナーには、「道徳的であり、かつ自然でもあるような世界」が見えていたのだ。そのような「一つの真の現実」が存在しているのであれば、その現実をわれわれは認識しなければならないだろう。その現実は、道徳的行為を自然現象と同じものに変えるのだから。

　たしかに、われわれの世界は、事実と価値が融合している。嘘をついた相手に憤り、罵詈《ばり》雑言《ぞうごん》を浴びせる。どこまでが事実で、どこからが道徳があつかう領域かわからない。すべて事実であり、そのどの部分に対しても、見方によっては道徳的判断もできるだろう。花を摘む、物を壊すという事実的行為も、生命を抹消する、物質を毀損する（から、よくない）という価値的な行為にもなるだろう。

　われわれが何かを知覚するとき、こちらにある種の先入見がないと知覚できないという考えがある。どんなものでも、われわれは「〜として」見るのであって、対象をそのまま見ることはできないというわけだ。その先入見は、ある種の価値的な枠組であって、その枠組のなかで、対象を「見る」ことができる。このような考えからすれば、われわれが事実を事実として観察することは、そもそもできないことになるだろう。

　たしかに、どんな人間でも、その人なりのバイアスでものを見ている。まったくバイアスのない人間は、存在しない。人間は、かならず特定の環境で、決まった時代に生きているのだから。かならずその人だけの「メガネ」をかけている。そのような誰にも避けられない根源的なバイアスを誰もがもっているのなら、どんな認識も、ある偏った価値づけがなされているといっていい。

　しかし、シュタイナーがいう「一つの真の現実」というのは、このような認識上のちがいを認めない。道徳的な現実が自然現象と同様のあり方（ある意味で、客観的な）をする世界が、われわれのこの世界の基底に厳然と存在するといっているのだから。シュタイナーは、いわば認識論的な問題を、存在の問題に据え変えたといえるだろう。そして、その根拠は、シュタイナーの底知れない「視力」である。シュタイナーはいう。

> 私はこの認識（「一つの真の現実」の存在―中村）を確信していた。なぜなら、私はそれをたんに、考えただけでなく、世界の霊的事実と現実にひそむ真実として、見たからである。
>
> ――『自伝下』S.241、一一頁、二一頁

シュタイナーにとって、霊的・道徳的世界は、現実のものとして眼前にあった。その世界は、自然現象と同じものとして、われわれの根柢に（あるいは、われわれのなかに）存在している。だからこそわれわれは、道徳的に許せない行為（たとえば殺人）を「許せないもの」として、等しく価値づけるのだ。たしかに、さまざまな文化や環境や時代によって、行為に対する評価はまちまちだろう。しかしシュタイナーにとって、基底に存在している「真の現実」は、一つなのだ。最終的には、同じ倫理的判断にたどり着かなければならない。

シュタイナーは、この時期のみずからの闘いをつぎのように書く。

> 私は、倫理的なものをそれ以外のあらゆる現実の要素によって裏づけられたものとして、自ら開示するような世界観の有効性を擁護するために闘おうとした。かくて私は世界観なき倫理学に反対して闘わなければならなかった。
>
> ――『自伝下』S.242、一一頁、二二頁

これは、途方もなく大きな問題だ。シュタイナーと霊的視力を共有しないわれわれ（私）にとって、何とも判断のつきかねる問題だといえるだろう。だが、一ついえることは、われわれの歴史、社会の方向性は、たしかに「倫理的」といえる方向に進んでいるということだ。「倫理」という概念について定義しなければ、むろん何も話は進まない。それはその通りだけれども、差別や暴力が消滅する方向に向かっていると（かなり楽観的ではあるけれども）、いえないことはないだろう。人種差別も、女性差別も、少しずつではあれ、減ってきてはいるのだから。

後退しつつも（何といっても、この上なく野蛮な戦争行為が、地球人の間ではまだなくなってはいない）、ある種の方向性を人類は普遍的にもっているといえるだろう。その方向性をシュタイナーの視力の証明とするには、あまりにも強引だ。しかし、一つの状況証拠とはなりうるのではないか。われわれ人類は、「倫理化」という方向へまぎれもなく進んでいる。

シュタイナーは、刊行された『自由の哲学』をエドゥアルト・フォン・ハルトマンに献呈した。ハルトマンは、熟読して感想をシュタイナーに送る。そこには、『自由の哲学』という書名は、むしろ『認識論的現象主義と倫理的個人主義』とでもする方がいいのではないか、と書かれていた。この「認識論的現象主義」と「倫理的個人主義」とは、どのような意味なのか。

ハルトマンは、感覚世界について、本質的存在の魂への作用だと考えている。本質的存在は、カントの「物自体」のように、われわれの意識の彼方に存在している。われわれは、論理的な推論によってのみ、本質についての仮定を考えることができる。カント的二元論のハルトマン・ヴァージョンだといえるだろう。

したがって、ハルトマンにとって、感覚世界は客観的なものではなく主観的現象なのだ。そしてそれは、魂の内部でのみ永続しうるという。ハルトマンは、自分自身のこのような構図にシュタイナーを無理やり当てはめようとした。そして、ハルトマンは、彼とちがってシュタイナーが、現象の内部にだけとどまり、客観的現実への道をたどらないという。つまり、主観的現象から、ハルトマンのいうような「本質的存在」を推論したりはしない、と断定するのだ。さらにハルトマンは、シュタイナーの思考方法をつぎのように決めつける。

> したがってハルトマンは、私が、私の思考方法によって、人間の認識はそもそもいかなる現実にも到達できず、（現象としての）魂の表象活動のうちにだけ存在する仮象世界の内部の運動にすぎないと決めつけている、と解釈したのだ。
>
> ――『自伝下』S.245-246、一四頁、二五－二六頁

こうして、『自由の哲学』は、ハルトマンによって、「認識論的現象主義」だと評価された。シュタイナーによれば、これは、まったく誤解である。シュタイナーが主張しているのは、カント的な二元論ではなく、一元論的世界なのであって、「物自体」やハルトマンのいうような「本質的存在」は認めない。シュタイナーにとっては、あくまでもこの感覚世界が、そのまま精神（霊）的世界なのであり、われわれの現象世界は、すでに二重化（感覚＝精神）されているのである。

シュタイナーは、つぎのようにいう。

> 『自由の哲学』において私が述べたかったのは、感覚界の背後に何か未知のものが存在するのではなく、感覚界のなかに霊的世界があるということであった。人間の理念の世界についていえば、それが霊（精神）的世界のなかに永続していることを、私は示したかったのである。
>
> ――『自伝下』S.245、一三頁、二五頁

図式的ないい方をすれば、シュタイナーは、すでに「物自体」や「本質的存在」というものを経験している。カントやハルトマンが、けっして手の届かない彼方にあると想定しているものを、じかに体験しているのだ。シュタイナーは、感覚世界にいながら、霊的世界、理念の世界を熟知しているといってもいいだろう。

しかし、そのためには、意識の拡張が必要だという。シュタイナーによれば、われわれは、みずからの存在に魂を注入して生きるのでなければならない。このような拡張（「本質」への変容）ができなければ、感覚世界は、たんなる「現象＝幻」にとどまる。ハルトマンは、この拡張を理解できなかった。シュタイナーは、つぎのように結論をいう。

> 実際、感覚世界は、それゆえ、霊的世界（精神界）なのである。魂は霊的世界（精神界）にまで意識を拡張することによって、この認識された霊的世界（精神界）と合一する。認識という行為の目標は、霊的世界（精神界）を意識的に体験することにある。霊的世界（精神界）を眼のあたりにすると、すべてが溶解して霊（精神）となる。――『自伝下』S.245、一四頁、二五頁

さらに「倫理的個人主義」はどうだろうか。シュタイナーによれば、人間の心のなかには、霊界が入りこんでいる。したがって、個々人の心には、われわれの感覚世界を蔽《おお》っている霊的世界からの影響がすみずみまで行きわたっているのだ。そして、霊的世界の根柢には、私たちの倫理や道徳の根拠が厳然と存在している。私たちの倫理的傾向や衝迫が、霊界には満ちみちている。シュタイナーは、つぎのようにいう。

人間の人格的個性が世界の霊的現実に潜入できるとすれば、その現実のなかでは、道義的衝動の世界も体験されうる。道義性は、霊（精神）的世界から人格的個性の内部へ顕現する内実を獲得する。その結果、霊（精神）的なものへと拡張された意識は、この内実の出現を直観できる段階にまで前進する。人間を刺激して道義的行動へ走らせるのは、霊（精神）界が、魂によるこの霊（精神）界の体験に現出するからである。――『自伝下』S.247、一五頁、二七頁

このように考えれば、われわれの人格が倫理的方向性をもつのは、当然だといえるだろう。霊的世界の道徳的波動が、あらゆる個人のなかへと恒常的に流れ込んでいるからだ。われわれが、霊的な世界へと拡張されれば、道徳的領域へとおのずと入りこみ、その行動も必然的に道徳的なものとならざるをえない。

こうしたシュタイナーの考えをたどれば、ハルトマンが指摘した「認識論的現象主義」と「倫理的個人主義」という二つの言葉が、一つの事態を示していることがわかるだろう。シュタイナーのいう現象は、霊的現実と合一しているのであり、その霊的現実が個々人のなかに倫理的衝動を流入しているからだ。われわれが見ている認識論的現象（感覚世界）と霊的世界と、そのなかを流れる倫理的な波動とは、同じ一つのことなのである。

そして、そのような領域で、「道義的行為をする人間が、霊界と交流している自分に気づくとき、彼は自分の自由を体験する」（『自伝下』S.247、一五頁、二七頁）のである。だからこそ、シュタイナーの本のタイトルは、『自由の哲学』だったのだ。感覚世界と霊界と道徳的人格の核心部分に「自由」があるから、「自由」の哲学なのである。

本人も、つぎのように説明している。

感覚世界が霊（精神）的本性の現実に根ざしていること、および魂をもつ存在としての人間が感覚世界の真の認識を通じて霊（精神）的なもののなかで活動し生きていること、このことを指摘するのが、私の『自由の哲学』の眼目である。

——『自伝下』S.247、一五頁、二七頁

10　ニーチェ体験（一八九四－一八九六年）

一八八九年にニーチェの著作を初めて読んで以来、シュタイナーは、「ニーチェの属している精神（霊）的体験の領域に足を踏み入れた」（『自伝下』S.250、一七頁、三〇頁）という。シュタイナーは、ニーチェの文体のとりこになった。その魅力に心底惹かれていく。たとえば、つぎのような表現で、ニーチェの文章について述べている。

私はニーチェの精神の光に心ゆくまで傾倒して、読書を楽しむことができた。そこには一片の拘束感もなかった。ヘッケルやスペンサーを読むと、同意を前提として要求されているような気がするのだが、そのようなとき、ニーチェの言葉は哄笑し始めるからだ。

——『自伝下』S.251、一八頁、三一－三二頁

たしかにニーチェの文章は、西洋哲学のどの哲学者とも決定的に異なる。深い素養に裏打ちされながら、一切の重力を感じさせることがない。自由に飛翔し疾走しつづける文章だ。笑いもあり

皮肉もあり、荘重さもあり飛躍もある。誰にも真似することのできない文体だと思う。とにかく軽く、その飛行速度はとてつもない。

シュタイナーはいう。

ニーチェの自由奔放な、軽快な理念が私を魅了した。私は彼のこの自由闊達な精神が、多くの示唆に富み、方法こそ似てもにつかぬものではあったが、私自身の目指してきた考えと共通することに気づいた。

——『自伝下』S.251、一八頁、三二頁

シュタイナーが最も大切にしている理念である「自由」を、ニーチェはある意味で体現していたともいえるだろう。ニーチェの観念、文体、精神の自由さは、シュタイナーが目指していたものと同じだった。シュタイナーは、その著『ニーチェ　みずからの時代と闘う者』において、つぎのような最大限の褒め言葉を使う。

私はニーチェの最初の頁を読むだけで、きっとすべての頁を読み通し、彼の語る言葉に耳を傾けることになろうと確信してしまう、そんなニーチェの愛読者の一人である。彼への信頼は一瞬のうちに芽生えた。……私は彼の発言を、まるで彼が私になり代わって書いてくれたかのように理解した。わかりやすく、遠慮会釈なくざっくばらんに表現すればそうなる。

——『自伝下』S.251-252、一八頁、三二頁

これは、もちろんニーチェがショーペンハウアーの書を手にしたとき、語った言葉と同じだ。こ

の本は、自分のためだけに書かれている、という感覚の表明である。これほど、ニーチェの文章にのめりこんでいるにもかかわらず、シュタイナーの思想は、ニーチェとは正反対だ。後のシュタイナーを知っている者にとっては、ニーチェへのこの没入はとても意外に映るだろう。なぜ、この時期シュタイナーは、ニーチェにこれほどのめりこんだのだろうか。

シュタイナーが、ニーチェ論（『ニーチェ　みずからの時代と闘う者』）を執筆し始める直前に、ニーチェの妹エリザベート＝フェスルター・ニーチェが、ゲーテ＝シラー文庫にやってきた。ニーチェ文庫設立のための視察のようなものだった。そこで、シュタイナーと知りあう。のちにエリザベートとは、対立し袂を分かつが、この時期は、とてもいい関係を保っていた。彼女の許を訪問し、ニーチェ本人と会う様子である。

いまや狂人と化してしまったニーチェは、芸術家であり同時に思想家である人に特有の驚くほど美しい額を見せて、休息用のソファーに横たわっていた。日暮れにはまだ早い午後のことである。彼の眼はすっかり生気を失ったとはいえ、その底にはまだ魂の働きがあった。彼の見つめる光景は、彼の魂に通じる道をすでに閉ざされているようだった。人がそこに立っていても、ニーチェにはそれがわからなかった。彼の理知的な顔を観察していると、それは午前中ずっと思索にふけり、しばらく休息している魂の表情かと見紛うほどだった。私は魂の衝撃を抑えつつも、この衝撃がいつの間にか、定まらぬ視線を私に投げかけるこの天才に対する理解へと変容していくのを覚えた。

——『自伝下』S.252-253、一九頁、三三頁

シュタイナーによれば、ニーチェの魂（アストラス体）は、身体から離れ、飛びたとうとしてい

た。しかし、肉体やエーテル体（生命体）との絆を完全に断ち切ることはできないでいた。つぎのようにシュタイナーは描写する。

ニーチェの魂はこのように私の魂の前にたたずんでいた。限りなく美しい霊の光を放ちながら、彼の頭上に漂っているかに思われた。彼の魂は、狂気に見舞われる前にはあれほど熱望しながらも、ついに見いだせずに終わった、あの霊（精神）的世界に浸りきっていた。しかし悲しいかな、彼の魂はまだ肉体に繋がれていた。

——『自伝下』S.253、一九-二〇頁、三三頁

こうしてシュタイナーは、ニーチェの蔵書を整理することになる。ナウムブルクのニーチェ文庫で数週間過ごした。書きこみのある多くの蔵書のなかで、シュタイナーは、オイゲン・デューリング（一八三三-一九二一年）の本（『厳密な科学的世界観と生形成としての哲学課程』ライプチッヒ、一八七五年）に注目した。その本の欄外に、ニーチェ晩年の「永劫回帰」のアイデアが書きこまれていたからだ。シュタイナーは、つぎのように書いている。

デューリングはその著書のなかで、ある瞬間における宇宙は元素間の一つの複合体として想像することができるという思想を構築している。デューリングによれば、宇宙現象は、その種のあらゆる結合作用の過程であるとされる。とすれば、結合の組み合わせが尽きれば、最初の結合状態に戻り、かくて宇宙現象の全過程は繰りかえされることになる。それが事実であれば、この繰りかえしは、すでに数限りなくなされたことであろうし、未来にも無限に繰りかえされることだろう。かくて宇宙の同一状態が永遠に反復するという理念に到達する。

しかし、デューリングはこの説をありえないこととして退ける。

——『自伝下』S.254-255、二二一頁、三五頁

このようなデューリングの考えをもとに、ニーチェはみずからの概念を創造した。デューリング自身は否定した同一状態の繰りかえしを、肯定するのだ。ニーチェが当時の自然科学の本を多く熟読していたのは有名な話だ。そのなかから、「同一物の永劫回帰」という思想が生まれた。そしてシュタイナーは、ニーチェの蔵書のなかで、その思想の誕生の現場を発見したのだといえるだろう。シュタイナーは、つづける。

ニーチェはこの仮説を読み、一種の感銘を受ける。そして、この思想が彼の魂の奥底で温めつづけられた結果、後年「同一物の回帰」の説として結実する。さらに、この説は「超人」の理念と合体して、ともに彼の晩年の活動を支配する観念となった。

——『自伝下』S.255、二二一頁、三五頁

ニーチェは、当時の自然科学を貪欲に吸収した。ユリウス・ロベルト・フォン・マイヤーが初めて提唱したエネルギー保存の法則も、「永劫回帰」という概念に影響を与えたといわれている。デューリングは、マイヤーの伝記を書き、かれを科学史に正当に位置づけた人物である。

しかし、ニーチェがそのように没頭していた自然科学の本性は、唯物的で機械論的なものだった。シュタイナーによれば、そうした自然科学の世界観は、ニーチェ本来の気質とは齟齬《そご》をきたすものであった。この時代に生まれたがゆえに、ニーチェの志向は、どうしても満足を得られな

い運命にあったということだろう。

ニーチェは、考え感じたことをすべて、自分の魂の内部からひたすら精神だけを用いて汲みあげる天分の持ち主だった。魂の共感する精神現象から世界像を創出することは、彼の天性の思考に合致していた。彼の生きた時代の、つまり自然科学的時代の世界像が、彼の頭上を流れていった。同時代の世界像のなかにあるのは、物質主義的な、精神の脱殻《ぬけがら》のような世界だけだった。

——『自伝下』S.256、二一一二二頁、三六頁

ニーチェの「魂の内部からひたすら精神だけを用い」る天性の美質は、時代と真っ向から対立したというわけだ。もし、自然科学が時代を牽引していなかったならば、ニーチェはみずからの天分に最も合致した方法で、精神的な世界観を構築できたかもしれない。しかし、ニーチェは同時に、旧来の世界観にも我慢できなかった。ヨーロッパを二〇〇〇年以上支配してきた二世界説だ。これこそが、彼の敵だった。

シュタイナーはいう。

果てしなく真実を追究するニーチェは、過去の遺物ときっぱり絶縁しようとした。かくして彼は実証主義をその極限までおしすすめた。その結果、物質世界の背後に精神（霊）的世界を想定することは、彼にとって欺瞞《ぎまん》となった。

——『自伝下』S.256、二二頁、三六頁

ニーチェにとって、最大の敵は、イデア界であり神の国だ。われわれの現実の世界以外に、設計

図のような精神世界は存在しない。価値的な世界は欺瞞だというのがニーチェの主張であった。そのような思想と無機的な自然科学とが合体した。しかし、そのような戦略をとることによって、ニーチェは、袋小路に追いつめられる。

シュタイナーの目に映るニーチェは、どうしても矛盾してしまう方法論をとらざるをえなかったのだ。

> しかしニーチェは、あくまでもみずからの魂を拠点として創造した。真の創造なら霊（精神）界の内容を理念のかたちで提示するときにだけ意味をもつ。しかしニーチェは、その内容を拒否した。自然科学的な世界内容が彼の魂を強力に捉えていたために、彼は自然科学的世界像を精神（霊）的な方法によって創造しようとした。――『自伝下』S.256、二二頁、三六－三七頁

ここでシュタイナーがいいたいのは、こういうことだろう。ニーチェは、本来はとても霊的な人間であったにもかかわらず（シュタイナーは、ニーチェの今世に最も影響を与えている前世を、フランチェスコ会の肉体を酷使した修道士だといっている）、自然科学に魂を捉えられたために、どうしても、みずからの企図を実現できなくなった人物だということだ。霊的なものを霊的なままで表すことができなかったのだ。

ニーチェは、ゲーテが意図していたような「有機学」としての自然科学に捉えられず、実証主義的で機械論的な自然科学に捕縛されてしまった。ニーチェのこのような悲劇は、「同一物の永劫回帰」という概念のうちに、最も明瞭に現れているのかもしれない。シュタイナーにいわせると、ニーチェの霊的直観は、輪廻転生の真実を把握していた。しかし、それをどうしても、当時

の自然科学によって表現するしかなかった。そこで逢着したのが、「エネルギー保存則」であり、デューリングの「永劫回帰」の仮説だった。だから、ニーチェの「同一物の永劫回帰」という思想は、「輪廻転生」という概念の未熟で舌足らずな創作物だったということになる。

シュタイナーは、つぎのようにいう。

人間の「地上における生の輪廻反復」の観念は、ニーチェの意識の深部におぼろげに兆していた。繰りかえされる地上の生の観念は、人類が発展するにつれて、人間の生が段階的に進化することを示している。その生の進化の諸段階では、支配的運命が精神（霊）を形成しつつ、人間に同一体験を繰りかえさせるのではなく、世界現象のなかをさまざまな形態で通過するように仕向けているのである。しかしニーチェは自然科学的な思考に心を奪われていた。そのため、この自然科学的な考えが、生の輪廻からつくりあげることができたものが、彼の魂の前に魔法のように現れたのだ。

——『自伝下』S.260、二五頁、四〇 - 四一頁

11　感覚世界の開眼（一八九七年）

人間は、さまざまに姿を変えて輪廻転生していく。性別も人種も、生きる時代も地域も異なったあり方で、何百回と多様な人生を繰りかえしていく。したがってシュタイナーの眼には、ニーチェのいうような「同一物の永劫回帰」ではなく、「無数の異なった人生」が見えている。われわれは、多くの人生を何度も転生していくのだから。

シュタイナーは三六歳になった。一年ほど前から、大きな変化を経験していた。そして、同じ時期にワイマールからベルリンへ移る。すると、その経験は決定的なものとなった。小さい頃から感覚世界を何の問題もなくクリアに認識しているわれわれにとっては、想像もつかない変化が起こったのだ。

シュタイナーは、つぎのように述べている。

霊（精神）的世界で体験できるものは、私には常に自明の事実だった。ところが感覚世界を知覚を媒介として捉えるのには、大きな障害が横たわっていた。（中略）しかし、三六歳を過ぎると、こうした状況が完全に一変してしまった。つまり、物質的世界の事物や存在や現象を厳密に透徹して観察する能力が形成されてきたのである。

——『自伝下』S.316、六七頁、九八頁

シュタイナーにとって、幼い頃から三六歳まで、霊的世界はとても明瞭に認識でき、自明の事実だった。しかし他方で、感覚器官によって把握する通常の世界の方は、驚くべきことに、ひじょうに曖昧だったのだ。霊的世界が感覚世界を蔽っているため、シュタイナーにとっては、霊的なものの方が、いつも遙かに鮮明だったというわけだろう。

ところが、今までは「対象を正確に知覚し、とくにその知覚した事柄を記憶するためには、激しい緊張が必要だった」（『自伝下』S.316、六七頁、九八-九九頁）のに、この時期から、感覚世界が、それだけではっきりと知覚できるようになったというのである。これは、われわれ一般の人間には、とても理解できない現象だろう。感覚器官によって捉えられる現実が、三六歳にもなっ

てやっと鮮明に姿を現したというのだから。
しかも、シュタイナーは、次のような面白いこともいっている。

さらには、霊（精神）的世界における魂の営みが物質世界の体験へと移行するのが早すぎると、霊（精神）的世界のみならず物質世界をも純粋に把握することができなくなることもわかった。事物が感覚に伝えることと、魂が霊（精神）によって体験するものや事物を「表象」するために魂が使うものとを、人々はいつも本能的に混同してしまっている。

——『自伝下』S.317、六八頁、九九頁

シュタイナーは、この歳になるまで、霊的世界だけをはっきりと「知覚し」ていて、感覚世界に対しては漠然とした認識しかできなかった。ところが、感覚世界が初めて明瞭なものとして眼前に現れるようになると、われわれ（感覚世界だけを見ている者達）にはけっして手の届かないような認識にたどり着く。

霊的世界と感覚世界とを判然と見分けることができるようになると、通常の人々が、感覚世界に霊的なものの覆いをかけ、しばしば混同していることがわかるというのだ。つまり、霊的世界に親しみのないわれわれは、知らないうちに霊的なものが魂から入ってきて、外的知覚の際にバイアスがかかってしまう。それゆえ、感覚世界そのものをきちんと認識できていないというのである。世界に存在しているものを、〈そのもの〉のあり方で認識していないということだろう。感覚だけで、対象を純粋に捉えていないというのである。これはとても興味深い指摘だ。

そしてさらにシュタイナーは、神秘学徒に必要な能力も、このことと密接に関係しているとい

う。神秘家になるためには、対象を先入見なしに観察できるようにならなければならない。

私の観察眼の本領は、人間の体験を客観的に純粋に観照することにあった。人々の行動を批判したり、彼らと私との関係に同情や反感をさしはさむような真似をしたりはすまいと、わたしは細心の注意を払った。私は「人間を、あるがままに、素直に受けとめよう」としたのだ。(中略) このようにして物質界を観察すれば、人は自己を脱却することができる。そしてまさにそのことによって、人は霊(精神)的な観察能力を飛躍的に高め、ふたたび霊(精神)的世界へと戻ることができるのである。

——『自伝下』S.318、六八頁、一〇〇頁

こうして、シュタイナーの前に、いまや霊的世界と感覚世界とが、まったく同等のものとして存在するようになった。これまでは、霊的世界の認識は、明晰にできていたが、それに対して、感覚世界は曖昧にしか知覚できていなかった。しかし、この時期からシュタイナーは、霊界と現象界とを、明確に二つの世界として認識可能になった。しかし、だからといって、その二つの世界を一元論に解消したり、逆にそれを強調して二元論的な考え方をしたりするわけではない。

しかし私はこの対立を何らかの哲学的思弁によって——たとえば「一元論」に——解消すべきだとは感じなかった。むしろ、この対立を充分に自覚して経験することが「生を理解すること」にほかならないと思った。もしこの対立が解消したという体験をしたら、そこにはもはや生命のない死んだものしか存在しないだろう。生命あるところには、いたるところに和解しがたい対立が渦巻いている。生命それ自体が対立の不断の克服であり、同時にもろもろ

の対立の不断の創造なのである。

——『自伝下』S.318、六九頁、一〇〇頁

この発言は、ひじょうに面白い。シュタイナーが熟知し生きてきた世界、つまり霊界と、万人が知っている感覚世界とが対立していることによって、生命的な世界が展開していく。肉体とエーテル体（生命体）とアストラル体（魂体）と自我とが、密接に関係することによって、世界は創造的に前進していくといっているのだ。われわれがその状態を二元論的に表現しようが、一元論にまとめあげようが、そんなことは、われわれの生存そのものにはかかわってこない。私たちが「対立を充分に自覚して経験する」ことこそが、「生を理解する」ことなのだ。心から首肯できる考えだといえる。

そしてこの「対立を生きる」というのは、うがったことをいえば、西田幾多郎の「絶対矛盾的《ぜったいむじゅんてき》自己同一《じこどういつ》」のような事態を指しているともいえるだろう。矛盾によって、生命や世界が進行していくという西田の考えとも共通しているからだ。九歳年下の極東の哲学者の概念とも相通じる側面があるといえるかもしれない。さらにシュタイナーは、「対立を生きる」という事態を、つぎのように意味深いいい方もしている。

以上の経験から、私は人生の謎を思索し理論的に理解するよりも、むしろ謎そのものを体験したいという激しい願望に捉えられた。

——『自伝下』S.318、六九頁、一〇〇頁

思想を理論的に創りあげることによっては、世界の謎は解決できない。謎を体験することによって、現実のただなかに、その答が姿を現すとシュタイナーはいう。人間自身のなかにその解答が

あるというのだ。これは、どういうことだろうか。

世界のあり方が対立であり、その対立による生成過程（絶対矛盾）を経験することが、「生を理解すること」だとシュタイナーはいう。われわれは、頭で理解する（理論や思想によって）ことによっては、何もわからない。世界そのものの謎が渦巻き、生成消滅している進行プロセスのなかでのみ、われわれは謎の解決を経験できるということだろう。いわば、そのただなかで生きつづけることにより、生の謎を身体ごと納得するということなのだ。

さらに人間の認識と世界の生成は連動しているともシュタイナーはいう。世界の謎の解答が人間のなかにあるように、世界の生成も、人間と密接に関係しているというのだ。人間の存在が、そして私の存在が、世界にとっては必須のものなのである。

> 私にとって、認識とは人間の一部であるばかりでなく、世界の存在と生成過程の一部でもある。（中略）世界の存在や生成過程も、もしそれが認識の内容に連動していないとしたら、真の実在とはいえないだろう。この洞察にもとづいて、私はことあるごとにこう主張した、人間はそれ自身で認識の内容を創造する存在ではない。むしろ人間はみずからの魂に舞台をしつらえ、その舞台の上で世界がみずからの存在と生成を初めて部分的に体験するのだ。もし認識というものがなければ、世界はいつまでも不完全なままであろう、と。
>
> ――『自伝下』S.320、七〇頁、一〇二頁

人間がみずからの心を舞台にするからこそ、世界の生成過程は成りたつ。世界の流動に、人間の認識は本質的に関係している。そのように緊密に連続しているからこそ、人間もまた、その過程

を根源的に認識できる。そのように内側から世界を認識することによって、人間と世界は、ある意味で一体化することができるのだ。

そして世界と連動しているわれわれの認識にとって、瞑想が不可欠だとシュタイナーはいう。有機体が進化の途上で肺呼吸を必要としたように、シュタイナーの心の生活も瞑想を必要とした。ここで、瞑想のこの上ない重要性が指摘される。シュタイナーは、この時期、認識を三種類に分けている。

第一は、「感官による観察から得られる概念認識」である。これは、われわれが通常「認識」と呼ぶものだといっていいだろう。この認識は、記憶に保存され、繰りかえし活用される。第二は、「霊的現実に根ざしている認識」である。この認識は、瞑想によって、世界と心がたえず交流することによって獲得できる。ようするに、瞑想によって霊的世界とつながるのだ。感官による観察からは、けっして得られない認識である。さらに第三は、「霊的世界へと導いてくれる認識」である。これは、霊的世界と共生できるようにしてくれる認識である。

これら三種類の認識によって、世界が恒常的に創造生成されていく。心という舞台の上で、世界は生成され完全なものになる。われわれは瞑想によって、そのような世界認識を経験し、世界を完全なものにしていく。

このような立場に立ってシュタイナーは、カントのいう二元論（認識論）を批判している。

人間の知識活動を一定の領域に限定し、その領域の「彼方」にある「根源」とか「物自体」を人間の知によって到達しがたい世界であると決めつけてしまうような認識論は、（瞑想や自己観察により－中村）認識が直接経験となるという私の立場とは相容れない考えである。

霊的世界と感覚世界が重なるこの世界を、深い瞑想によって経験し、「謎の答」そのものを生きるシュタイナーにとって、認識の限界など認めるわけにはいかない。瞑想は、カントのいう「物自体界」へとたどり着くための方法なのである。したがって、そもそも限界を超えたところに「物自体」を想定するのは、霊的世界への道を閉ざすことと同義なのだ。

——『自伝下』S.328、七六頁、一〇九頁

12 倫理的個人主義（一八九七年）

シュタイナーが人生の第二期（ワイマール時代）と呼んでいる時代も終わりを告げようとしていた。当時のことを、つぎのように回想している。

ウィーン時代もワイマール時代も、運命が私に課した仕事は、私の内的な魂の営みに調和していた。私の内的な必然性によって、霊（精神）の領域に考察を集中しはしなかったが、当時のわたしの著作はすべて霊（精神）にかなった世界観を基盤としていた。ウィーンで教育活動をしたとき、私が自分に課した目標はもっぱら私自身の魂の洞察に支えられていた。ワイマールでゲーテに関する研究に従事したときには、その仕事の課題とみなしたものだけに専念した。外部の意向と私自身の内的な目標をさしたる困難もなく調和させることができた。

——『自伝下』S.331、七八頁、一一三頁

ゲーテに関する本のなかでも『自由の哲学』でも、その著作の基礎には「霊的世界観」があったと、ここではいっている。シュタイナーは、四〇歳までは、みずからの真の思想を公表するなど導師にいわれていた。したがって、ゲーテやニーチェや自由についての本を刊行したとしても、自分が知悉していた霊的世界については公にできない。

しかし、シュタイナー自身は、著作というかたちで公表したものと自分自身の内的な世界とは、当時調和していたといっている。このときの「霊的世界観」とは、どのようなものだったのだろうか。

たしかにわれわれは自然のなかに存在し、その身体を構成する要素も、自然界の物質と同じものである。そのような観点からすれば、われわれの魂や心のあり方も、自然界の物質によって生じる現象だと考えることもできるだろう。もしそれらが、物質による出来事だとすれば、魂や心も、物理学的方法によって解明されなければならない。あるいは、魂や心の存在をそもそも認めないという考え方もある。徹底した唯物論だ。

物質とは異なる精神の活動がどれほど活発なものであっても、人間が自然のなかの存在であり、結局、その活動が物質によるのであれば、物理学や生理学がそうするように、物質として分析され解明されなければならないことになるだろう。

しかしシュタイナーは、当然ながら、そのような唯物論的考えに反対する。人間の魂は、そのような物理的構造とは根本的に異なったものであり、精神活動は、人間の内側にその本質があるという。

つぎのように、シュタイナーは断言する。

したがって、神霊的な道義的衝動も、意志という人間固有の衝動が生まれている魂の中核へ外部から侵入することはありえない。外界の自然の力は、人間内部の自然的要素を喚起するにすぎない。

――『自伝下』S.332、七九頁、一一四頁

私たちが倫理的な行為をするとき、それは外界から影響されるのではない。自分自身の内部にある魂の力によるものだ。精神活動の最も典型的な例としての「倫理的行為」は、物質と同じように外側から私たちに影響を与えるわけではない。私たちは、自身の内側を根拠にして倫理的行為をなす。

シュタイナーは、霊界はわれわれのこの感覚世界に重なっているという。だから、われわれが存在する〈いま・ここ〉は、神的・霊的世界のまっただなかにある。したがって、倫理的行為という最も精神的な行為をするとき、〈いま・ここ〉である自身の魂の内部の衝動にしたがうというわけである。

シュタイナーはいう。

道義の源泉はこの個々人の魂のうちにあるのであり、それゆえ、倫理的衝動は魂という完全に個人的な存在の内部でのみ活性化するにちがいない。

――『自伝下』S.333、七九頁、一一五頁

これがシュタイナーのいう「倫理的個人主義」ということなのだ。個々人がその中核にもつ魂に倫理的衝動は存在している。だから、われわれは自分自身の内側から倫理的行為をおこなう。そして、その倫理的衝動は、私たちの「思考」と「自由」に深くかかわっているという。それは、

どういうことだろうか。
シュタイナーは、実に独特な主張をする。

倫理的法則は本来、霊的（精神）世界の領域から発生するのであるが、それが――戒律として――人間が置かれている外的環境から人間に課される場合には、たとえ自分の意志作用をその戒律に服従するように仕向けても、人間の内的な倫理的衝動となることはありえない。人間が戒律に含まれている思想内容を霊（精神）的に本質的なものとして、まったく個人的に体験することによってのみ、それは倫理的衝動となりうるのである。自由は人間の思考作用のうちに生きている。意志がそのまま自由なのではなく、思考が自由なのであり、それが意志に力を与えるのだ。

――『自伝下』S.333、七九–八〇頁、一一五頁

ここで書かれていることからわかるように、シュタイナーは「自由」と「思考」に大きな意味を見いだしていた。われわれが倫理的になりうるのは、完全に個人的に思想内容を考える（体験する）ことによってなのだ。思考することによって、意志が自由になるのである。霊的世界から倫理的な法則はやってくる。われわれのもとにやってきたにしても、思考によって経験しなければ自由にはならない。この難解な考えは、どのような意味なのだろうか。
われわれは誰でも、問答無用の命令には、なかなかしたがえない。だが、その行為をするべき理由が納得できれば、みずから進んでその行為をするだろう。倫理的行為をこちらが充分理解し納得して（思考）、その行為をするとき、それは能動的になる。つまり、こちら側の自由な行為になるというわけだ。

しかし、そもそも私たちは霊的世界のなかに存在している。つまり、倫理の根拠がある場所にわれわれは最初から住みついている。つまり、人間の内部には、霊的世界を源とする倫理的衝動が流れているのだ。その倫理的衝動の中身を人が考えることによって自由になるという。ようするに、倫理的衝動を思考という能動的行為によって経験すれば、それこそが自由ということになる、というわけだろう。あらためて、この「思考」とは、どのような事態なのか。

シュタイナーは、つぎのようないい方もする。

思考作用を「解明」のために用いても世界の存在と現象は実際には解明されない。それが本当に解明されるのは、現象を現象相互の関連において、つまり、ある現象が他の現象を説明し、一方が謎であれば他方が解答となり、そして人間自身が彼によって知覚される外界を語る言葉となる、そのような現象間の関連のなかで思考を働かせ、現象を捉えることができるときである。

——『自伝下』S.334、八〇頁、一一六頁

この世界全体において、あらゆる現象は、相互に関係しあっている。そして、ある現象が他の現象の解答となり、一つの現象の謎は、べつの現象によって説明される。それを人間が言語化し、現象間の関係を思考する。そのとき、世界が解明されるというのだ。しかし、この「解明」は、人間自身の経験であり、思考という言語活動ともいえるだろう。

さきに述べたように、シュタイナーは、世界の生成消滅という流動過程は、人間の認識によって完成されるという。人間が認識するという働きをしなければ、世界の活動全体は完成されないとまでいうのだ。人間の心という舞台があるので、その舞台の上で、世界全体は存在し生成可能

になるというのである。

世界を解明するためには、世界のもろもろの現象同士の関係を、そのなかにいる人間が認識し思考し言語化しなければならない。人間の認識（心という舞台）がなければ、世界の流動過程は完成しないのだから、世界は言葉によって貫かれているということを意味するのかもしれない。全現象の関係群を認識し言語化することによって、世界が完成し解明されるというのだから。だからこそ、シュタイナーは、つぎのようにいう。

> かくて、世界とその活動をつかさどっているのは、ロゴス、叡智、言葉であるという表象の正しさが体験されたのである。
>
> ——『自伝下』S.334、八〇頁、一一六頁

そして、このロゴス、言葉には、人間の魂が宿っている。

> 「ロゴス」のなかで人間の魂は生きている。この「ロゴス」のなかで、外部世界はどのように生きているのか。
>
> ——『自伝下』S.336、八二頁、一一八頁

世界全体の骨組みとしてロゴスがある。このロゴスによって、世界の全現象は関係しあっている。そして、このロゴスが表明されるのは、人が使う言葉によってだ。さらに、このロゴス（言葉）のなかで、人間の魂が生きているのであれば、世界全体の様相はつぎのようになるだろう。

霊界と感覚世界は重なっている。そして、その二重性の構造を支えているのは、ロゴスであり言語である。さらにその中心に人間が位置している。人間は、霊界と感覚界との大いなる結節領

域であり、世界全体にとって必要不可欠の要素だ。それは、人間の認識、つまり思考体験こそが、世界全体の関係性を成りたたせるということを意味していることになるだろう。このような構造こそが、ロゴスに貫かれているということなのだ。
この時期のシュタイナーによる宇宙像は、このようなものだったのである。

13 キリスト、ヘーゲル、マルクス

この時期のシュタイナーは、キリスト教の問題に正面から取りくんでいた。既成の組織宗教やキリスト教学ではなく、自分自身がたしかめた事実、つまり霊界でみずから手にした洞察から、キリスト教や宗教を捉えなおそうとしていたのだ。それまでは、どちらかというとキリスト教には批判的だった。
つぎのように、キリスト教について言及している。

宗教体験のどんな内容においても、霊（精神）界は、人間が自己の霊（精神）的な力をいかに発展させても、けっして到達できない世界であるとされている。宗教が語ることや道徳的戒律として人間に課す事柄は、人間の外側から人間に向かって現れる啓示に基礎を置く。私の霊的観照も倫理的個人主義も、こうした見解を容認できない。私の霊的観照は、霊界を感覚世界と同様に人間の感覚や自然のなかで体験しようとする。また私の倫理的個人主義も、人間道徳生活を外側からの命令によって保つのではなく、神性の宿る魂的・霊（精神）的な人間存在のなかから生じさせようとする。

——『自伝下』S.363、一〇二頁、一四六頁

私たちが生きている世界の外側から、道徳や宗教が啓示のようなものとして、われわれに伝わるという考えをシュタイナーは徹底して拒否する。「神の国」から、われわれの現実（「地の国」）へと啓示がくるのではない。私たちは、あくまでこの世界に存在し、かつ、この世界は霊界によってすでに包まれているからだ。そのような二重の世界の内部に生きるわれわれは、まさにこの世界から出発しなければならない。

シュタイナーは、つぎのようにいう。

自然認識から必然的に発生するはずの――しかし当時はまだ生まれていなかった――思想のなかに、私は人間が霊界への洞察を獲得しうる基盤を見ていた。それゆえに私は、自然の根拠を認識する重要性を強調した。この認識こそ、霊の認識へと通じているに違いないからである。

――『自伝下』S.363-364、一〇三頁、一四七頁

自然認識から霊の認識へ向かう。これがシュタイナーの方法論である。だから、霊を認識しようとする者にとっては、自然の認識も霊界の体験と同様に、正確なものでなければならない。自然をきちんと認識する者が霊界を認識し、霊界と自然界が同じ原理によっていることを把握するのである。霊界は、彼岸にあるのではなく、〈ここ〉（此岸）にあるのだ。

この時期のシュタイナーは、のちに『神秘的事実としてのキリスト教と古代密儀』（一九〇二年）に結実するような思想に取りくんでいた。彼が「ゴルゴダの秘蹟《ひせき》」に直面し、大きく変化したのもこの頃である。この時期のことを、シュタイナーは「試練」と呼んでいる。

当時、私はキリスト教をいかに捉えるべきかという問題を、心中ひそかに厳粛な試練として受けとめていた。ワイマールでの研究活動に訣別し、『神秘的事実としてのキリスト教』を完成するまでの期間、私は絶えずこの試練に取りくんでいた。この試練は運命（カルマ）により与えられた課題であり、霊（精神）的な成長を遂げるためには、ぜひとも克服しなければならなかった。

――『自伝下』S.363、一〇二頁、一四七頁

シュタイナー自身が、ヨーロッパの霊的伝統のなかにいて、新しい霊的哲学を構築するためには、当然のことながら、キリスト教に真摯に向き合わなければならないだろう。だからこそ「カルマ」として、シュタイナーには、この時期が必要だったのだ。

先にも述べたように、このような試練を経験し、キリスト教に対する見方を一変させるまでは、他の宗教に対するのと同様、シュタイナーは、キリスト教をある意味で批判的に捉えていた。つぎのようにいっている。

この試練のときにあたり、私は霊（精神）的観照を通してキリスト教の発展を魂でたどることによって、かろうじて前進できた。（中略）それ以前は、私は常に、既存の宗派と同じようなキリスト教の内実に目を向けていた。ニーチェがそうしていたように。

――『自伝下』S.365、一〇三－一〇四頁、一四八頁

キリスト教を激しく攻撃したニーチェと同じような解釈をしていたとまで、シュタイナーはいっ

ている。しかし、シュタイナー自身の霊眼《れいがん》の前に、まざまざと現れたイエス・キリストによって、そしてキリスト教の真実によって、その解釈は大きく変わっていく。キリスト教に対するこのような変化が、みずから確認した霊的事実によってなのだということをシュタイナーは、強調している。

シュタイナーは、つぎのように、はっきり断言する。

『神秘的事実としてのキリスト教』において霊の認識に関連して獲得した洞察は、霊界から直接とりだされたのである。（中略）私のなかで最初に霊的認識として現れたものでないかぎり、古典的な文書に書かれている事柄を、著書や講演の内容としたことはけっしてない。

——『自伝下』S.365-366、一〇四頁、一四九頁

こうしてシュタイナーは、みずからが本当に見ている世界について、語り始める準備ができつつあった。自身の年齢も環境も、神秘家シュタイナーの全貌が現れる時期を迎えつつあった。二〇世紀は、目前である。新しい世紀への転換を迎えてシュタイナーは、一九世紀の霊的な流れをつぎのように回顧している。

ゲーテとヘーゲルの時代の終焉は、認識によって人間の思考様式のなかへ霊的（精神）世界の表象を取り入れようとする、すべての試みの消滅を意味していた。これ以降、認識活動が霊的（精神）世界の表象によって「混乱」させられることは、なくなるはずであった。霊的（精神）世界の表象は信仰と「神秘的」体験の領域へと放逐されてしまった。

――『自伝下』S.367、一〇五頁、一五〇－一五一頁

新世紀は、物理学の領域でいえば、量子力学や相対性理論というまったく新しい理論の登場によって科学革命が起ころうとしていた。また、記号論理学の飛躍的発展によって、言語論的転回も起こっていた。しかしこれらはいずれも、シュタイナーが目指す霊的世界観に棹《さお》さすものとはとても思えない時代の大きな変化だった。

そのような時代の趨勢によって、霊的世界の観念は、宗教や信仰、あるいは心霊術や神秘的体験といった領域へとおしやられてしまったというわけだ。霊界や神秘的な体験を、正面から（いわば自然科学と同じ姿勢によって）探究しようという流れは、完全に堰きとめられたということだろう。

ゲーテのように、すべての自然を有機的なものと考え、自然界のなかに霊的な脈動を見いだすような試みもなくなった。ゲーテが緒につけたはずの「有機学」の道は、途絶えている。また、ヘーゲルのように、われわれの意識、理性、精神の自律的でダイナミックな運動を仔細に分析し、独自の体系を構築するという哲学も消失していった。残されたのは、古色蒼然とした宗教の世界や、いつの時代にも見られた霊媒や霊現象といったものだけだった。

シュタイナーは、ヘーゲルについては、つぎのような評価を下している。

ヘーゲルは、私の見るところ、近代最大の思想家であった。しかし彼は、思想家でしかない。彼にとって精神（霊）界は思考のなかにあった。私は、あらゆる思考に形をあたえる彼の腕前に、心底驚嘆した。しかし、まさにそのことによって、私は彼には私が洞察したよう

な霊（精神）界、すなわち思考の背後に回ったとき初めて明らかになる霊界に対する感覚がないと感じた。つまり霊（精神）界は、思考が強化され体験になるとき現れてくる。思考がいわば体験の本体となり、それが魂となって世界の霊（精神）を自己のうちに吸収するのだ。

——『自伝下』S.367-368、一〇五－一〇六頁、一五一頁

ひじょうに興味深い指摘である。ヘーゲルは「近代最大の思想家」であったが、しかし「思想家でしかないいい」ということ、これはどういうことだろうか。あれほど「精神」（「霊」Geist）のことを詳細に描写し（『精神現象学』*Phänomenologie des Geistes* は、『霊の現象学』とも訳せるだろう）、その壮大な思想を展開したにもかかわらず、ヘーゲルは「霊界に対する感覚」をもっていないというのだ。

霊界は「思考が強化され体験になるとき現れ」るとシュタイナーはいう。そうするとヘーゲルは、思考を、この上なくつぶさに言語によって表現はしたけれども、「思考体験」はしていなかったということだろうか。もし「思考体験」をしていれば、おのずと霊が浸透してくるというのだから。思考を最も自在に操った者が、その思考そのものの体験はできなかった、ということか。

ヘーゲルは、ヤコブ・ベーメの影響もあり、ドイツ神秘主義の伝統とも縁が深い。しかしシュタイナーによれば、「ヘーゲル哲学においては、霊（精神）的なものがすべて思考と化している」（『自伝下』S.368、一〇六頁、一五一頁）のであって、より深く思考そのものを体験することによって霊界を身近に感じることはなかったということになる。

マルクスのヘーゲル評価と比べると、とても面白い指摘だろう。それでは、ヘーゲル哲学をひっくり返さなければならないといったマルクスを、シュタイナーはどのように捉えていたのだろ

うか。というのも、一八九九年からシュタイナーは、ベルリン労働者教養学校というマルクス主義を基礎にした学校で授業をするからである。この学校の幹部が、シュタイナーを招聘《しょうへい》したのである。この学校は、ドイツの社会主義者である老リープクネヒトが創設したものだ。

シュタイナーは、マルクス主義をつぎのように説明している。

> マルクス主義によれば、歴史の生成過程における原動力は、物質的労働のなかから生みだされる経済的・物質的な力だけであり、「精神(霊)的な要素」は、この経済的・物質的な力から生まれる一種の副産物である、したがってそれはたんなるイデオロギーにすぎないとされている。
>
> ――『自伝下』S.376、一一三頁、一六一頁

もちろん、この考え方とは、まったく逆のことこそが真理であるとシュタイナーは思っている。霊的なものこそが、歴史の生成過程の原動力であり、物質や生物の進化の原動力でもあるからだ。しかしシュタイナーは、マルクスの唯物史観を一方的に否定したりはしない。労働者教養学校では、自分の考えを最初から押しつけることはなく、いわば事実によって語らせようとしている。

つぎのようにいう。

> 労働者たちがマルクス主義を通して「唯物史観」として受けとる経済的唯物論のなかには、半面の真理が含まれていることを見逃してはならない。
>
> ――『自伝下』S.376、一一三頁、一六一頁

そして、この「半面の真理」を大切にしながら、自分自身の考えも、事実に即して語っていく。

シュタイナーは、つぎのような授業をしていた。

私は、過去の時代にとって、理念的・精神（霊）的衝動が占めていた役割を完全に事実に即して物語り、さらに、この理念的・精神（霊）的衝動が近年、物質的・経済的衝動に対して、いかに弱体化してしまったかを示すことができた。

——『自伝下』S.377、一一三–一一四頁、一六二頁

こうしてシュタイナーは、マルクス主義を基礎とした労働者の学校のなかでも、多くの受講生の人気を得ることができたのである。「歴史」「話し方」そして「自然科学」の講義を一九〇四年まで担当していたという。

14　神智学協会とのであいと決別（一九〇〇–一九一一年）

二〇世紀を迎える頃には、シュタイナーは、ドイツの詩人ルートヴィッヒ・ヤコボフスキーが設立した「来たるべき者たち」の会合に参加したり、作家ブルーノ・ヴィレ、自然科学の著作家ヴィルヘルム・ベルシュや神学者テオドール・カップシュタインとともに「自由大学」の設立に参画したりしている。この大学では、シュタイナーは、歴史の講義を担当していた。

「自由大学」につづいて、「ジョルダーノ・ブルーノの同盟」が設立される。設立者のブルーノ・ヴィレは、物質と霊という二つの世界原理があるのではなく、霊があらゆる存在の統一原理であることを強調して、この同盟を設立した。そのためシュタイナーは、この「ジョルダーノ・

ブルーノの同盟」では、のちの人智学につながるような内容の講演もおこなっていた。同じ頃（一九〇〇年）、ブロックドルフ伯爵夫妻から講演の依頼がくる。シュタイナーは、この夫妻とは面識がなかった。彼らは、ブラヴァツキーが創設した「神智学協会」の支部の指導者だった。ついに「その時」が来たといっていいだろう。

その講演時の様子を、シュタイナーはつぎのように書いている。

私はニーチェに関する講演をおこなった。そのとき私は、聴衆たちの間に、霊（精神）界に対して非常に興味を示す人々がいることに気づいた。そこで二回目の講演を頼まれたとき、私はテーマとして「ゲーテの秘密の開示」を提案した。そして、まさにこの講演において初めて、私はメルヒェンを秘教と結びつけた。霊（精神）界の刻印を受けた言葉で話すことができるということは、私にとって重要な体験であった。

——『自伝下』S.392、一二六頁、一八一頁

神智学協会員を前にした二回目の講演で初めてシュタイナーは、霊界のことを隠すことなく話すことができた。シュタイナーにとって一番知悉している領域のことを話し始めたといえるだろう。そしてこの後シュタイナーは、「神智学協会」の会員たちの前で、定期的に講演をするようになる。一九〇〇年一〇月には、神秘主義について講演をした。

このようなわけで、私は中世の神秘主義に関連する講演をおこなった。マイスター・エックハルトからヤコブ・ベーメにいたる神秘主義者たちの発言のなかに、私は私が本来叙述しようと試みてきた霊的観照にふさわしい表現手段を発見した。その後私は、これらの講演を

『近世の精神生活の黎明期における神秘主義』と題する書物にまとめた。

――『自伝下』S.393、一二七頁、一八二頁

『神秘的事実としてのキリスト教と古代密儀』として後に一冊の本になる一連の講演を、翌年一〇月に始める。例の「ゴルゴダの秘蹟」についての講演である。このときの講演について、シュタイナーは、つぎのように説明している。

「神秘的事実としての」というタイトルを選んでつけたのには重要な意味のあることを、私は最初に認識してもらおうとした。というのは、私はたんにキリスト教に含まれている神秘的内容だけを述べようとしたわけではなかったからだ。私の目的は、古代の秘教からゴルゴダの秘蹟にいたる発展の歴史を叙述し、この発展のうちには、たんに現世的歴史的な諸力が作用しているだけでなく、霊的な、現世を超えた刺激も作用していることを、明らかにすることにあった。それゆえ私は、古代の秘教のなかに、宇宙現象を崇拝するイメージが既に存在し、その後、この崇拝の念がゴルゴダの秘蹟において、宇宙から地上に移し置かれた事実として、歴史の舞台で実現されたということを明らかにしようとした。

――『自伝下』S.396、一二九頁、一八四－一八五頁

イエス・キリストの「ゴルゴダの秘蹟」が古代の秘教から連続した諸力が働いた結果であるということ、さらに、宇宙から地上に移された霊的な事実も、それにかかわっているということを、シュタイナーは示そうとしたのだ。

こうした一連の講演によって、神智学協会のなかで、シュタイナーの存在は不動のものとなった。この一連の流れのなかで、一九〇二年、後に協会の会長（第二代）になるアニー・ベサントの同席のもと、シュタイナーは「神智学協会ドイツ支部」の事務長に選ばれる。

この時期から、シュタイナーは、自己が最もよく知っている霊界についての知識を全面的に開陳し始めたといっていいだろう。本当に主張したかったことを、存分に公にし始めたのだ。ただし、それは、あくまで自然科学的態度に依拠したものであって、いわゆる神秘主義者や霊能力者の姿勢とは大きく異なる。このことは、シュタイナー自身『わが人生の歩み』のなかで何度も強調している。

霊の世界を神秘主義者として書き始めると、誰もが当然のごとくこう主張する。君は君の個人的な体験について語っているのだ。君が書いていることは主観的だ、と。そのような（個人的で主観的な）霊の道を歩むことは、霊界に身を置く私からすれば、自分の課題でないことは明らかであった。

——『自伝下』S.409、一三九頁、一九九頁

主観的で私的心情のこもった霊界の描写は、シュタイナーが目指すものではない。あくまでも冷静で事実に即した記述が霊的領域にかんしてもおこなわれなければならない。霊的世界と誰もが知覚できるこの自然界は、重なった「同じ世界」なのだから。それが、シュタイナーの一貫した姿勢だ。

私の課題は、科学的思考と同じように客観的な人智学の基礎をつくることにあった。しか

し科学的思考といっても、それは、感覚的な事実の記録にとどまるのではなく、総合的な把握に向かって前進するものでなければならない。（中略）私の述べた事柄は、言葉の十全な意味で、客観的・科学的な性格を獲得することを目指していた。

——『自伝下』S.409-410、一三九頁、一九九－二〇〇頁

前にも書いたように、シュタイナーの戦略は、両面作戦である。唯物的な自然科学からは、その唯物性をはぎとり、理論的ではない神秘主義には、厳密な自然科学的思考を導入する。こうして、自分がたしかに知覚している霊的世界を精密で堅固な自然科学的態度で考察していく。いままで曖昧なまま放置されていた霊的世界を、論理的な自然科学的思考で解明していくというわけである。唯物的な自然科学とも、曖昧模糊とした神秘主義とも、どちらに対しても距離をとるというわけだ。

このような方法論の成果として、シュタイナーは、一九〇四年五月に刊行した『神智学』を挙げている。

とくに私の『神智学』の構造は、そうした私の試みの典型的な例である。『神智学』における歩みのどれ一つをとっても、その背景には霊（精神）的直観が潜んでいる。霊（精神）的直観に基づかないことは何一つ語られていない。しかし、どの歩みにおいても、この本の最初から自然科学的な理念があり、霊（精神）的直観もこの自然科学的な理念をまず身にまとう。最終的には、この本は、より高次の世界へ上昇する過程で、霊的世界のイメージをいっそう自由に獲得するにちがいない。

——『自伝下』S.410、一三九頁、二〇〇頁

霊（精神）的直観によって得た真の知識を、自然科学的な道具立てできちんと料理していったといいたいのだ。手元にある最初の材料も、それを処理する道具も、どちらもたしかなものであり、厳選されたものだというわけだろう。こうしてシュタイナーは、みずからの霊的経験をつぎつぎと発表し始める。

シュタイナーは、このようにして神智学協会での活動が中心となっていく。著作を刊行し多くの講演をおこなう。一九〇四年、みずからの雑誌『ルツィファー＝グノーシス』に、のちに『いかにして超感覚的世界の認識を獲得するか』や『アカシャ年代記より』となる連載をつぎつぎと書く。目覚ましい活動が始まる。

しかしながらこの時期、シュタイナーのなかでは、神智学協会に対する疑念も芽生えつつあった。

しかし、会員たちの大部分は、神智学協会の個々の指導者たちの熱狂的な信奉者であった。彼らは、党派的な意味では熱心に活動するこれら数人の指導者たちによって伝えられるドグマを盲信していた。

神智学協会の底流にひそむ通俗性とディレッタンティズムにもとづく、こうした活動に私は嫌悪感を覚えた。

——『自伝下』S.412、一四一頁、二〇二頁

たしかにシュタイナーは、神智学協会にとっては、余所者《よそもの》である。神智学の教義を神智学協会のなかで、一から学んだわけではない。シュタイナーは、自身の経験と修行によって獲得した知見

や知識をすでに充分もっていた。したがって、神智学協会の古参の指導者や協会員たちにとって、シュタイナーは、ある意味で煙たい存在だったといえるかもしれない。
シュタイナーが神智学協会内部に対して、こうした強い違和感をいだき始めた頃、ある事件がおきる。少し長いが、シュタイナー自身の回想を引用しよう。

しかし一九〇六年以降になると、私の影響力のほとんどおよばない指導者たちに率いられた協会員たちの間に、心霊術の弊害を想起させる活動がおこなわれ始めた。そのため、やむなく私は、私の指導下にある一部の協会員たちに、そのような心霊術にかまける活動にけっしてかかずらわってはいけないと、何度も警告しなければならなかった。その種の活動が頂点に達したのは、あるヒンズー教の少年が、キリストの再来だと主張された時期である。このような馬鹿げた話を普及するために、神智学協会のなかに『東方の星』と称する特別な結社がつくられた。この結社員たちの望みどおりに、そしてまた協会の最高顧問であるアニー・ベサントがとくにそれを要求したように、彼らを協会のドイツ支部に入会させることは、私たちには認められなかった。そこで私たちは、一九一三年、神智学協会から除名された。こうして私たちは、人智学協会を独立した結社として設立する必要に迫られた。

——『自伝下』S.414-415、一四二頁、二〇四頁

のちの高名な霊的指導者であるジッドゥ・クリシュナムルティ(一八九五-一九八六年)が、神智学協会のインド支部のチャールズ・リードビーターに見いだされ(リードビーターの秘書の息子だといわれている)、イギリスに連れてこられたのだった。周りにすすめられてオックスフォード大

学に入学しようとするが、どうしても数学ができずに断念した。一九一一年にクリシュナムルティを教祖に据えた『東方の星』という教団が創設される。

これを機に、シュタイナーは、神智学協会から離れることになる。そもそも、東洋と西洋の霊的伝統を統一することが目的であった神智学協会と、西洋の霊的伝統のみに依拠し、さらに自然科学的方法論を堅持しようとしたシュタイナーとでは、その方向性は、まったく異なっていたといえるだろう。しかも、「ゴルゴダの秘蹟」を霊視した後では、「キリストの再来」という文言には、どうしても納得できなかったにちがいない。

しかし、歴史を俯瞰できるいまの時点から見ると、ルドルフ・シュタイナーとジッドゥ・クリシュナムルティという二人の偉大な霊的指導者には、甲乙つけがたい印象をもつ。このような何とも表現できない不思議な縁(「カルマ」といっていいかもしれない)で結ばれたシュタイナーとクリシュナムルティについては、二人の思想のちがいについて、べつの機会に詳しく検討してみたいと思っている。

15　シュタイナーの方法

シュタイナーは、『わが人生の歩み』のなかで、神智学協会の方法と、みずからの方法とが異なることをあらためて確認している。そして、みずからの人智学独自の方法(あるいは、本来のシュタイナーのやり方)を確立していく。

つぎのようにシュタイナーは繰りかえす。

私は自然認識の分野で正しく「科学的」だとみなされている思考様式を採用し、それを霊（精神）認識に適用すべく発展させた。その結果、霊（精神）の観察にこの自然認識の方法を応用しようとすれば、それは自然の観察に適用するのとは当然異なるものになった。しかし、自然認識の方法を「科学的」たらしめている特質は失われなかった。

――『自伝下』S.417、一四五頁、二〇七頁

ここでシュタイナーがいっていることは、とても重要だ。自然を科学的に観察し、実験をし、法則を導きだすという従来の方法は、霊的対象に対しては、そのまま使うことはできない。しかし、本来の「科学的」特質を維持したまま、霊界にも適用しなければならない。その難しさに、シュタイナーは逢着していたというわけだ。

ところが、神智学の世界ではこの難しさを意識しない「自然科学的方法」が、すでに存在していた。それは、ヒュッベ＝シュライデンというブラヴァツキーの友人でもある博士が提唱していたものだった。ヒュッベ＝シュライデンの信奉者たちは、彼が神智学を科学として確立することに期待を寄せていた。彼らは、どのような「科学」を期待していたのだろうか。

シュタイナーは、つぎのように説明している。

彼らは「科学性」の根拠を、自然科学的な理論化と仮説定立による原子論的原理に求めていた。自然の諸現象は、宇宙の物質の「根源―部分」を原子だと考え、さらにそれを分子に組み合わせることによって「説明された」。物質は、分子にふくまれる原子の配列により規定されるというのだ。

――『自伝下』S.418、一四六頁、二〇八－二〇九頁

この世界は、原子に還元される。そして、その原子の配列や関係を分析することができれば、その原子によって構成されているマクロのレベル、つまり自然や世界は、解明できるという考えである。いわゆる「要素還元主義」といわれる考え方だ。

もちろん現在の自然科学では、当然とされる考え方であるが（ただし当時は、「原子論」と「エネルギー一元論」とのあいだで論争がおこなわれていたので、当然というわけではなかった）、しかし、この考えをそのまま霊的現象に当てはめるというのが、ヒュッベ＝シュライデン博士とその信奉者たちの方法だった。

この考え方（原子論的考え－中村）が模範だとみなされた。人々は複雑な分子構造を想定し、霊的活動にとっても、この分子が基盤となっているにちがいないと考えた。そして化学的現象は、分子構造の内部の現象の結果であり、霊的な現象でも同じ構造が探究されなければならないと考えた。

――『自伝下』S.419、一四六頁、二〇九頁

こうした自然科学的方法が、当時の神智学内部にあったというのだ。このような方法は、シュタイナーが考究してきた問題をまったく配慮しない方法だった。シュタイナーからすれば、霊的現象の本質を見誤った安易なやり方だった。

シュタイナーは、つぎのようにいっている。

原子が物質現象の内部で純粋に機械的な活動をしていると理解することは、ほとんど私の

考慮の埒外にあった。私にとって重要なことは、思考活動が、原子的なもの――最小の世界構成物――から出発して、有機的なもの、霊的なものへと移行する過程を探究するという事実だった。原子ないし原子構造は、霊（精神）の作用、有機的作用の結果にすぎない。

――『自伝下』S.419、一四六－一四七頁、二〇九頁

あくまでもシュタイナーにとって、霊的なものこそが先行しているのであって、物質的なものは、その結果にすぎない。原子が分子を構成すること、あるいは、原子の内部で、原子核のまわりを電子がまわっていること、これらのことは、霊的な力、あるいはエネルギーによるということだろう。最初に霊的なものがなければならない。

面白いことに、この直後でシュタイナーは、先述した当時の論争の「エネルギー一元論」の牽引者であるエルンスト・マッハにも言及している。

エルンスト・マッハの哲学にみられる見解、ないしは最近この分野でみられる見解は、たしかに原子と分子の構造から脱却する第一歩である。しかしこの構造が現代の思考方法にあまりにも深く根を下ろしているために、この構造を捨てると、かえって一切の実在性を喪失してしまう。

――『自伝下』S.420、一四七頁、二一〇頁

このような文章からも、シュタイナーが当時の「アトミスティーク（原子論）」と「エネルゲティーク（エネルギー一元論）」との論争にも目を配っていたことがわかるだろう。しかも、マッハと同じ「エネルギー一元論」に近い考え方をしていたことがわかる。しかし、もちろんマッハが、

霊的なものを重視しているわけはないので、結局のところ、シュタイナー独自の「自然科学的方法」を見いだすしかなかった。

シュタイナーによれば、われわれが自然科学を経験し、それを基礎にして霊的認識をしなければならない時代に生きていることは確かなことだった。われわれ人類が自然科学の時代を通過したのは、ある意味で必然だったのである。われわれの古代の霊認識と新しい霊認識について、シュタイナーはつぎのようにいう。

私は、人類の古い霊認識を洞察した。古代の霊認識には、夢に似た性格があった。古代人の世界では霊界はイメージとして顕現した。しかしこのイメージは、完全に思慮深い状態で、認識意志によって展開されたのではない。霊界のイメージは、宇宙から与えられた夢のように魂のなかに浮かびあがった。

——『自伝下』S.428、一五三頁、二一八頁

シュタイナーによれば、古代の霊認識は、現代のわれわれの夢のように曖昧なものであった。たしかに古代人は、霊界とつながってはいたが、その情報は、明晰な意識のもとで把握しているようなものではなかったのだ。

しかし、近代を経たわれわれは、もはやそうしたイメージとしての霊認識をもつことはありえない。意識的な魂を獲得した人類は、自然科学という新しい方法論を手にしたのだから、それとともに霊的な認識も大きく変化する。

完全に覚醒した状態で対象を認識する。この認識様式を、感覚世界に対してわれわれは使用した。そのことによって、自然を正確に把握する力を獲得したといえるだろう。感覚世界を、誰が

認識しても同じものとして、客観的に認識できる能力を人類は手にしたというわけだ。これが、自然科学という方法論であって、この能力と方法を基盤として、一六世紀から一七世紀にかけて近代科学がこの上なく発展した。

このような自然科学を経験した人類は、その蓄積のもとに、霊界の認識も古代の人類とは異なるものにしなければならない。イメージや夢とはちがった覚醒した霊認識が必要だということになる。シュタイナーの言葉を聞こう。

霊（精神）認識の課題はこうして、思慮深い状態で、認識意志を通して理念体験を霊（精神）的世界に近づけることである。認識者は、魂の内容を数学の内容と同じように体験する。彼は数学者のように考える。しかし、数字や幾何学的な図形で考えるのではなく、霊（精神）世界のイメージで考えるのである。それは、古代の白日夢のような霊認識とは正反対に、まったく意識的に霊（精神）界に入ることである。

――『自伝下』S.429、一五三頁、二一八頁

霊界の真実は、数学者が、数学の内容を思考するように、明晰にこちらに伝わってくる。霊の世界のイメージは、数字や幾何学の図形のように、はっきりと認識できるという。霊界において、われわれは意識的に生きることができるというのだ。これは、とてつもないことのように思えるが、しかし、シュタイナーが目指したのは、こうした覚醒状態だった。

シュタイナーは、『神智学』の「霊の再生と運命」の部分で、人間の輪廻転生を科学的に説明することのむずかしさをつぎのように語っていた。

> 科学的であろうとすれば、繰りかえされる地上生活の叙述や、地上生活を繰りかえすうちに形成される運命の叙述は、どうしても難しくなる。（中略）人々は繰りかえされる地上生活の観念を人生そのものからひきだすのではなく、勝手気ままに解釈したり、過去の諸々の世界観を換骨奪胎して取り繕っている。
>
> ——『自伝下』S.433-434、一五七頁、二二三－二二四頁

シュタイナーには、輪廻転生の真実が、まざまざと眼に見えている。しかも、夢やイメージとしてではなく、覚醒した状態で明瞭に認識できている。しかし、そのことを誰もが納得できるように、科学的で客観的な説明をするというのは、途方もなく困難だ。だが、シュタイナーによれば、それができなければ、自身の目指す「真の自然科学」（霊界をも含めた自然を解明する学問）は、達成できない。

> 私は全き意識とともに、これらの困難に立ち向かい闘った。私が著書『神智学』を改訂に改訂を重ねて、繰りかえされる地上生活の章に加筆修正をしたのも、この章の真実と感覚世界の観察から得られた理念とを連動させるためであった。この間の推移を検証すれば、一般に認知された科学的方法の条件を満たすために、私がどれほど悪戦苦闘したかということも判明しよう。
>
> ——『自伝下』S.434、一五七頁、二二四頁

シュタイナーによれば、もし「輪廻転生」という現象が、真実のものであれば、それは当然のことながら、「自然科学的」に説明できなければならない。そしてその説明は、科学的な思考ができる人たちにとっては、数学や論理学が万人にとって理解できるように、理解できるものでなけ

ればならない。これが、シュタイナーの目指す「自然科学」なのだ。

たしかに、フェルマーの最終定理の証明や素粒子論の内容を、誰もが理解できるというわけではない。少数の何年も集中的に研究した専門家でなければ、とうていわからない。だが、かなりの能力があり、多大な訓練をして、論理的ステップや計算さえ誤らなければ、限られた人が確実に理解できるものであることは確かである。

それと同じように、輪廻転生という現象も、霊的能力を何年もかけて開発し、自然界と霊界とが重なっている状態を解明する「自然科学」を習得すれば、誰でも（もちろんごく少数だろうが）理解できるものとなる、とシュタイナーは、いっているのではないだろうか。

さらにこの時期、のちにシュタイナー夫人となるマリー・フォン・ジーフェルスとともに、人智学運動のなかで芸術的な要素を育成し積極的に導入していった。その様子を叙述している際に、シュタイナーは、言語について実に面白い観点を提示している。

> 言葉は社会生活の意志疎通に仕え、論理的知的な認識の伝達にも役立つ。この二つの面から「言葉」は、その固有の価値を失う。言葉は人間が表現しようとする「意味」に順応しなければならなくなる。さらに、響きや音声や音声形成そのものに現実が潜んでいる事実も忘れ去られてしまった。母音の美しさと明快さ、子音の特殊性が失われていく。母音は魂を欠き、子音は霊（精神）を欠く。かくして言語は、みずからが生まれた源、つまり霊（精神）性の領域から脱落する。知性と認識の奴隷となり、霊（精神）を遠ざける社会生活の下僕となる。言語は芸術の分野から引き離されてしまう。　――『自伝下』S.438、一六一頁、二二八－二二九頁

言語は、われわれのコミュニケーションと論理的認識のために、その真の価値を失っているというのだ。言葉は、人間が意味を伝えるためだけの道具などではない。言葉は、その音や響きに本質がある。母音の美しさや子音の独特さに、言葉の故郷があるのである。言葉は、その姿や存在そのものに霊性が宿っているというのだ。意味や論理の僕《しもべ》などではけっしてない。

シュタイナー教育では、母音や子音の一つひとつを、子供たちにとても丁寧に体験させ教えていく。言葉がありのままでもっている真の魅力や美しさを体得させるのである。言葉は、それだけで芸術そのものなのだ。

こうしてシュタイナーの言語観を見てみると、一九世紀から二〇世紀にかけて、記号論理学や言語学において起こった言語論的転回や記号論的な転換とは、まったく異質の言葉についての視線が、息づいていることがわかるだろう。この時期のルドルフ・シュタイナーという存在の独自の重要性が、言語の考察においても際立っているようだ。

16　ゲーテアヌムとシュタイナーの最期（一九一〇－一九二五年）

これまでシュタイナーの自伝である『わが人生の歩み』にそって、この哲学者の人生をたどってきた。この自伝は、『ゲーテアヌム』という雑誌に一九二三年から亡くなる直前まで連載されたものだった。そしてその叙述は、人智学協会が独立した一九一三年の人生の歩みまでであった。その後の人生をざっとスケッチしてみたい。

一九一〇年にシュタイナーは、自身の神秘学の全体系を一冊の本にまとめる。『神秘学概論』である。この書のなかには、人間の本質、宇宙の進化など、シュタイナーが霊的世界で経験し、じっくり思索した多くの事柄が詳細に語られている。シュタイナー思想の全領域が一冊のなかに凝縮されているといえるかもしれない。

これで、シュタイナーの主著は、すべてそろったといえるだろう。『自由の哲学』（一八九四年）、『神智学』（一九〇四年）、『いかにして超感覚的世界の認識を獲得するか』『アカシャ年代記より』（一九〇四年から一九〇八年まで雑誌連載）という四冊と『神秘学概論』で、シュタイナー思想の全貌は、かなり顕わになったといえる。

シュタイナーと人智学協会は、自分たちの運動の拠点を探していた。つまり、全学問分野を人智学の観点から研究したり、神秘劇を上演したりする場所の必要性を感じていたのだ。最初は、ミュンヘンで敷地を探したが、うまくいかず、最終的にスイスのバーゼル郊外のドルナハという村に土地が見つかった。一九一三年九月に礎石が置かれ、一年後に主要な建物の棟上げがおこなわれた。しかし、第一次世界大戦がおこったことによって、建設は中断されてしまう。最終的に、「ゲーテアヌム」と名づけられた、その建物が完成するのは一九二〇年のことである。

そのときの様子を、シェパード（A.P.Shepherd）は、『シュタイナーの思想と生涯』（*A Scientist of the Invisible: An introduction to the life and work of Rudolf Steiner*, Hodder and Stoughton, 1954）のなかで、つぎのように書いている。

> 一九二〇年にゲーテアヌムは完成し、「霊学と新しい人間科学のための自由大学」として竣工式がおこなわれ、最初の「人智学的大学課程」が設置された。この課程には、登録済みの六〇〇人の学生と多数の一般市民が参加した。医者と医学生のみが対象の講演もおこなわれ、特別な研究所と診療所の設立の基礎となった。農業従事者には農業についての講演、教師に

は教育についての、神学生には宗教についての講演がおこなわれた。一方では、これらの活動のほかに、霊学の光のもとにあらゆる種類の芸術と演劇が、とくに神秘劇との関連で展開された。また、「オイリュトミー」という新しい芸術運動も生まれた。

——p.76、『シュタイナーの思想と生涯』中村正明訳、青土社、一九九八年、一〇二頁

ゲーテアヌムが完成すると、シュタイナーの広範囲にわたる学問分野の講義や活動がおこなわれた。そして、マリー・フォン・ジーフェルス（のちのマリー・シュタイナー）との共同作業である「オイリュトミー」も始まった。言語や音楽で表現される身体芸術だ。こうして人智学運動は、ゲーテアヌムを中心に推進されていく。

一方、同時期に、シュタイナー教育も産声を上げた。西平直は、シュタイナー・シューレ（シュタイナー学校）の誕生をつぎのように描いている。

一九一九年の九月七日、日曜日。シュツットガルトの地に、世界で最初の「自由ヴァルドルフ学校」が開校された。

シュタイナー学校の正式名として歴史に名を残すことになった、この「ヴァルドルフ」は、たばこ工場の名前（ヴァルドルフ・アストリア）に由来する。

その社長エミール・モルトは、人智学に深い理解を持った人で、工場労働者のために、シュタイナーを講演に招いた。その話に深く共鳴した参加者たちは、子どもたちの教育のために、新しい学校を設立することを決心し、シュタイナーに協力を願い出るとともに、ヴュルテンベルク州から、学校設立の許可を取りつけた。そして、五ヵ月後には、たばこ工場付属

の学校として開校するという、すさまじい勢いで進んでいった。

——『シュタイナー入門』講談社現代新書、九七頁

このシュツットガルトという場所から、シュタイナー教育は始まったのだ。一〇〇年以上たった現在、全世界に拡がったこのユニークな教育は、こうした急場しのぎのようなかたちで始まったのである。開校直前（八月二一日から九月六日にかけて）、シュタイナーは、「教育の基礎としての一般人間学」という連続講義をする。

その初日に、シュタイナーは、つぎのように述べた。

この地上では、子供を、その誕生から、もっぱら肉眼でしか観察できないので、私たちは子供は一つの継続なのだ（霊界からの継続－中村）、と意識したいと思います。私たちは死後人間が経験すること、つまり物質生活の霊的な継続ということだけに目を向けるつもりはありません。私たちはこの世での物質生活が霊的生活の継続であり、生まれる以前は私たちではなく、高次の存在たちによって配慮されてきた事柄を、教育によって継続しなければならないのだ、ということを意識しようと思うのです。このことが私たちに教育と授業のあり方に対して唯一正しい気分をあたえるのです。この地上の土地で、この人間存在に対して、生まれるまでは高次の存在たちがおこなってきた事柄の継続を、私たちはおこなわなければならないのです。

——*Allgemeine Menschenkunde als Grundlage der Pädagogik*, Rudolf Steiner Verlag, 2018, S.25-26／『教育の基礎としての一般人間学』高橋巖訳、創林社、一九八五年、八頁

子供たちは、霊界からこちらの世界にやってくる。しかも、彼らは多くの輪廻転生を経てきた魂たちなのだ。霊界では、高次の存在たちと交流していたのであって、この感覚界に慣れてしまったわれわれよりも、その魂は遥かに清浄だといえるかもしれない。そのような魂たちを、この物質世界でもさらに成長するように導くのが、教育者の使命だというわけだ。何という厳粛な宣言だろう。このような「唯一の正しい気分」をもたなければ、シュタイナーのいう教育はできない。この上なく重要で大変な仕事だといえる。

こうして順調に進むかにみえた人智学運動に、何者かの手によって楔が打ちこまれる。一九二二年の暮れのことだった。小杉英了はつぎのように書いている。

一二月三一日、ゲーテアヌムで、人間と星々の世界との結びつきを五回にわたって語り終えたシュタイナーは、いつもの通り、参加者からの質問を受けながら館を離れた。ドルナハの上空には、星々が輝いていた。

午後一〇時過ぎ、ゲーテアヌムで出火の報を得て、シュタイナーは館に駆けつける。私設の消防団が懸命に火元を捜すが、煙ばかりたちこめて見つからない。協会員の中には、煙にまかれて失神する者さえ出る。

ようやく火が見つかったとき、火勢は一気に強まり、ドーム全体にひろがった。町の消防団も駆けつけたが、手遅れだった。シュタイナーはドームが焼け落ちる寸前に、すべての人にゲーテアヌムから離れるよう指示する。延焼をくい止めるのがやっとだった。

崩落したゲーテアヌムは、夜が明けるまで燃え続けた。シュタイナーは、焼け落ちた建物の周りを、夜通しゆっくりと歩いてまわったという。時々、一人でつぶやく声が聞こえた。

「あれほどの労力が……。あれほどの年月が……。」

——『シュタイナー入門』ちくま新書、二〇九頁

一九一三年の定礎式から、四年の戦争期間をはさんで、一九二〇年に完成したゲーテアヌムは、こうして二年と少し活動しただけで焼失してしまった。人智学の核をなす建物が破壊されてしまったのだ。しかし、シュタイナーは、翌朝火の手をまぬがれた工場で、予定通り連続講義をいつものようにおこなった。この火災は、放火であることはたしかだったが、結局、犯人は特定できなかったという。

シュタイナーは、このゲーテアヌム崩壊の原因を外側にではなく、内部に求めた。一年後の一九二三年一二月にドルナハの丘で「クリスマス会議」を開く。そこで、つぎのように聴衆に訴えた。

愛する皆さん、私たちは皆さんを、この瓦礫《がれき》の山に招待しなければなりませんでした。けれども、一年前の新年の夜に、私たちが見たあの恐るべき炎、私たちの心を引き裂きながら天の高みを焦がしたあの炎は、この二十年の私たちの歩みのうちに、すでに燃え続けていたのです。そのことを正しく認識しなければなりません。

そしてその認識から、私たちの立っているこの廃墟はマーヤである、幻であるという感覚を、立ち上げていただきたいのです。(中略)

これから作っていく運動を、徹底して内面的な作業として行ってください。すべては一人ひとりの心の内でなされるのでなければなりません。

——笠井叡訳、小杉『シュタイナー入門』所収、二一四 - 二一五頁

シュタイナーによれば、ゲーテアヌムを焼き尽くした炎は、シュタイナーと人智学協会員たちの歩みのなかですでに燃えつづけていたというのである。もちろん、実際には放火によって建物は燃えてしまった。もしかしたら、一九二一年の段階で、シュタイナーを名指しで攻撃していたアドルフ・ヒトラーの仕業だったのかもしれない。しかし、シュタイナーは、そういった外側（あるいは、物質世界）の原因には一切触れず、自分たちの内側に原因を求めた。内側、つまり霊的なものこそが、すべての現象の源だからだ。

瓦礫の山を「マーヤ」（幻）だという。感覚できる現象は、霊界の影にすぎない。シュタイナーは、霊的な世界での魂の振舞こそが、このマーヤの世界でゲーテアヌムを炎上させたというのである。「内面的な作業」こそが、「心の内でなされる」ことこそが、真の原因であり、最も大切なことなのである。

だがシュタイナーに残された時間は、ほとんどない。この「クリスマス会議」で、シュタイナーは、一般人智学協会の理事長に就任する。人智学運動、そしてゲーテアヌムの再建を目指して、体力のつづくかぎり驚嘆すべき活動をつづけていく。一九二四年には、一日平均四回の講演をし、シュタイナーを訪問する人たちのために無限とも思える労力を割く。訪問者は、三週間に四〇〇名を超えたときもあったという。さすがのシュタイナーも、一九二四年九月二八日の五九六五回目の講演を最後に病の床に就いてしまう。

その後も、毎週刊行される雑誌『ゲーテアヌム』に、『人智学指導原理』と『わが人生の歩み』を連載しつづけた。しかし、一九二五年三月三〇日午前一〇時頃、ルドルフ・シュタイナーは、肉体とエーテル体を脱ぎ捨てて静かに霊界に戻っていった。六四歳。周りでは、第二次ゲーテアヌムが生まれつつあった。その産声が聞けたのは、一九二八年である。

第4章

『自由の哲学』

1　自由とは何か

シュタイナーの『自由の哲学』を、一冊の哲学書として読んでみようと思う。この本を書いた当時のシュタイナーは、まだ何者でもなかった。一八九四年の刊行時には、何と三三歳である。のちの高名な神秘学徒の面影はまだなく（もちろん、その内側では、広大な霊的世界が展開されていたにしても）、三年前に博士論文を書き、ロストック大学で学位をとったばかりだ。その論文は、二年前に『真理と学問』というタイトルで出版されていた。

こうした状況のなかで書かれた『自由の哲学』を、哲学を志す若者が書いた本として正面から読んでみようと思う。あらゆる先入見からはなれて。まずは、一九一八年の新版では省略された初版の第一章「あらゆる知識の目標」を読んでみよう。

冒頭は、「個人」「個性」が強調される。

> われわれの時代の特質を正しく言い当てようとするならば、現代は人間の個体の崇拝をあらゆる関心の中心に据えようとしている、と言うことができよう。どんな形であれ、一切の権威の克服が力の限り求められている。個性を根拠にしているものだけが、有効と認められる。個人の能力の完全な展開を妨げるものはすべて排除される。
>
> ――『自由の哲学』高橋巖訳、ちくま学芸文庫、二〇〇二年、一五頁

個人の能力や個性を重視するのが、この時代の特徴だといっているのである。たしかにヘーゲル

哲学の影響力は衰え始めていたから、個々人の精神や意識に注目が集まってきていた。ヘーゲルを批判したキルケゴール的な「実存」概念が、この時代の無意識的な雰囲気として存在していたのかもしれない。あるいは、一八四四年生まれのニーチェの著書が、影響力をもち始めていた時期でもある。シュタイナー自身も、一八八九年に初めて『善悪の彼岸』を手にとって大きな影響を受けていた。実存主義を牽引する哲学者たちの影響が徐々に顕在化し始める時代だったのだ。

ちなみに、二歳年上の同時代人であるベルクソンは、この頃『意識に直接与えられたものについての試論』(博士論文の出版)をすでに刊行し(一八八九年)、『物質と記憶』(一八九六年)の準備に余念がなかった。たしかに、『意識に直接与えられたものについての試論』においては、「純粋持続」というまったく新しい時間概念が提唱され、その「持続」の場所は、自分自身の意識だった。公共的な共同体の時間ではなく、個々人の意識のなかの持続こそが、真の時間だというわけだ。全体ではなく個を重視するシュタイナーと同じ時代の空気を吸っていたといえるかもしれない。

しかし、ここにおけるシュタイナーの「個性」や「個人」の強調は、本の題名の一部でもある「自由」について論じるための準備という側面もある。そのように考えれば、ベルクソンの『意識に直接与えられたものについての試論』の後半が自由論だったというのも(この本の英訳名は『時間と自由意志』である)、意味深い。やはり、両者の著作には、時代的な刻印が押されていると考えていいだろう。時代は、「個人」や「個性」に着目していた。

さらにつづけて見てみよう。全体と個人との関係についても、つぎのようなことをいっている。

完全な全体はひとりひとりの個体の独自の完全さの上に成り立っているものでなければなら

ない。われわれが作り出そうと望んでいるのは、別な誰かにもできるような何かではなく、われわれの存在の独自性に従って、ただわれわれだけに可能なような何かなのである。そのような何かがささやかな寄与として宇宙進化に組み込まれていくべきなのである。

——同書、一五—一六頁

それぞれが独自の存在であり、それだけで完全であり、その完全さを礎《いしずえ》にして全体は成りたつ。だから、どんな個人であっても、その個人の独自性が、全体にとっては必要だということだろう。そしてそのような個人の寄与が、宇宙進化に組みこまれていく。宇宙全体の進化と個々人のあり方とが直接結びついていることがわかる。

そのような個々人の個性を重視し、それだけで完全だというあり方を、「自由」とシュタイナーは呼ぶ。何物にも従属せず、それだけで完全な個性であること、それが「自由」なのだ。

しかし、この「自由」は、われわれが日常的に使う自由とは異なっているだろう。「自由」になるためには、完全な個体になり、最高度に高められなければならないのだから。そう考えると、ここでシュタイナーがいっている「自由」とは、個々人と宇宙とを貫く大きな流れのようなものだといえるだろう。完全な全体は、個々人が完全な状態になったとき成りたつというのだから、その完全性を保証しているのは、「自由」というあり方だといえる。シュタイナーによれば、人間にも、宇宙にも「自由衝動」が流れている。この自由衝動が、個人を介して宇宙に流れこむとき、個と全体とが一体化し、宇宙全体の創造的な働きが流れ始めるというのではないか。

さらにシュタイナーは、現代は、真理もまた、個々人の内部からとりだされるという。個人個人がみずからの内部で「知る」ということが重要だというのだ。つぎのようにいう。

われわれはもはや信じようとは思わない。知りたいと思う。信仰は、われわれ自身によっては完全に洞察できないような真理を、承認するように求める。けれども見通すことのできぬものは個体の要求に逆らう。個的なものはすべて自分の最も深い内なるものに従って生きようと望む。ただ知ることだけがわれわれを満足させてくれる。

——同書、一七頁

この部分では、シュタイナーの終生変わらない決意のようなものが見てとれるだろう。確実に知っていることだけを真理だと認める。既成の宗教や学問を信じるのではなく、自分の眼で、しかも自然科学的方法でたしかめたものしか認めない。それが「知る」ということなのだ。

この書の冒頭で、「個人」を重視し、「自由」と「知ること」とを称揚《しょうよう》するというのは、実にシュタイナーらしい態度だといえるだろう。シュタイナーは、あくまでも自分自身で見たことから出発し、自由に貫かれた二重の世界を知ることに従事したのだから。当たり前だが、若い頃からシュタイナーは、シュタイナーだったのだ。

さらに、つぎのような興味ぶかいことも述べている。

作曲するとき、作曲法の諸規則は人生という現実に仕えている。それと同じ意味で哲学もひとつの芸術である。真の哲学者はすべて概念芸術家であった。彼等にとって人間の諸理念は芸術素材になり、学問の方法は芸術技法になった。このことを通して、抽象的な思考は具体的で個的な生命を獲得する。理念は生命力となる。そのとき、われわれは事物についての知識を持つだけでなく、その知識を自立した、生きた有機体にまで作り上げたのである。

――同書、一九－二〇頁

哲学者は、われわれの人生を解明するために、概念を駆使する。抽象的な理念を使いながら、作品を創る。芸術家が音や色を使って人生の真実を表す作品を創るように、哲学者は、理念や概念を使って哲学の世界を構築するのだ。そのような哲学作品は、生命力を湛えた体系となるだろう。その生命力は、われわれの知識を有機体のようなものにする。生きいきとした知識が、内側で働いているのだ。

芸術作品が、鑑賞する人に対して感銘を与えるように、哲学の作品も、読者に生きる力を与えてくれる。知識を有機的なものにし、生活のさまざまな局面でそれを自在に使う。そういう意味で、「真の哲学者はすべて概念芸術家」だという。

ドゥルーズが、ガタリとの共著『哲学とは何か』のなかで、「哲学とは、概念の創造」だといった。シュタイナーが考える「哲学者」が、概念によって芸術作品としての哲学をつくりあげるのだとすれば、まったく異なった文脈ではあるけれども、シュタイナーの哲学観は、ある意味で、ドゥルーズ＝ガタリのそれとかなり近いのかもしれない。哲学者は、概念によって芸術作品を創造する芸術家だというのだから。

シュタイナーは、『自由の哲学』という書が、どのような問題を扱っているのか、ということをつぎのように簡潔に書く。

芸術としての哲学が人間の自由とどのような関係を持つのか、人間の自由とは何か、われわれは自由を持っているのか、あるいは自由になることができるのか、これらが本書の主要問題である。それ以外のすべての学問上の問題は、人間にとって最も身近なこれらの問題の解明に役立つ限りにおいてのみ取り上げられる。ひとつの「自由の哲学」が以下の紙面の中で描かれる筈である。

——同書、二〇頁

シュタイナーも、哲学者であるかぎり、概念芸術家である。「自由」という概念を使って、『自由の哲学』という芸術作品を、いま創造しようとしている。そうなると、ここでいっていることは、つぎのようなことではないのか。

本書は、「自由」という概念について、あらゆる角度から考察する。だからこそ、本書のタイトルは「自由の哲学」（自由についての哲学）なのだ。しかし、それだけではない。さらに本書は、「自由についての哲学」というだけではなく、ここで作品として呈示する「哲学」そのものもまた、それ自体が自由なものでなければならない。そうでなければ、「自由」について議論すること自体が、無意味なものになるからだ。読む人に、生命力を与える哲学は、それ自体も生命にあふれていなければならない。つまり、哲学自身もまた自由でなければならないだろう。こうしたことも、意味しているのではないか。

2　人間の意識的行為

それでは、第一章「人間の意識的行為」から見ていこう。ここでは、哲学の世界でもずっと議論されてきた「自由意志と決定論」の問題が、正面から論じられる。シュタイナーは、最初の一文から、読者をいきなり問題の中心にひきずりこむ。

思考し行為するときの人間は、精神的に自由な存在なのか、それとも、自然法則的な必然という鉄の掟に縛られているのか。

——*Die Philosophie der Freiheit*, Rudolf Steiner Verlag, 2005, S.13／二五頁、一三頁（以下『自由』と略記）

邦訳は高橋巖訳と『自由の哲学』（本間英世訳、人智学出版社、一九八一年）の頁数を併記する。

そして、この問題に関する歴史を、以下のように簡潔にまとめる。

自由というとても明白な事実を否定できるのは、偏狭な精神の持ち主以外には考えられない、と道徳的な情熱にかられて言明する人々がいる。一方べつの人々は、自然の合法則性が、人間の行為と思考の領域のなかでは破綻するなどと信じるのは、非科学的態度の極みだという。

——『自由』S.13、二五頁、一三頁

ようするに、人間が「自由」であるのは、明白な事実だと考える人たちと、人間だって自然界のなかにいるのだから、その必然の法則に縛られている、つまり自由は存在しないと考える人たちに分かれるということだ。人間の意志の自由を認める陣営と、人間の行為も思考も最初から決定されているという陣営とが対立しあっているというわけだろう。

西洋哲学では、後者の決定論は、神による神学的決定論と、物理学の発達によりでてきた物理学的な決定論（「ラプラスの魔」によって典型的に表現されるもの）に分かれる。この二つの決定論を、シュタイナーは、さほど意識せずに紹介していく。

まずは、ハーバート・スペンサーの『心理学原論』から、「意志の自由は否定するのが当然である」といっている文章を引用することから、シュタイナーは始める（『自由』S.14、二七頁、一四－一五頁）。ここで、当時大きな影響力をもっていたスペンサーの決定論に与する断定を引用しているのは、時代の空気は、「意志の自由」に対して否定的だというためだろう。

さらにシュタイナーは、スピノザの決定論の引用に移っていく。スピノザの汎神《はんしん》論的世界観では、神のみが自由であり、他のものは必然性に支配されている。スピノザの体系では、自由という条件を満たすのは、「神」だけであり、神だけが唯一の実体であり、かつ自己原因なのである。したがって、すべての存在は神のなかにあり、このことによって、自然には偶然はなくなり、すべて神の必然性により決定されていることになる（『エチカ』第一部定理29）。これがスピノザの決定論だ。この決定論は、物体だけのことではなく、人間の行動にまで、当然のことながらおよぶ。「人間の自由」についても、スピノザは、つぎのようにいう。シュタイナーによる引用を見てみよう。

しかしそれは、すべての人が所有していると主張している人間の自由であり、それはただ自分の欲求を自覚していることのうちに成立しているだけで、自分を規定している原因については何もわかっていない、という自由なのです。同じ意味で幼児は自由にミルクを欲しがっていると思っています。そして怒りっぽい少年は、自由に仕返しをしてやろうと思い、臆病者は、自由に逃げだせると思っています。さらにいえば、酔っぱらいは酔いが醒めたときなら口にしたがらないような事柄を、自由な決意にしたがって語っている、と思っているのです。

――『自由』S.15-16、二九頁、一六頁

人間は、自分がしていることを意識しているから、自由だと思っているだけであり、それはたんなる思いこみだ。意識していようがしていなかろうが、すべては必然的な因果関係によって行為している。だから、そこにはまったく自由はないとスピノザはいうのである。このようなスピノザの考えに対して、シュタイナーは、直ちにつぎのように反論する。

人間の行為はいつも同じようなものなのか。戦場で戦う戦士や実験室で研究する科学者や複雑な外交問題を処理する政治家が、ミルクを欲しがる子供と同列に置かれてもよいのか。

——『自由』S.16-17、三〇頁、一八頁

たしかに子供や酔っぱらいが、自分のしていることを意識しているのと自然科学者や政治家が、さまざまな要因を考えながら行為したり実験したりすることとを同じだと考えるのは、無理があるだろう。いずれも意識しているという点では同じだけれども、その内容や深みは、かなりちがう。したがって、シュタイナーは、問をつぎのように立て直す。

私の行動の意識的な動機と無意識的な衝動との間に区別があるとすれば、前者は盲目的な衝動による行為とは別様に評価されるべき行為を生じさせるであろう。最初にこの区別が問われなければならない。本来の自由への問をどのように立てるべきかは、この問の結果にかかってくる。

——『自由』S.18、三二頁、一九頁

幼児が、ミルクが欲しいと「意識」しながら、ミルクを飲む。臆病な人が怖いと「意識」しながら、その場を立ち去る。このような「意識」と、研究者が、実験の結果を予想し「意識」しながら実験をしたり、政治家が、他国の対応を「意識」しながら外交政策を決めたりするのと、どこが決定的にちがうのか。このような問をたてるべきだとシュタイナーはいうのである。この二つのケースで、「意識」のちがいは、どこにあるのだろうか。

シュタイナーは、まず誰もがもっている先入見を排除する。動物的な欲望と、人間だけがもつ理性という区別である。このちがいがあるからこそ、人間は自由だという考えだ。以下のようにいう。

> 人間は動物的な欲望の支配下にではなく、理性の支配下にたつときにのみ自由である、といわれている。あるいは、自由とは生活や行動を目的や決意にしたがわせることだ、ともいわれている。
>
> しかし、このような主張からは何もでてこない。なぜなら問題は理性や目的や決意も動物的な欲望と同じ仕方で人間を強制するかどうかだからである。もし理性的な決意が、ちょうど飢えや渇きと同じ必然性をもって、私のなかに生じるのだとすれば、私はひたすらそれにしたがうことしかできず、私の自由は幻想に過ぎなくなる。
>
> ――『自由』S.18、三二―三三頁、二〇頁

じつに明晰だ。人間に特有だといわれている「理性」という能力をもってきても、その理性に、欲望の場合と同じように、われわれが振り回されているのであれば、そこに自由がないのは明ら

かだからである。われわれは、理性的に考え研究したり、親身になって考え他人に忠告したりする。一方で、お腹がすいたと考え食事をし、痛いと思えば病院に行く。たしかにこの二つの行為は、はっきり異なるだろう。しかし、前者でも、そのような考えや理性に自分が強制されているのであれば、後者と何も変わらない。自由があるかどうかという点では、両者とも「ない」と結論することも可能だからだ。

それでは、われわれに自由はないのだろうか。シュタイナーは、そうではないという。自由の有無を判定するポイントは、自由といわれている行為を決意するその瞬間なのだ。そこに着目しなければならない。つぎのようにいう。

> 問題は、一度固めた決意を行動に移せるかどうかではなく、どのようにして決意が私のなかに生じるかなのだ。
>
> ──『自由』S.20、三五頁、二二頁

子供がミルクを欲しいと思う瞬間、臆病者が怖いと思い逃げようとする瞬間、そのとき起こっていることと、研究者が実験をしようと思う瞬間や政治家が外交政策を決めるときに起こっていることとは何がちがうのか。このことが、自由に最もかかわってくるとシュタイナーはいう。

欲望や恐怖にしたがうとき、たしかに自由ではないだろう。反射的にそうしているのだから。しかし、後者も、たんに理性の強制力に反射的にしたがっているだけではないのか。どのようにして、その決意（実験する、政策を決める）が生じたのだろうか。

シュタイナーは、つぎのようにいう。

ある行為を、その行為者がなぜするのかを自覚していなければ、自由ではありえない。これはまったく自明のことだ。それでは一体、理由がよくわかっている行為とはどのようなものなのか。このことを知ろうと思うなら、思考の根源と意味について、あらためて問わなければならない。なぜなら、われわれの魂の働きである思考活動を認識しなければ、何かについて知るという概念、それゆえ行為を知るという概念も理解するのは不可能だからだ。

――『自由』S.21、三六頁、二三頁

シュタイナーは、ここで、われわれの行為が自由かどうかを決めるのは、その行為が思考にもとづいているかどうかにかかってくるという。しかし、このような見解にも、ただちに反論は可能だろう。理性にしたがうのが自由でないのであれば、当然のことながら、思考にしたがうのも自由ではなくなる。思考により私たちは強制的に行為させられているだけかもしれないのだから。シュタイナーがいくらつぎのように、「思考」を強調したとしても、この点が説明されなければ、自由と思考とはつながらない。

とはいえ、われわれの行動が動物的な欲望充足から一歩でも先へ進めば、ただちにその動機は思考内容と結びつく。(中略)愛もまた例外ではない。愛がたんなる性欲の表れでないとすれば、われわれの愛は愛する存在についての表象に基づいている。そして、その表象が理想主義的であればあるほど、愛はわれわれの心情を満たしてくれる。ここでもまた、思考内容こそが感情の父なのである。

――『自由』S.21-22、三七頁、二四頁

心情的な行為、愛に基づく行為もまた、その根柢には「思考」が存在しているというわけだ。その「思考」によって、感情が動き行為へといたる。たしかにそういう側面はあるだろう。欲望や感情ではなく、愛する対象について考えることこそが、その対象に対する行為の源だという。たしかにそうかもしれない。

しかし、このことを認めたにしても、その「考える」という行為（最初の思考行為）が、理性や欲望と同じように、こちらに強制的に指令を与えているのであれば、どこにも自由は存在しなくなる。思考に強制されているだけなのだから。そうなると、シュタイナーのいっている「思考」とは、どのようなことなのか、というのが、つぎの問題になるだろう。この問題は、第三章「世界認識に仕える思考」で詳細に論じられる。

3　観察と思考

第三章の最初に、ビリヤードの球が衝突する例がだされる。一つの球がもう一つの球にぶつかる。この運動は、純粋に物理学的に記述できる現象だ。それを見ている私にはまったく関係していない。しかし、シュタイナーはそうは考えない。その動きを私が観察し始めると、べつの過程が始まるという。シュタイナーのいうことに耳を傾けてみよう。

しかし、自分の観察内容を私が考察し始めると、事情は異なってくる。考察はその経過についての概念をつくるという目的をもつ。弾力をもった球という概念を力学上の諸概念と結びつけ、そしていま生じている経過をそうあらしめている特殊状況を考慮する。私の働きかけなしに進行している出来事に対して、私は概念の領域で進行する第二の経過をつけくわえる。
この第二の経過は私によって左右される。

——『自由』S.30、四九頁、三六頁

実際起きている現象は、ただそれだけで生じている。それは、物理学の法則によって進行していく。しかし、その過程を、私が観察し思考し始めると、べつの過程が始まるという。そして、その過程は、私自身の意志だけによっておこなわれているように思われる。その物理的な出来事を観察し始めた最初から、自分自身が、その出来事について考え始めたのだから。そして、この思考の経過を始める、始めないも、自分自身によって決めた。まさにここに自由があるのではないか、とシュタイナーはいうのだ。

ビリヤードの球の動きを観察している。その観察をもとにして、いろいろなことを私は考え始める。あるいは、観察するだけで、何も考えないかもしれない。観察は、そちらに目を向けるだけで自然に始まる。視覚が働き始めると、どうしても見てしまうからだ。しかし、それについての思考は、そうではないとシュタイナーはいう。何かを考えるというのは、自然と始まるものではない。

シュタイナーは、つぎのようにいう。

観察と思考は、人間が意識するかぎりでの、あらゆる精神的努力の二つの出発点である。
どんな常識的な判断も、どんな高度な学問研究も、われわれの精神のこの二つの柱に支えられている。

——『自由』S.32、五一頁、三八頁

観察は自然に始まる。ビリヤード球がたまたま目に入る。そして、その観察をもとにしたさまざまな思考や常識的な判断をする。さらに、科学的な法則を導きだす。たしかに、人間の行為において、観察と思考は、最初の一歩かもしれない。しかし、このことが、「自由」という概念とどのようにかかわってくるのだろうか。思考も、観察と同じように、自然と始まることはないだろうか。たとえばビリヤードの球の動きを見て、「面白い動きだな」とか「きれいな色の球だな」とか、反射的に考え始めることはないだろうか。もしそうであれば、「思考」も、欲望や衝動に突き動かされている状態とさほど変わらないことになるのではないか。つまり、自由とはいえなくなるのではないか。

しかし、シュタイナーは、「思考」は、もっと特別なものだという。観察やほかのさまざまなわれわれの行為とは異なって、さらに意識的であり、私が出発点となるものだという。これは、「私が考える」という特別な事態なのである。

「観察は、思考に先立っている」(われわれは、かならず観察した後で思考する)ということを指摘した後で、つぎのようにいう。

> ただし、思考の働きそのものを観察するとき、対象となっている思考は、それ以外のすべてのものから本質的に区別される。私は机や樹木などの対象を、それらが私の体験領域に現れてくるや否や観察し始める。しかしこういう対象についての思考を私はそれと同時に観察してはいない。私は机を観察し、机について思考する。しかし私はその同じ瞬間にその思考を観察してはいない。
>
> ——『自由』S.33、五三頁、四〇頁

たしかに、われわれはあらゆるものを観察することから、生活や、あるいは大げさにいえば、人生を始めるだろう。周りのもの、目の前にいる人、鏡に映る自分自身の姿など、それらを観察して、そこから考えたり、感じたりしながら生きていくだろう。私たちは、あらゆるものを観察することができるのだ。

しかし、そのような観察の対象として、「思考」だけは特別だとシュタイナーはいう。思考は、一種の例外的な状態であり、「思考」そのものを観察するのは、特別なことなのだ。自分の感情を観察できることと比較すれば、そのことはわかるという。

シュタイナーは、つぎのように説明している。

> 快の感情は、それを惹き起こす出来事を観察するときとまったく同じ仕方で観察されうるが、このことは概念には当てはまらない。なぜ特定の出来事が私に特定の快の感情を呼び起こすのか、と問うことはできる。けれども、なぜある出来事が私に特定の概念を生じさせるのか、と問うことはできない。
>
> ――『自由』S.34、五四頁、四一頁

なぜそうなのだろうか。ある花を見て、「きれいだな」と思うとき、それは、快の感情と同時に、「きれい」という概念を生じさせているのではないのか。しかし、シュタイナーはそうではないという。「きれいだな」という感情は、「自分自身と花との関係」を語っている。しかし、「きれい」という概念には、私自身は入っていない。概念が生じてきたその瞬間を私は観察していないのだという。

これはどういうことだろうか。シュタイナーはつぎのようにいう。

観察の対象としての思考と感情とを同じ次元であつかうことはできない。同じことはそのほかの精神活動についてもいえる。思考以外の精神活動はすべて、外界の事物同様、観察の対象になる。しかし思考活動だけは、もっぱら観察される対象に向けられていて、思考する人物には向けられない。これは、まさに思考に特有な性質だ。

——『自由』S.34、五四－五五頁、四一－四二頁

なるほど、ここまでくるとシュタイナーがいわんとしていることが、わかってくるだろう。観察と思考とは、その主体（観察・思考をしている〈私〉）が同じなのだ。このことが、「思考」の本質的特徴だとシュタイナーは考えている。こう考えれば、「思考」だけが特別であることが納得できるだろう。シュタイナーが考えている「思考」とは、観察する主体と同じであって、つまりは、いわば〈こちら側〉の働きなのである。主体が主体自身を観察できないように、思考もできないのである。いってみれば、観察も思考も、〈私〉という裏面からの作用なのだ。そして、その裏面は、最も深い面なのである。あるいは、〈私〉という透明な面を背景にした作用、といったほうがわかりやすいだろうか。それ以上は、裏側に回れないのである。

シュタイナーは、つぎのようにたたみこんでいく。

考えている人は、いま自分が考えていることを忘れている。そしてこのことが思考の特徴をよく示している。思考する人が心を向けているのは思考そのものではなく、自分が観察している思考対象なのである。

——『自由』S.35、五五頁、四二頁

シュタイナーによれば、「思考」だけが、それをしている瞬間に、それを外側から観察できないものだという。「考えることを考える」のは、できないというわけだ。たしかに、考えた事柄やそのときの様子を、あとから考えることはできるだろう。記憶のなかの「考えた」状態を、いま改めて考えることは可能だ。しかし、考えているその瞬間に、〈そのこと〉を考えることは無理だというのである。「考える主体」（観察している方）と、「考えられる対象である主体」（観察される方）とに、分裂する必要があるからだ。

シュタイナーもいう。

自分の現在の思考を観察しようとすれば、自分を二つの人格に分裂させてしまわなければならないだろう。思考する人格と、その思考する自分を見つめるもう一つの人格とにである。しかしそのようなことは不可能だ。

——『自由』S.36、五六頁、四三頁

こう考えれば、われわれの最も基底部にある〈私〉、あるいは〈ここ〉には、「思考」という働きがあることがわかるだろう。これ以上裏側には回れない〈私・ここ〉（「思考過程のこの透明な在り方」『自由』S.37、五七頁、四四頁）に、シュタイナーは、われわれを導いてきたのだ。ここにこそ、私の核の部分（〈私〉という出発点）があるということになるだろう。そして、そこにシュタイナーは、「自由」の根拠を求めている。

この地点にたどり着いた後に、デカルトの「われ思う、ゆえにわれあり」が説明される。デカルトが、世界のなかで最も確実なものだと宣言した「われ思う」（cogito）こそが、今までシュタイナーも説明してきた、この私の核である「思考活動」のことだというのだ。
シュタイナーの「われ思う」についての説明を聞いてみよう。

神から生じたのか、あるいは全然べつなところから生じたのかもわからない、しかし私の思考だけは私自身がそれを生みだすという意味で存在している。このことだけはたしかだ。デカルトは出発点としてこの命題にこのこと以外の意味を与えることを是認しなかった。私が宇宙に包まれて、最も根源の自分だけの活動としての思考において自身を把握するということだけをデカルトは主張した。

——『自由』S.38、六〇頁、四七頁

デカルトが、「われ思う」を基底に据えて、全学問を構築しようとしたように、シュタイナーは、この「思考」こそが、われわれの出発点だという。「思考行為」は、私がじかに立ちあっている唯一の行為である。したがって、この行為を究明すれば、私たち自身の謎が解明されるというわけだ。もちろん、〈ここ〉に自由の秘密もある。われわれが、自由なのか、そうではないのかも、「思考」を吟味することによって、わかるというわけだ。

そうなると、本書『自由の哲学』の中心概念は、この「思考」ということになるかもしれない。シュタイナーは、つぎのようにいう。

だから疑いもなくわれわれは、思考行為において、宇宙の出来事を、その先端で支えていて、何かが生じるときには、かならず、その場で立ちあっている。（中略）思考だけは、それがどのようになされるのかを私は知っている。だから宇宙の森羅万象を考察するとき、思考以上に根源的な出発点はどこにも存在しない。

——『自由』S.41、六三－六四頁、五〇－五一頁

シュタイナーにとって、「思考」は、終生最も大切な概念であった。小さい頃、幾何学にであい、自分が見ている霊界の存在の根拠を見つけたときも、「思考」だけによって構築された数学的世界に魅入られた。いわばシュタイナーは、純粋な思考世界に救われたのである。

あるいは二〇世紀になり、神秘学者として、その全貌を顕わにした後でも、シュタイナーにとって「思考」は、霊界の本質的特徴を表すものであった。霊界は、思考の世界なのだから。そして、シュタイナーの哲学者としてのデビュー作である、この『自由の哲学』においても、その「自由」という中心概念に最も密接にかかわるのが、やはり「思考」という概念なのである。

シュタイナーの思想にとって、「思考」という概念が、とても重みのあるものであることがわかるだろう。

4　思考の場

第四章の「知覚内容としての世界」を見てみよう。ここでシュタイナーは、われわれが日常的に経験している知覚、認識という事態を、実に丁寧に説明していく。その前に、「思考」について、われわれの普段の生活の場から考えていき、「思考」という特別の働きを解明する。

例によって、ここでも話の手がかりとして、ハーバート・スペンサーが顔をだす。同世代のベルクソンも若い頃耽読したこの哲学者は、この時代かなり大きな影響を及ぼしていた。

シュタイナーは、私たちの観察について、スペンサーの引用のなかから、つぎのような例を挙

げる。

九月のある日、私たちが畑を通って歩いていくと、数歩先のところで物音が聞こえる。そこには溝があり、その溝の片隅で草が揺れている。そのようなとき、たぶん私たちはそこへ行って、何が物音や動きをひきおこしたのかを知ろうとするだろう。近づいてみると、一羽の山ウズラが溝の中で羽ばたいている。そこで私たちの好奇心も満たされる。

――『自由』S.49、七四頁、六〇頁

しかし、シュタイナーは、この説明では満足しない。シュタイナーにとって、すべての出発点は思考であり、けっして概念や理念ではない。シュタイナーは、この事態を、つぎのように別様に説明しなおす。

そもそもそれ以上何も考えようとしないのなら、ただその物音を聞くことだけで満足してしまうだろう。けれども考えることによって、私はその物音を何らかの結果であると理解する。すなわち、物音の知覚と結果の概念とを結びつける。そしてそのとき初めて私は、個々の観察にとどまらず、原因を探究するように促される。結果の概念が原因を求める。それから私は、その原因となる対象をさがし、山ウズラの姿に、その対象を見いだす。

――『自由』S.49、七五頁、六一頁

スペンサーがいうように、音が聞こえたから好奇心によって、何も考えずに、その音の原因を探ろうとしたのではない。まずは、物音の知覚と、結果の概念とを結びつけるという思考がなされた。最初に、「結果から原因へさかのぼる」という思考がなければ、こうした行動はとらないというわけだ。

スペンサーのいうように「何が物音や動きをひきおこしたのかを知ろうとする」ためには、物音の知覚を結果という概念に結びつけ、その結果から原因という概念にさかのぼらなくてはならない。そうでなければ、このような行動はとらないという。音を聞いてすぐに、その音の方へ動きだすのではない。何よりもまず、因果についての「思考」があるというのだ。

さらにシュタイナーは、つづけて興味ぶかいことも書いている。

このような原因と結果の概念はけっしてたんなる観察によっては獲得できない。たとえ同じような観察をどれだけ多く重ねたとしてもである。観察は思考を求める。そして思考によって初めて、ある体験をべつの体験と結びつける道が見いだせるのである。

——『自由』S.49-50、七五頁、六一頁

いくら私たちが観察を繰りかえしても、「原因と結果」という概念は獲得できないということだ。「観察は思考を求める」のであり、思考によって法則がまずつくりあげられる。結果があれば、かならずその原因があるはずだという概念（法則性）は、具体的事例を幾度も経験したからといって自然にでてくるものではない。私たちが具体的世界から少し離れて、法則に思いいたらなければ、でてくることはない。具体的な経験の世界に埋没していては、どんな法則も手にすることはできないのである。

ここでシュタイナーは、アメリカの哲学者パース（一八三九－一九一四年）がいった「アブダクション」（仮説形成）にも通じるようなことをいっているのではないか。ただの帰納（個別事例を集める）では法則は未来永劫でてくることはない。仮説を立てて、それを検証することによって帰納は生きたものになる。具体的事例にであっても思考しなければ、その事例を他の事例と結びつけることはできない。法則にたどり着くことはないのである。

シュタイナーは、つぎのようにまとめる。

> いわゆる「厳密に客観的な学問」が、内容をもっぱら観察からひきだすように求めるとき、それによって同時にすべての思考活動をも諦めるように要求されることになりかねない。なぜなら思考は本質的に観察を越えて先へ進もうとするからである。
>
> ――『自由』S.50、七五－七六頁、六一－六二頁

思考は観察を越えて先へ進もうとする。そうでなければ、一般的な法則や自然の規則性を発見することはありえない。まさに思考によって「アブダクション」をしなければ、有限の個別事例群は法則化されないというわけだ。

さらにシュタイナーは、そのような思考をする存在、つまりわれわれ人間について説明していく。

概念と観察とがであい、互いに結び合うのは人間の意識という舞台においてである。だが、このことによって、この（人間の）意識も特徴づけられる。すなわち意識とは思考と観察の

> 仲介者なのだ。対象を観察するだけなら、対象は与えられたものとして現れるが、思考する場合には、人間は、みずから能動的なものになる。
>
> ――『自由』S.50、七六頁、六二頁

人間が存在し、その存在は思考をする。そのことによって人間は初めて「能動的なもの」になる。人間は、思考する際、いわばある中心になって、「人間の意識という舞台」をしつらえる。そして、外からやってくる観察対象を引き受け能動的に思考するのだ。そこで、観察だけではけっして得られない法則や規則を見いだすのである。

さらにこの思考がなされる場は、その場自体をも客観的に見るようになる。反省（あるいは、自覚）の構造も生まれるのだ。

> 人は対象を客観と見、自分自身を思考する主観と見る。人は自分の思考を観察へ向けるので、対象意識をもつ。他方で、思考を自分自身へ向けるので、自分についての意識、つまり自己意識をもつ。人間の意識は思考する意識なので、かならず同時に、自己意識でもなければならない。なぜなら思考が自分自身の活動に眼を向けるとき、思考は自分の最も根源で固有な本性、つまりその主観を客観として対象にするからである。
>
> ――『自由』S.50、七六頁、六二頁

このシュタイナーの叙述で、「思考の場」が開かれていることがわかるだろう。たしかに、われわれ自身が、みずからを出発点として思考をしている。もちろんわれわれの身体や脳や意識がなければ、思考はできない。しかし、「思考の場」が開かれると、その思考は、当の思考が向かう対象だけではなく、その思考の場である自分自身をも思考の対象にするというのだ。自分自身で

ある主観をも客観化できるのである。

「思考」という能力を人間がもつ。そのことによって、「思考という場」が開かれる。そしてその場によって、人はかなり拡大される。対象を客観的に観察できると同時に、自分自身をも対象にすることができるのだから。主観・客観という関係をはるかに超えた場が開かれていることになるだろう。ようするに「思考という場」は、それだけで自律した「場」になるということだ。

シュタイナーは、このような「思考の超越性」(「思考という場」の自律性)とでもいうべきものについてつぎのように語っている。

> だがわれわれは思考の助けを借りてのみ自分を主観として措定し、自分と対象とを対置させられるのを見落としてはならない。それゆえ思考をたんなる主観的な活動であると解することは許されない。思考は主観と客観の彼方《かなた》にあって、この二つの概念を、すべての他の概念と同じようにつくりあげるのだ。思考する主観としてのわれわれが概念を対象と関係づけるとき、この関係はたんなる主観的なものとは解されない。この関係を生じさせるのは主観ではなく、思考なのである。
>
> ――『自由』S.50、七六-七七頁、六二頁

たしかにわれわれの思考は、とてつもない働きをしている。私たちは、ここ(地球の特定の場所)にいながら、全宇宙を思考することができる。何なら、ビッグバン以来の一三八億年の宇宙の進化史をつぶさに再現することもできるだろう。素粒子の世界を思考することもできるし、火星の表面に降りたつこともできる。ドストエフスキーの人物(たとえばムイシュキン、あるいはソーニャ)を思いだすこともできるし、頭のなかで近所のコンビニに行くことだって可能だ。ようする

に、思考の世界は無限の拡がりをもっているのである。

そして他方、この「思考の場」は、人間の身体で生じているので、あくまでも主観という側面をもつ。つまり、主観である人間自身を他の対象（客観）から切り離すことにもなるだろう。この「思考の場」を背景のようなものだと考えれば、この背景は、その背景のなかで展開される思考内容とはべつのものだということになるからだ。「思考の場」と思考対象とが区別されるのだ。「思考の場」という概念で説明すれば、主観と客観とでは、位相がはっきり異なるのがわかるだろう。

シュタイナーは、つぎのようにいっている。

> 人間の二重の本性はつぎの点にもとづいている。（第一に）人間は思考することによって自分と、その他の世界とを包摂する。しかし同時に（第二に）、人間は思考によって自分を事物と向かいあう個体にせざるをえない。
>
> ——『自由』S.51、七七頁、六三頁

シュタイナーの考えによれば「思考」は、人間個人のものではなく、われわれやその他の存在者たちとは異なる領域にある「場」のようなものだということがわかる。幾何学や数学といったイデア的な体系の「場」や、物質的領域からは遠く離れた、精神や理想といった「場」のようなものだといえるだろう。ここでシュタイナーは、ごく普通のわれわれのあり方から、そのような日常を超えたところにある「思考の場」を導きだしたといえるかもしれない。われわれの出発点は、この「思考の場」なのだ。

さらにシュタイナーは、この第四章「知覚内容としての世界」では、われわれのもつ知覚の構

造について詳細に解明していく。つぎにその内容を見てみよう。

5　知覚の構造

自分が外界を知覚する。そしてその像は主観的だ。このことをまず確認する。自分の視覚器官や聴覚器官で、見て聴いているのだから、当たり前のことだが、知覚しているのは私だ。だから、私という主観による知覚像だけが、たしかに存在しているといえる。

ここから、知覚していないときには、何も存在していないという突飛な思想がでてくる。しかしこの思想は、誰もが一度は考えるのではないだろうか。自分が見ていないときも、近くのマンションや通学先の学校は、存在しているのだろうか。案外、消えているのではないかなどと考える。このことは、哲学の世界では、大真面目に議論されてきた。この「存在＝知覚」という考えを代表するのは、イギリスのバークリーだ。

シュタイナーは、バークリーの考えをつぎのようにまとめている。

> 私の知覚対象はもっぱら私によって存在している。しかも私がそれを知覚するかぎりにおいてである。そのような対象は知覚行為が終われば、それとともに消え去る。知覚行為がなければ、何の意味もない。私の知覚内容以外にはいかなる対象もないし、そのような対象を考えることもできない。
>
> ――『自由』S.56、八三頁、六九頁

バークリーは、私が机を知覚しているときにだけ机は存在しているという。たしかに、われわれ

が知覚しているときは、机の存在を眼前でたしかめることができるだろう。だが、それを見ていないときは、それが存在しているかどうかは、たしかめようがない。見ていないのだから、どうしてもわからないのだ。

しかし、それでも常識的に考えて、見ていないからといって机がなくなるとはとても思えない。机は、私たちの知覚とは関係なくいつも存在しているように思われる。それは、バークリーによれば、神が知覚しているからだという。私たちが目をそらしたり、眠ったりしても、机が相変わらず存在しつづけているのは、神様が世界を知覚してくれているからだというのである。

それは、バークリーのつぎのような極端な考えによっている。シュタイナーの説明を聞こう。

> バークリーの考えでは、私が机とみなしているものは、私がそれに眼差しを向けなくなると、もはや存在しない。それゆえバークリーは、私の知覚内容は、直接神の力によって生じていると考えた。私が机を見るのは、神がこの知覚内容を私のなかに呼びおこすからなのだ。それゆえバークリーは、神と人間精神以外の実在は認めない。われわれが世界と呼ぶものは、精神の内部にしか存在しない。素朴な人が外界とか物体の本性などと呼ぶものは、バークリーによれば、存在しない。
>
> ――『自由』S.58、八五－八六頁、七一頁

たしかにさまざまな事物は存在しているように見える。しかし、それは、神がわれわれの背後で知覚しているからそうなのであって、本当は、すべて観念的なものにすぎない。精神の内部に存在しているだけなのだ。この極端な観念論に対して、カントは新しい見方を提示した。『純粋理性批判』のなかで、みずから「コペルニクス的転回」と呼んだものだ。

シュタイナーは、つぎのように紹介している。

この立場(カントの立場-中村)は、私が知っているのは私の表象(内容)だけだということから、この表象から独立した存在などどこにもないという結論をだすわけではない。そのような独立した存在を、主観が直接受けとることはないという結論をだしているだけだ。

——『自由』S.58、八六頁、七二頁

カントは、われわれの認識の構造が、この世界をつくりあげるという。そのつくりあげられた世界が現象界だ。それは、とりもなおさず、われわれに現れてくるこの世界なのである。だから、世界はわれわれとはかかわりなく客観的に存在しているわけではない。世界は、われわれがまさに(認識の構造によって)つくりあげているということになる。

その認識の構造というのは、時間・空間の形式と一二個のカテゴリー(様相や関係や量や質といった「認識するための枠」)であって、われわれ人間は、いわば人類特有の「メガネ」をかけて世界を見ている(つくりあげている)というのだ。

このカテゴリーは、具体的には、単一性・数多性・全体性、事象内容性・否定性・制限性、実体と属性・原因と結果・相互作用、可能性・現実性・必然性の一二個である。カントによれば、われわれは、このような網の目をかけて、現実の世界をつくりあげているという。われわれの世界は、フィルター越しの世界なのだ。事物が運動し関係しあうときには、「原因と結果」や、「実体と属性」といったあり方で関係しあっているのであり、この世界の存在は、「可能性」や「必然性」といった現れ方をするのである。

そしてその現象界は、その背後にある「物自体界」から触発されて成立するという。この「物自体界」があるからこそ、われわれが「現象界」を認識し構成できるのである。そして、この「物自体界」は、われわれはそれについて思考はできるが知覚はできないものだ。だからここでシュタイナーは、「表象から独立した存在」を主観は直接受けとれない、と書いているのである。

このようなカントの認識の構造を、シュタイナーは、カントの忠実な後継者を自認していたショーペンハウアーの『意志と表象としての世界』の最初の言葉を引用して説明している。

世界は私の表象である。生きて認識するすべての存在にとって、このことは真理である。(中略) このことによって明確になるのは、自分の知り得るものが太陽でも地球でもなく、太陽を見る目にすぎず、大地を感じとる手にすぎないということである。さらにまた、周囲を取り巻く世界がもっぱら表象としてのみ存在するということ、いいかえれば、他のもの、表象するもの、つまり自分自身との関係においてのみ存在しているということである。

——『自由』S.65-66、九五頁、八一頁

ショーペンハウアーは、カントの現象界を「私の表象」という。私自身がつくりだした表象が、この世界なのであり、それ以外のものは、この世界に存在していない。「物自体」は、われわれの世界とは隔絶したところにあり(ショーペンハウアーの場合は、「物自体」は「意志」の世界になる)、われわれの世界に現象界を生みだす刺激を与えている(触発している)。

こうしたカントやショーペンハウアーの二元論(シュタイナーは、「批判的観念論」とここで呼んでいる)を、シュタイナーは、とてもわかりやすく批判していく。シュタイナーによれば、「批判

的観念論」は、つぎのような過ちをおかしているのだ。

素朴な意識の観点を素朴実在論として退け、みずからを批判的観念論と名づけている、以上に述べた立場の誤りは、一つの知覚内容だけを表象であると規定しながら、べつの知覚内容を自分が克服したと思っている当の素朴実在論のやり方で受け入れている点にある。

――『自由』S.64-65、九四頁、七九‐八〇頁

カントやショーペンハウアーは、みずからの表象によって、世界は構成されているという。ようするに、すべて「私の表象」なのだ。しかし、もしそうだとすれば、その表象をつくりあげる器官である眼球や耳や手は、どうなるのだろうか。表象や現象を生みだすそれらの器官も、やはり、たんなる知覚内容（表象）なのだろうか。もし、そうだとすると、そもそも表象をつくりあげることが可能なのか、と問うているのである。

批判的観念論が素朴実在論を論駁《ろんばく》できるのは、素朴‐実在論的な仕方で自分の身体組織を客観的に実在するものと仮定できたときだけなのである。

――『自由』S.65、九四頁、八〇頁

批判的観念論が、みずからの表象をつくりだすためには、われわれの身体の器官を使わざるをえない。そして、そのためには、その器官は、素朴実在論的に実際に存在していなければならない。表象によって、表象をつくりだすことはできないからだ。実際の器官によってしか表象はつくれない。つまり、批判的観念論が、みずからの体系を構築するためには、その最も基礎の部分に、

素朴実在論を据えなければならないのである。

もし、そうでなければ、つぎのようなことになってしまう。シュタイナーはいう。

自分の主観的な身体組織をもたんなる表象複合体にすぎないと思わざるをえなくなるだろう。しかしそうなってしまえば、知覚された世界の内容を精神組織によって生みだされたものと考える可能性は消えてしまう。

——『自由』S.65、九四頁、八〇頁

どうしても、素朴実在論から出発しなければ、批判的観念論は完成しない。自分が一番批判している相手の考えを基礎にしなければ、自分の主張ができないことになる。つまり、その批判は、矛盾しているということだ。

シュタイナーはいう。

いわゆる批判的観念論は、素朴実在論によりかかることなしに、その正しさを証明することはできない。素朴実在論を克服するには、その前提としているものをべつの領域で無批判に通用させることが必要なのだ。

——『自由』S.65、九五頁、八〇頁

こうして、批判的観念論は、自分のなかにみずからを破壊する要素を本質的に含んでいることがわかったのである。シュタイナーのこの議論を、べつの角度から検討してみよう。そのために、シュタイナーよりも一二日だけ早く生まれたホワイトヘッドの知覚論をざっと紹介してみたい。というのも、このような矛盾を回避するために、ホワイトヘッドは、独特な知覚論を展開したからだ。

ホワイトヘッドは、われわれの知覚の様式には、二種類あると考えた。「現前的《げんぜん》直接性」（presentational immediacy）と「因果的効果」（causal efficacy）だ。「現前的直接性」は、ここでいっている「表象」のことを指していると考えていいだろう。いま目の前に現れている知覚内容のことだからである。しかし、われわれの知覚は、これだけではない。この「現前的直接性」を完全な知覚にするためには、「因果的効果」という知覚が必要なのである。

「因果的効果」というのは、われわれの感覚器官の知覚のようなものだ。つまり、われわれが何かを見るときには、眼球で見る。その「眼球で見ている」という感覚だ。われわれが知覚しているときには、その知覚している当の感覚器官をも、漠然とであれ知覚しているとホワイトヘッドはいうのである。知覚の現場では、いわば身体感覚のようなものを、かならずひきずっているというのだ。

シュタイナーの文脈でいえば、こういえるだろう。われわれは批判的観念論のいうように、たしかに表象だけの世界をつくりあげている。しかし、そのときには同時に、素朴実在論的な感覚器官の知覚もそこに付随していなければならない。当たり前のことだけれども、表象（「現前的直接性」）があるためには、かならず表象器官（「因果的効果」）が同時に存在していなければならない。この二つがそろわないと、われわれは、「表象」さえも生みだせないのだ、と。

6　世界の認識

それでは次に第五章「世界の認識」を見てみたい。まず前の章でも否定した批判的観念論の矛盾がとてもわかりやすい比喩を使って描かれる。シュタイナーはつぎのようにいう。

家を建てるとき、二階を建築している最中に、一階が崩れたら、二階も崩れ落ちる。素朴実在論と批判的観念論との関係は、ちょうど一階と二階との関係なのである。

——『自由』S.67、九八頁、八五頁

素朴実在論（一階）を基礎にしなければ、批判的観念論（二階）は成りたたない。眼や耳や手がなければ、知覚の世界は目の前に現れてこない。それなのに、批判的観念論は、眼前の知覚的世界だけしかないという。つまり最終的には、素朴実在論を否定しなければならないのだ。

そして素朴実在論を否定することになると、それは、二階（批判的観念論）によって一階（素朴実在論）を破壊してしまうことを意味する。そうすると、ごく当たり前のことだけれども、基礎になっている一階がなくなれば、その上の二階もあっという間に崩れてしまうだろう。二階が、何を勘違いしたのか、自分を支えてくれている一階を崩そうとするのだから、これは当然のことだ。

シュタイナーによれば、批判的観念論がいおうとしているのは、結局のところ「私は自分の表象世界のなかに閉ざされており、そこから脱けでることはできない」（『自由』S.68、九九頁、八六頁）ということなのである。それは、もちろん、いま見たように成功はしない。

シュタイナーは、こうした自閉した構造を、つぎのように批判する。

このような批判的観念論にとっては世界全体が夢のように現れる。その夢に向かうとき、認識の努力はすべて何の意味ももちえなくなる。この立場の人にとって、ただ二種類の人間しか存在していない。夢の織りなすものを真実の事物だと思うとらわれた人たちと、この夢の世界が虚無であることを洞察する賢者たちとである。

――『自由』S.69、九九頁、八六頁

もちろん前者、つまり、「表象」あるいは「知覚内容」という夢のなかに閉じこめられているのが、批判的観念論者たちだということだろう。このような脱出不可能な世界のなかにいる観念論者に対して、シュタイナーは、外側の世界を指し示す。夢の世界が虚無であることを洞察している賢者の存在を示唆するというわけだ。

外側には、「思考」という広大な領域がある（おそらくそこに賢者は住んでいる）。その領域にたどり着けば、自分が「表象」という夢を見ていたにすぎないことがわかるというのだ。

表象世界の閉域を「夢」にたとえて、シュタイナーは、つぎのようにいう。

私たちは、つぎのような観察をする。夢に対しては見覚めた状態がある。そして目覚めているときわれわれは、夢と現実の状況とを関係させる。しかし、その目覚めた意識の生活に対して、（夢と目覚めとの関係と）似たような関係にある状態をもってはいない。こうした観察によって、われわれは、批判的観念論のような見解に容易に導かれてしまうのだ。この立場に立つ人には、たんなる知覚に対して、ちょうど夢に対する目覚めの状態の経験に相当するような何かがたしかに存在することがわからないのである。そしてそのような何かとは思考にほかならない。

――『自由』S.71、一〇二‐一〇三頁、八九頁

批判的観念論は、表象のみの世界にわれわれはいて、その外側の「本当の世界そのもの」(物自体)には、けっしてたどり着かないという。つまり、この「表象の夢」は絶対に覚めないと思っているのだ。しかし、もし「表象」が「夢」と同じ構造なのだとしたら、これは、とても不思議なことをいっていることになるだろう。

「表象」と「夢」の類似について、少し考えてみよう。「表象」も「夢」も、それだけでは成立しない概念という意味で、類似しているからだ。

まずは、「表象」について考えてみよう。「表象」というのは、何かを表しているから「表象」という。「何か」の表象であって、それ以外の表象は存在しない。そのもとの「何か」がなく、ただ「表象」だけがあるというのは、この語の本来の意味からしてとてもおかしなことである。ようするに、表象は、それだけで存在しているのでは、「表象」という言葉の本来の意味として成りたたなくなるからだ。表象だけの世界なのであれば、「表象」といういい方はできない。「現実」といわなければならないだろう。

それでは、つぎに「夢」はどうだろう。「夢」も「表象」ととてもよく似ている。夢が夢として成りたつためには、覚醒しなければならない。夢のなかで、これは夢かもしれないと思う瞬間はあるかもしれない。ところが、それが夢であることを確認できるのは、その夢から覚めたあとである。目覚めなければ、夢は夢にならない。だから、夢はかならず過去形で語られる。「夢を見た」というのであり、「夢をいま見ている」とはいえない。現在進行形で「見ている」といっている、その夢から目覚めなければ、それは夢ではなくただの「現実」になるからだ。覚めない夢は、夢ではない。

このような意味で、「表象」と「夢」とはとてもよく似ている。だからこそ、シュタイナーも、ここで「夢」の話をもちだしたのである。ショーペンハウアーのように、この世界を「私の表象」といったとたんに、「この世界は夢ではないのか」というデカルト的懐疑と同じ状況が姿を現すことになる。そして、このデカルトの懐疑を無効にするには、つまりこの現実全体が、まるごと夢ではないということを証明するためには、「覚醒」が必要だといわなければならないだろう。覚醒して新しい現実に入れば、夢だと思っていた現実は、たんなる夢だったということがわかるのだから。「夢と覚醒」という二つの世界がなければ、夢は夢ではない。

だから同じように、「表象という夢」も、その表象が成立するための「もとのもの」(覚醒状態)が必要なのである。その「もとのもの」がなければ、表象は表象ではなくなる。何といっても、「〈もとのもの〉と表象」という二項対立がなければ、「表象」は表象ですらないのだから。つまり、無意味になる。

これは、目覚めたあとでなければ、それが夢だったとはいえないのとまったく同じ構造である。そして、さきの引用によれば、シュタイナーは、目覚めると、そこは「思考」の世界だったという。思考の世界で覚醒することによって、表象は夢であったとたしかめることができるというのである。やはり「思考の世界」がここでもでてくる。

すでに述べたように、シュタイナーにとって、思考はわれわれの世界の根柢に存在する領域であって、世界を包みこんでいる。

思考について、つぎのようにいっている。

思考を通して外界の個別の知覚内容を世界全体に関連づけるように、私は思考を通して自分自身の知覚内容も宇宙の営みのなかに組み入れる。自己知覚は私を特定の限界内に閉じこめる。私の思考は、このような限界にとらわれることがない。この意味で、私は二重存在であるといえる。(中略)われわれの思考は感覚や感情のように個別的ではない。思考は普遍的なのだ。

――『自由』S.75、一〇八頁、九四頁

たしかにわれわれは、個別に存在している。感覚、感情、知覚は、われわれの個別性の特徴だ。それぞれの人間は、独自の感覚や感情にそまっている。われわれは、一人ひとり、唯一無二の感覚、感情をもつ。われわれは、この「唯一無二」のあり方に、いわば閉じこめられている。しかし、思考はそのようなわれわれ個人の特殊性を、宇宙全体と関連づけてくれるという。

思考するとき、知覚や感情の限界から解放されて、「すべてを貫く全一《ぜんいつ》の存在」(『自由』S.76、一〇九頁、九五頁)となるというのだ。こうした意味でシュタイナーは、われわれのことを「二重存在」だという。私たちは、個別であり普遍だというのである。このような二重のあり方が、世界を認識しようとする理由になる。思考という力がわれわれを包摂することにより、宇宙の片隅にいるわれわれは、その地点から、宇宙全体の謎に向かおうとするというのだ。思考が宇宙をあまねく満たし、そのなかにわれわれもいるのである。

シュタイナーの言葉を聞こう。

われわれは自分のなかに端的に絶対的な力が生まれでるのを見る。その力は普遍的である。しかしわれわれがその力とであうのは、宇宙の中心からそれが流出するときではなく、周辺の一点においてである。宇宙の中心から流出するときのその力を知ることができたとすれば、われわれは、意識をもった瞬間に、全宇宙の謎を解くことができただろう。

われわれが宇宙の片隅にいる個別の存在者であるからこそ、その限られた一点から、思考という普遍的な力によって全領域を認識しようと思うというわけだ。思考という普遍とわれわれの存在という個別とが、二重に〈ここ〉で合流しているのである。つまり、〈思考という場〉があるからこそ、私たちが認識へと向かうというのだ。

シュタイナーはいう。

——『自由』S.76、一〇九頁、九五頁

われわれの内なる思考は、われわれの特殊存在を覆い、われわれを宇宙の普遍存在に結びつける。その結果われわれのなかには認識衝動が生みだされる。

——『自由』S.77、一一〇頁、九六頁

どれだけわれわれ人間が、この宇宙において特別な存在であるのか、わかるだろう。思考する存在であるわれわれは、こうして宇宙全体と緊密に結びついている。思考が宇宙とのつながりを保証しているのだ。シュタイナーによれば、「思考という場」は、われわれとわれわれ以外とを包みこみ関係させる根源的な場所なのである。

「一九一八年の新版のための補遺」では、つぎのようなことがいわれている。

ここであつかわれた観点は、人間と世界との関係について考察しはじめるとき、まずそこへ促されるような観点であるとみなされるだろう。その観点に立つ人は、自分が思考の形成過程のなかに巻きこまれるのを感じる。思考は形成される一方で、みずからを解消していく。そのような思考の形成に対しては、たんなる理論的な反駁《はんばく》によっては決着をつけることはできない。その思考形成が陥る混乱を洞察して、そこから脱出する道を見いだすためには、人はまずそのなかで生きてみなければならない。

――『自由』S.84、一一九頁、一〇五頁

「思考のなかで生きる」とは、どのようなことだろうか。シュタイナーによれば、われわれの根柢にあり、われわれを支えている、いわば出発点こそ「思考」であった。「思考の場」こそが、この世界の背景とでもいえる場所であった。このような背景のなかで意識的に生きていく、というのが、「思考のなかで生きる」ということだろう。

思考そのものである世界のなかで、その世界の部分である唯一無二の「思考の場」（私）で生きていく。これが、われわれのあり方だということになる。

思考は、すでに述べたように、後期のシュタイナーでも、最も重要な概念である。したがって、この段階ですでに、のちのシュタイナー哲学の核心が語られていたことになるだろう。

7　認識に限界はあるのか

『自由の哲学』の第一部「自由の科学」の最後の章「認識に限界はあるのか」では、カントの二元論（「現象界」と「物自体界」の二つの世界を前提する考え）が批判される。これまでも、批判的観念論という名で、（素朴実在論との関係で）否定的にあつかわれていた二元論を、今度は、一元論と対比させながらさらに明確に批判していく。

本章は、第二部「自由の現実」で、カントの道徳や自由にかんする考えを批判的に検討し、シュタイナーみずからの自由・道徳論が展開される直前の最後のまとめのようなものだといえるだろう。カントの『純粋理性批判』における二元論をもっと広い文脈で批判的に扱おうというわけだ。

最初にわれわれの現実解明のあり方が叙述される。シュタイナーは、つぎのようにまとめる。

世界は二元性として（二元論的に）われわれの前に現れている。そして認識行為がそれを統一性（一元論的）につくりあげる。この基本原理から出発する哲学は、一元論哲学または一元論と呼ばれる。この立場の対極に、二世界説、または二元論がある。二元論は、統一的現実が、たんにわれわれの身体組織によって、二つの側面をもつと想定するのではなく、それらを互いに絶対的に異なる二つの世界だと考える。そして一方の世界のための説明原理を、もう一方の世界のなかに探し求める。

——『自由』S.94、一三一 - 一三二頁、一一八 - 一一九頁

ここでシュタイナーは、常識的なわれわれのあり方から説明していく。私たちが世界に対峙するとき、世界は、知覚内容と、（知覚してはいないが存在している）世界全体という二元的なあり方で現れる。知覚内容は、私たちのあり方（主観）に深く関係していて、私たちの感覚器官に左右される。しかし、それ以外の世界全体（たとえば、いま知覚していないものや、いちども知覚したことのない他の恒星や素粒子のようなもの）は、われわれの思考によって把握されるのみだ。後者は、「客観」と呼ばれるだろう。

これが、「二元性」である。しかし、われわれは、この二元性を放置しはしない。われわれの

認識の働きによって、いま知覚している世界と、そうではない世界とが地続きであることをたしかなものとする。いずれも「客観」と呼んでもいいたしかな世界だ。眼の前の（知覚している）現実と同じ世界が全宇宙に拡がっていると認識する。これが、「一元論哲学」である。

これに対して、二元論は、どうだろうか。われわれの知覚世界と、そうではない他の世界をまずは分ける。ただし、この知覚世界は、いま知覚している世界だけではない。眼の前の世界だけではなく、知覚していない他の世界へも拡大される。知覚ではなく、認識の構造に焦点があてられるからだ。構造としては、知覚と似てはいるが、もっと広範で、われわれが住んでいる世界全体を包む。認識できる世界全体だからだ。これは、前にも書いたが、カントでいえば、この認識の構造は、時間・空間の二つの枠、一二個のカテゴリーということになる。この構造によって「現象界」がこちらに現れるというわけだ。

しかし、この現象界は、「現象」というだけあって、何かが背後にある。こちらに「現れてくる」わけだから、その大元があるというわけだ。それが、「物自体界」という世界で、この世界は、われわれにはけっして認識できない。カント的ないい方をすれば、「思考はできるが、知覚はできない」世界なのである。

シュタイナーは、この二元論を、つぎのように手際よく説明する。

カントが学問に導入して以来、今日にいたるまでそこから抜けだせずにいる知覚対象と「物自体」との区別は、このような二元論に由来している。これまで述べてきたように、個々の事物が知覚としてしかわれわれに与えられないというのは、われわれの精神組織の性質に基づいている。しかし、どんな知覚に対しても宇宙全体のなかの法則に見合った位置を示すことによって、思考はこの個別性を克服する。

――『自由』S.94-95、一三二頁、一一九頁

しかし、この「知覚としてだけ与えられる世界」を独立させ、それだけを世界（「現象界」）だと考えると二元論の世界が完成する。それは、主観の認識の構造に現れている世界だ。そして、あくまでそれは現象なのだから、その背後にそれを支える世界をも要請せざるをえなくなる。現象とは、「何かの現れ」なのだから。

シュタイナーの説明のつづきを聞こう。

しかし、この知覚の総体を一つの部分とみなし、これに「物自体」という第二の部分を対置するとき、われわれの哲学はでたらめなものになってしまう。哲学がたんなる概念の遊びに堕してしまうのだ。このような人工的な対立をつくりだしても、対立する第二の部分には、どんな内容も与えることはできない。なぜならこうした内容は、個々の事物にとっては、知覚からしかとりだすことができないからである。

――『自由』S.95、一三二頁、一一九頁

カントが考えている「現象界」は、まさにわれわれが生きているこの世界のことであって、この「現象界」ですべての現象や出来事はおこっている。「物自体」の世界は、概念的には必要であるけれども、実際にはあってもなくてもよいものだともいえるだろう。『純粋理性批判』の世界観における理論的要請といってもいい。もちろん、『実践理性批判』においては、まったくちがった意味を帯びてくるので、それほど簡単ではないのだが、この文脈では、シュタイナーのいうとおりだ。

ヘーゲルに代表されるドイツ観念論の哲学者たちも、この「思考可能だが知覚できない物自体」を克服するために、みずからの哲学体系を構築していった。カントの二元論に対する態度としても、シュタイナーが、哲学者として自分に最も近いと思っていたヘーゲルと同様の位置に立っていたことはたしかだ。

シュタイナーは、こうしたカント的な二元論を超克し一元論へと向かうために、つぎのような問をたてる。

われわれの認識にとって必要な問は、場所、時間ならびに主観の構造に条件づけられた知覚領域と、世界の全体性を指し示す概念領域との対立によってわれわれに課される問だ。私の課題は、この二つの私によく知られた領域を融和させることである。

——『自由』S.97、一三五頁、一一二頁

前者の「主観の構造に条件づけられた知覚領域」が、「現象界」のことであり、後者の「世界の全体性を指し示す概念領域」が、「物自体界」に対応していると考えることができるだろう。そしてこれらを「融和させる」ために重要な役割を演じるのが、「思考」なのだ。つぎのようにシュタイナーはいう。

事物が知覚領域内で分離しているとすれば、それは知覚者が思考していないからである。思考はあらゆる分離を破棄して、その分離がたんなる主観に条件づけられたものだと認めさせる。

——『自由』S.98、一三六頁、一一三頁

たんなる主観によってつくりあげられた「現象界」と、それ以外の「物自体界」とをふたたび統一するのは、やはり「思考」なのだ。思考という「根源的な場」が、主観と客観とを同じ世界として融合することを可能にする。シュタイナーの考えている「思考」が、主観や物質界に拘束されているのではない「場」であり、働きであることがわかるだろう。われわれが生きているこの世界全体の背後に、世界を包みこむようにして存在している。

シュタイナーは、一元論について、つぎのようにまとめている。

> 一元論にとっては、事情がちがう。世界の関連が主観と客観とに分かれて現れる場合には、知覚する存在の構造次第で、その形態が決まる。客観はけっして絶対的なものではなく、この規定された主観とかかわっている相対的なものにすぎない。（中略）知覚行為において世界から切り離された自我は、思考の考察活動においてふたたび世界の関連のなかに組みこまれる。それによって、この分裂の結果にすぎない一切の疑問が消え去る。
>
> ――『自由』S.106、一四六頁、一三二頁

たしかにわれわれは、みずからの知覚によって世界を認識している。そしてこの世界は、すべての世界の一部にすぎない。しかも、人間のもつ知覚能力に見合ったものしか現れてこない。範囲も内容も限定されているのだ。しかし、われわれには「思考」がある。この「思考」という働きによって、範囲と内容という二つの限定を超え、世界全体を把握することができる。それは、シュタイナーによれば、世界を「思考」が貫いているからなのだ。私が思考するとき、世界の形成

原理にじかに触れているのである。

こうしてシュタイナーによれば、必要のない「物自体」を要請した二元論は、「思考の考察活動」によって一元論へと解消されることになる。

8　愛と自由

この独自の「思考」概念を、のちにシュタイナーは、第八章「人生の諸要因」に対する「一九一八年の新版のための補遺」のなかで、つぎのように説明している。

> この沈潜する態度は思考活動そのものを流れている力によって生じる。それは精神（霊）化された愛の力である。誰かが活動する思考のなかに愛を見いだすとき、それは愛という感情を思考に転化しているのだ、と非難する人がいるかもしれない。だが、その非難は当たっていない。（中略）本質に即した思考に向かう人は、思考そのもののなかに感情と意志とを共に見いだす。しかもこの両者を、その深い実相において見いだすのだ。
>
> ——『自由』S.120、一六四頁、一五〇頁

思考が感情や意志とはちがって、冷たいものだという批判に対して、シュタイナーは、このように答えている。思考の場というのは、シュタイナーにとって、われわれが生きている最も深く広大な世界であった。したがって、当然のことながら、思考の世界は、すべてのものを包みこんでいなければならない。ある意味で、この現実界を覆っている、プラトンのイデア界のようなもの

なのだ。

思考は冷たく乾いているといった誤解に対して、シュタイナーは、本当の思考の性質は、そのようなものではなく、「精神（霊）化された愛の力」によるものだという。これは、どういうことだろうか。シュタイナーによれば、愛とは、われわれの内側からあふれてくる道徳的な感情（あるいは力）であり、他者に対する畏敬の念や利他的行為を支える源だ。この源は、冷たく乾いたものの対極なのだ。だから、思考の基底に「精神（霊）化された愛の力」があるのだとすれば、やはり思考は、われわれ人間のあらゆる感情や感覚、認識や行為を含みもつ深く豊饒な場だといえるだろう。

それでは、このような「思考」と密接にかかわっている「自由」とは、どのようなものなのだろうか。「自由」という概念について考えてみよう。

第九章の「自由の理念」においては、カントの道徳律との対比で、シュタイナーみずからの道徳、自由について語っている。カントの道徳は、しばしば「汝の意志の格率が常に同時に普遍的立法の原理として妥当しうるように行為せよ」（『実践理性批判』）という言葉で語られる。これは、定言命法といわれるもので、道徳の根拠地である物自体界からの命令というかたちで、現象界にいるわれわれに下されるものだ。そして、それは、つねにわれわれ自身の「意志の格率」と一致しなければならない、不思議なことに。

しかし、このようなカントの「定言命法」を、シュタイナーは徹底して批判する。

この倫理的原則の正反対が、カントのつぎの原則である。「おまえの行動の原則がすべての人間にも当てはまるように行動せよ」。この命題は、すべての個人的行為を推進する力の死を意味する。すべての人が行動するような仕方ではなく、私がそのつど何をしたらいいのかが、私にとって基準となりうるのだ。

——『自由』S.132、一七八頁、一六三—一六四頁

カントのいう「定言命法」のように、いわば「上から」命令されると、シュタイナーによれば、「すべての個人的行為を推進する力の死を意味する」のだという。ひじょうに過激な言葉で、カントに反発しているのがわかるだろう。シュタイナーは、われわれを頭ごなしに命令したり、自由を奪ったりするこうした態度や考えに徹底的に反対する。

しかも、このように「上から」命令されたとしても、われわれ個々人が具体的な場面で、どのように行為すればいいかはわからない。結局、そのつど、われわれが判断しなければならないだろう。「汝殺すなかれ」という命令が物自体界から下りてくるとしよう。たしかに日常何でもない生活をしているぶんには、この命令は自分の行為にも充分当てはまるだろう。無理にしたがおうとしなくても、誰も他人を殺そうとは思わないからだ。

しかし、もし自分が道を歩いていて通り魔に襲われ、その相手を殺さなければ、みずからの命が危険だというとき、この命令にしたがうことができるだろうか。あるいは、自分の家族が、攻撃を受けたとき、家族の命を守るために否応なく殺戮の道具を使うことはないだろうか。

カントのいうような「上からの」定言命法だけでは、これら個別のケースでどうすればいいかは皆目わからない。あまりにも、抽象的で大雑把すぎるのだ。

だからこそ、シュタイナーは、つぎのようにいう。

人間の直観能力はさまざまである。ある人は溢れるばかりの理念をもち、他の人は苦労し

てその一つひとつを手に入れる。人間が生きる状況や、行動の舞台を提供する状況もまたさまざまだ。したがって、人間がどの行動をとるかは、その人の直観能力が特定の状況でどう働くかにかかっている。たとえ理念界がどれほど普遍的であろうとも、つねに一人ひとりのなかで個別の性質を帯びているものこそが、われわれの内部で働く理念の総計や直観の実際の内容を形成するのだ。（中略）このような立場を倫理的個人主義と呼ぶことができる。

――『自由』S.133-134、一七九頁、一六五頁

このような姿勢が、「倫理的個人主義」なのだ。個々人のそのつどの倫理的な行為こそが大切なのであって、命令などでは何も解決しない。しかし、そのような個別の行為をするとき、それが道徳的かどうかを、どのようにして決めるのだろうか。シュタイナーは、ここでも自然科学的態度を崩さない。つぎのようなことをいう。

われわれが合法則的なもの（個人、民族および時代の行動の概念内容）を探し求めるとき、一つの倫理を見いだす。しかしそれは、倫理的規範学としてではなく、倫理の博物誌としてである。ここで獲得される諸法則は、人間の行為に対して、ちょうど自然法則が個々の自然現象に対するような関係をもっている。（中略）私や他の誰かが、そのような行為を後から反省するとき、どんな倫理的格率がそこで考慮されていたかがわかる。

――『自由』S.134、一八〇頁、一六六頁

われわれは、自然の現象を観察して、その法則を発見していく。それと同じように、われわれの

行為を観察し、そこに道徳的な行為を見いだしていく。それは、規範的な法則というよりは、そのつどのルールのようなものと考えればいいだろう。道徳法則は、われわれの行為を規制しているわけではなく、事後的に、行為そのもののなかに流れているのがわかるのだ。

シュタイナーがいっているのは、われわれのさまざまな行為を観察し収集し、どのような「道徳法則」が働いているかを発見するということである。しかし、すでに述べたように、たんなる帰納的な操作だけでは、法則を導きだすのは難しい。事例を集めるだけでは、それだけで自然に法則が現れるわけではない。最初に、事例を貫く法則を思い浮かべなければならない。アブダクション（仮説形成）が必要なのだ。

シュタイナーは、道徳法則の規準を「対象への愛」だという。

私が行為している間、私を動かしているのは、直観的に私のなかで生きいきと働いている倫理的格率だ。この格率は、私が行為を通して実現しようとする対象への愛と結びついている。

——『自由』S.134、一八〇頁、一六六頁

ここでもまた、「愛」がでてきた。シュタイナーの「倫理的個人主義」は、この「愛」という概念を根柢にもっている。そして、この「愛」は「自由」とも深く結びつく。シュタイナーのなかでは、「倫理」「個人」「愛」「自由」というのは、同じ意味の領域に存在している言葉だといえるだろう。

つぎのようにシュタイナーはいう。

対象への愛にしたがうときにのみ、私は行為する自分自身になることができる。（中略）私は自分の行動の外的原則を認めない。なぜなら私自身のなかに行動の根拠を、行為への愛を見いだしているのだから。私の行為が良いか悪いかを知性によっては調べない。私が行動するのは、それを愛しているからだ。愛に浸った私の直観が、正しいあり方で、直観的に体験される世界の関連のなかに存在しているとき、その行為は「善」になり、そうでない場合は「悪」になる。

――『自由』S.135、一八一頁、一六七頁

対象を愛していれば、その行為は「善」になるというのだ。誰かに、あるいは何かに命令されるのではなく、自分自身の内側からの愛にしたがう行為であれば、その行為は、道徳的なものであり「善」だという。シュタイナーが忌み嫌った外側からの命令や拘束とは、正反対の道徳観である。あくまでも自分自身の内部から対象への愛が溢れるとき、われわれは道徳的行為をおこなうというわけだ。

シュタイナーは、つぎのようないい方もしている。

私を直接導いているのは、一般的な慣習や普遍道徳や一般人間的な格率や倫理規範などではなく、行為に対する私の愛である。私は、どんな強制も感じない。衝動で私を導く自然の強制も倫理的な至上命令の強制も感じない。私はもっぱら私自身のなかにあるものを実現しようとする。

――『自由』S.135、一八一頁、一六七頁

カント的な道徳の方向と逆であることがわかるだろう。カントは、あくまでも外側から、あるい

は「上から」（もちろんそれが内なる格率と一致するのだけれども）倫理・道徳がやってくるのに対し、シュタイナーは、自分自身の内側の世界から倫理・道徳がやってくる。そして、それは「愛」という力をともなう。

たしかにこれは、とても耳触りのいい思想であるが、しかし、さすがにこれで納得する人は少ないだろう。むろんシュタイナーも、それは百も承知だ。つぎのように、普遍的な道徳規範の擁護者からの反論をみずから提示している。

すべての人が、自分のしたいように生き、好きなことだけをしようとするならば、善い行為と犯罪との区別がつかなくなってしまう。私のなかに潜むどんな悪事への傾向も、普遍的な善に仕えようとする意図も要求としては変わらないことになる。私がある行為を理念にしたがって企てたという事実ではなく、その行為が善であるか悪であるかを吟味することこそが、道徳的人間である私の基準になりうる。それが善である場合にのみ、私はその行為をおこなうだろう。

——『自由』S.135-136、一八一－一八二頁、一六七－一六八頁

至極まっとうな反論だ。愛のある行為だといって好きなことをされたのでは、たまったものではない。シュタイナーは、この（みずから提示した）非難をとても明瞭だという。つまり、シュタイナー自身も、自分の説明だけでは、この反論を退けるのは難しいと思ったのだろう。それでは、どのようにシュタイナーは、この考えに反論するのだろうか。

シュタイナーがこの反論に対して答として差しだすのは、人間の進化である。人間は、動物に近い状態から、つねに進化していく。恒常的に自分を高めている。衝動や本能や情熱に支配され

た状態から、思考に支配された理念界へと自分を進歩させていく。したがって、みずからの行為を愛することができ、純粋思考の世界にもとづき、自分の内側から自由に行為できるのは、ある程度の進化を終えた人たちだといえるだろう。しかし、もちろん、その可能性は、すべての人類がもっている。したがって、われわれは、本来は、いつでも愛をもって行為することができるはずなのだ、というのがシュタイナーの答である。

シュタイナーは、つぎのようにいう。

私は思考を通して、いいかえれば私の生体のなかで働く理念的なものを積極的に把握することによって、私自身を他の人から区別する。それゆえ、ある犯罪者の行為がその人の理念から生じるということはできない。人間の非理念的な要素から導かれるということこそ犯罪行為の特徴なのである。

——『自由』S.137、一八三頁、一六九頁

私たちは、本来同じ理念界（思考の世界）を共有している。しかし、多くの人たちは、動物的本性（衝動、本能、情熱）によって、その理念界は曇らされている。直観的に純粋思考の世界を把捉しているにもかかわらず、自己を高める努力をしなければ、理念界の住人になることは難しいというわけだ。そして、この理念界に根拠をおく行為こそ、「自由な行為」といわれるものである。

ある行為が自由な行為と感じられるのは、その根拠が私の個人的存在の理念的部分に見いだせるときだ。そうでない行為は、それが自然の強制によるものであろうと、道徳的規範が要求するものであろうと、いずれも自由ではないと感じられる。

——『自由』S.137、一八三頁、一六九頁

個々人が自由で、純粋に自分だけに依拠した行為をする。そして、その行為が、純粋思考の世界（理念界）にもとづいてなされたものであれば、その個人の自由な行為は、かならず道徳的なものとなる、というのだ。たしかにその通りかもしれない。しかし、かなり理想主義的だといわざるをえないだろう。

ただ、シュタイナーが、そのような理想の世界をみずから体験し、実際に「見ていた」のだとすれば、このようないい方にならざるをえなかったのかもしれない。『自由の哲学』を刊行した当時は、もちろんそのような体験には一切触れられてはいない。しかし、シュタイナーが、「思考」「自由」といった概念について語るときには、みずからの経験にもとづいて、どうしても「本当のこと」を語ってしまったと思わざるをえない。つい口が滑ったというわけだ。

私のなかに働く理念界も、他人のなかに働く理念界も同じものであり、そこから個人個人の倫理的行為がなされる。だからこそ結果的には、倫理という領域が成立している。事後構成的に「倫理・道徳」の存在が確かめられるというわけだ。

この事情を、シュタイナーは、つぎのように説明している。

個人が、それぞれそのつどの観察を通して他の存在を知るときにのみ、個性がでてくる。私と私の隣人とのちがいは、まったく異なる精神（霊）界で生きていることにあるのではなく、私の隣人が、共通の理念界から、私とはべつの直観を受けとる、という点にある。私の隣人はその人自身の直観を生かそうとし、私は私自身のそれを生かそうとする。二人とも理念か

ら実際に糧を得て（物質的にせよ、精神的にせよ）、外的な衝動にはしたがわないならば、私たち二人は同じ努力、同じ意図のなかでしか互いにであうことはできない。

――『自由』S.138、一八五頁、一七一頁

個人個人は、もちろん異なるものであり、それぞれがおのれの直観にしたがって、倫理的行為をする。しかし、それぞれが同じ理念界の住民であるがゆえに、異なった観点にたっているとはいえ、同じ理念や思考を共有している。したがって、道徳的な誤解や争いはおこらないとシュタイナーはいう。水源が同じだとすれば、川下の異なる場所で、それぞれが水を飲んだとしても、その味は同じなのだ。ただ、あくまでもそれぞれの人間は、みずからの意志で行為をおこなう。誰にも、どんな規範にも、したがっているわけではない。だが結果として、同じような行為になっているということである。

そして、このように自分自身の直観にしたがい、理念界という同じ境域で育っている者たちが、本当に自由な人間であるとシュタイナーはいう。自分自身で自分がおこなうべきことを選択し、それがおのずと道徳的行為になっているからだ。

人間は自分だけにしたがうかぎり自由なのであり、みずから屈服するかぎり不自由なのである。われわれのなかの誰が、自分のあらゆる行為は本当に自由だ、などといえるだろうか。けれどもわれわれ一人ひとりのなかには、より深い本質が宿っており、そのなかで自由な人間が現れる。

われわれの生活は自由な行動と不自由な行動から成りたっている。しかしわれわれは、人

間本性の最も純粋な現れである自由な精神にいたることなしには、「人間」という概念を究極まで考え抜いたことにはならない。自由であるかぎりにおいてのみ、われわれは真に人間でありうるのだから。

——『自由』S.139-140、一八六―一八七頁、一七三頁

やはりここでもシュタイナーは、われわれが真に自由な人間になるためには、自由な精神にいたらなければならないという。自由な状態にいたらなければ、われわれは、真に人間でありえないとまでいっている。厳しい言葉だ。人間は、自由な精神にいたり、真の人間にならなければならない。自由になるためには、より高き状態へとたどり着かなければならない。そして、それが可能なのは、われわれすべてに「自由」という深い本性が宿っているからだということになるだろう。

しかし、このようなシュタイナーの「自由」についての考えは、結果的に、カントの定言命法と同じ構図なのではないか。普遍的立法の原理に個々人の意志が妥当することこそ、カントの「自由」なのだから。どれほどシュタイナーが個人の自由を強調したところで、それが理念界(思考の世界)に基礎をおくのであれば、結果は同じなのではないか。

だがシュタイナーは、はっきりちがうと断言する。カントの「義務」と、みずからの「自由」を、つぎのように比較するのだ。

カントは義務について次のようにいう。「義務よ、おまえは崇高で偉大な名前だ。おまえは自分のなかに媚びへつらい気に入られるようなものは何一つ許容せず、ひたすら服従を求める」。おまえはまた、「すべての選り好みが沈黙せざるをえないような……一つの法則を課

す。たとえその選り好みがどれほど密かに抵抗していてもだ」。これに対して、自由な精神の意識をもつ者はつぎのように答える。「自由よ、おまえは親しみやすく人間的な名前だ。おまえは私の人間性に最も値する道徳的に気に入られるすべてのものを含み、私をけっして何人の従者にもしない。おまえは一つの法則をうちたてるばかりでなく、私の道徳的な愛そのものが法則だと認められることを願う。なぜならこの愛は、強制的なだけの法則の支配を、ことごとく不自由だと感じるからだ」。

これは、たんに法則にしたがうだけの道徳と自由な道徳との対比を示している。

——『自由』S.142、一九〇頁、一七六頁

カントとシュタイナーとのちがいが、明瞭にわかる文章だといえる。ようするに、シュタイナーの自由は、命令という要素をまったく含まない。あくまでも個々人みずからを出発点としているのだ。カントとシュタイナーとでは、個人と原理との関係において、その方向が逆だということになるだろう。カントの自由は、命令から始まり、シュタイナーのそれは、あくまでも個人から出発する。

9　道徳的想像力

さて、つぎに第一二章の「道徳的想像力——ダーウィン主義と道徳」を検討してみたい。この章でシュタイナーの「自由」という概念と「道徳」という概念が、ひじょうに密接にかかわっていることが解明される。そして、「道徳的想像力」という、とても興味深い「能力」が提唱され

る。ある意味で、『自由の哲学』の白眉の章だともいえるかもしれない。

ここでシュタイナーは、前の章でもいっていたことをべつの角度から説明していく。時間的な視点を加味していくのである。過去に成立した規範や規則によって命令を下すような道徳や倫理は、真に自由な人間にとっては、害にしかならないという。道徳を理念的世界の直観において捉える人間は、過去に目を向けるのではなく、未来へと目を向けている。つまり、つぎの瞬間に、どのような道徳行為を具体的にするのかということに着目しているというわけだ。道徳行為は自由に創造されなければならない。「創造行為としての道徳」が、この章では提示される。そして、これこそシュタイナーの考えている「道徳」であり「自由」の本質なのである。

シュタイナーは、この章のはじめにつぎのようにいう。

> 自由な精神は自分の衝動にしたがって行動する。いいかえれば、自分の理念界の全体のなかから思考によって直観内容をとりだしてくる。不自由な精神は、理念界から特定の直観を選り分け、それを行動の基礎に置くことの理由を、自分に与えられた知覚世界のなかに、つまりこれまでの諸体験のなかに求めつづける。
>
> ――『自由』S.160、二一三頁、一九八頁

自由な精神は、つぎの行為を創造し、不自由な精神は、行動をこれまでの諸体験のなかに求める。自由な精神は未来を創造し、不自由な精神は過去にこだわる。前者は、新しい行為をみずから創りだし、後者は、過去の規則や規範にとらわれてしまう。シュタイナーのなかで、道徳行為はつねに未来へ向かう自由な行為なのであり、しかもそれは、誰も経験したことのない行為の創造なのである。

シュタイナーの考える道徳においては、いままで誰もが守ってきた行動規範を、道徳律だからというただそれだけの理由で守るなどということはありえない。外側から命令され、盲目的に行動するなどということは、けっして道徳ではない。そのような不自由な行動は、シュタイナーによれば、道徳的な行為とは無縁のものだ。

シュタイナーは、つぎのようにいう。

自由な精神にとって、先例だけが行動の決め手ではない。自由な精神は誰もやったことのないような決断を下す。ほかの人ならどうしただろうとか、どんな命令を下しただろうとかということを、彼は気にかけない。

——『自由』S.160、二一三頁、一九八頁

シュタイナーにとって、道徳行為とは、そのつどの創造行為なのだ。このことによって、いままで道徳や倫理だと考えられていたものが、全面的に否定されることになるだろう。道徳や倫理について、さまざまな考えはあるだろうが、基本的には、道徳・倫理は、何といっても規範的なものだからだ。キリスト教も、その例に漏れない。つぎのように批判される。

それゆえ権威は、先例を通して、つまり個々の具体的な行為を、自由のない精神の意識に伝達することによって最も有効に働く。キリスト教徒は、救い主の教えよりも、その範例にしたがって行動する。規則は、進んで行動するときよりも、行動をやめさせるときの方がより有効に働く。律法は行動を禁止するときにのみ、一般的な概念形式で現れる。しかし行動を命じるときにはそのような形式をとっては現れない。

——『自由』S.160-161、二一四頁、一九九頁

われわれがつぎの瞬間にある行為をしなければならない。しかも、それは、道徳的な選択をしなければならない局面だ。いくらでもそのような瞬間を考えることはできるだろう。そのようなときに、過去の事例に依拠して、適切な行為をとることはできない。個々の行為は、無限にあるのだから、いまなす行為の前例があることは、非常に稀だろう。人間の行為は、唯一無二なのであり、行為の種類や数は、とてつもなく多様だからだ。

律法が禁止することを、命じられる通りにしないのは簡単だ。しかし、ある行為を選択しなければならないとき、つまり、無数の選択肢のなかから、ただ一つの選択肢を否応なく選ばなければならないとき、過去の事例や律法は無力だというわけだ。シュタイナーは、つぎのようにいう。

> ある行動への原動力が、一般的な概念形式をとって現れるや否や（たとえば「隣人に善をなせ」とか「最も幸福な生き方をせよ」のように）、個々の場合の行動の具体的な表象（つまり概念と知覚内容との関係）をまず見いださなければならない。
>
> ――『自由』S.161、二一五頁、二〇〇頁

当たり前だけれども、われわれは、そのつど自分で選択して生きていく。その選択の際に、「隣人に善をなせ」「最も幸福な生き方をせよ」といった指針があったとしても、具体的な場面で、どの行為がこの指針に合致しているのか、それを決める指針はどこにもない。指針の指針が必要になるだろう。「隣人に善をなせ」「最も幸福な生き方をせよ」というとても大雑把な指針に、具体的な場面で、どうしたがうのか、そのしたがい方を決めてくれる指針が必要になってくるはずだ。

ウィトゲンシュタンの「規則にしたがう」の問題が、でてくるというわけだ。どうやってわれわれは、規則にしたがっているのか。目をつむってジャンプする（行為する）しかないのである。どこまでいっても、結局最後は、われわれが行為をする現場にたどりつく。だから、そこでは、われわれは自分自身で「自由に行為する」しかない。

こう考えるとき、行為の最終場面では、自分自身で道徳的な行為を創造するしかない。こうして自分自身で道徳的な行為を創造する、この能力を、シュタイナーは、「道徳的想像力」と呼ぶ。非常に興味深い能力である。つぎのようにシュタイナーはいう。

> 人間が、その理念の総体から具体的な表象をうみだすのは、まず想像力（Phantasie）によってである。だから自由な精神にとって、自分の理念を具体化し、目的をやりとげるためには、道徳的想像力が必要なのだ。道徳的想像力こそ、自由な精神にふさわしい行動の源泉である。したがって道徳的想像力をもった人だけが、真の意味で道徳的に生産的なのだ。道徳を説教するだけの人、道徳の規則をくどくどと述べるばかりで、それを具体的な表象内容にまで濃縮できない人は、道徳的に非生産的である。そのような人は、芸術作品がどのように作られるべきかは巧みに説明できても、自分では何も生みだせない批評家に似ている。
>
> ――『自由』S.161、二一五頁、二〇〇頁

道徳的な規範を押しつけるのではなく、現実の行為をする際に、道徳的想像力を使って、そのつどの行為を「創造」していく。行為する個人のありかたを尊重して（「倫理的個人主義」）、道徳的に正しい（ただし、そのつど新しい正しさ）行為を創りだす。これが、「道徳的想像力」である。こ

の概念の深みを、私が正確に理解しているかどうか覚束ないのだが、いくつかの角度から考えてみよう。

まず、このような「道徳的想像力」のあり方は、創造的時間の流れを前提しているように思われる。われわれの時間の流れは、過去の蓄積を繰りかえすだけではない。そのつど、新しい瞬間が生成されていく。だからこそ、未来の道徳を創りだす「道徳的想像力」をシュタイナーは重視しているといえるだろう。この「想像力」の原語は、Phantasie である。通常の想像力(Imagination, Einbildungskraft)よりも、より空想や幻に近いのではないか。つまり、「創造」の含意もあるのではないだろうか。

このように考えると、同時代人であるベルクソンの「純粋持続」を思いだしてしまう。『意識に直接与えられたものについての試論』(＝『時間と自由』)のなかで「自由」を論じる際に、時間の流れが持続であるがゆえに、われわれは「自由」だという結論をベルクソンはだす。われわれは、有機的な時間の流れのなかで、そのつど、創造的に持続していく。それが、われわれの本質的なあり方なのだ。しかも、のちの『創造的進化』では、そのような持続の相の下で、生物進化を検討した。しかも「創造」という概念で進化を説明したのだ。これは、「創造」や「進化」という概念が、「自由」に密接に結びつくシュタイナーの哲学と、ベルクソン哲学とのひじょうに興味深いシンクロニシティだと思う。

そして、この章のタイトルにもなっている「ダーウィン主義」との関係だ。シュタイナーは、進化論をつぎのようにまとめている。

進化とは自然法則にしたがって、後のものが前のものから現実に生じてくることを意味する。

有機的世界における進化とは、後の（より完全な）有機形態が以前の（より不完全な）形態の現実上の子孫であり、自然法則的な仕方で、より以前のものから生じてきたことを意味する。

――『自由』S.164、二一八 - 二一九頁、二〇三頁

シュタイナーは、われわれの道徳が、進化の最終段階で、登場したことを強調する。ヘッケルの名前をだして、つぎのように説明している。

原始動物から生物としての人間存在にいたるまでのヘッケルの系統図は、自然法則を否定することも統一的な進化の断絶もなしに、はっきりと道徳的本質をもった個人にまでいたるにちがいない。

――『自由』S.166、二二一頁、二〇五頁

道徳の誕生は、進化と同じプロセスをたどっているという。進化とは、「より不完全なもの」から「より完全なもの」へと変化していくことだ。シュタイナーによれば、「進化」とは、より完全なものへとレベルを上げていくことを意味するのだ。そのように考えれば、その進化の最終段階でできた道徳のあり方も、同じでなければならないだろう。つまり、道徳もまた、より完全なものへとみずからを高めていかなければならない。

このように考えれば、具体的な道徳行為の現場で、過去の事例によってできあがっている規範や道徳律にしたがうなどというのは、道徳そして進化の本質的なあり方と齟齬をきたすことになるだろう。つねに新しくより高いレベルのものが現れてくるのだから、過去の規範は、たちどころに古いものになってしまう。だから、われわれには、「道徳的想像力」が、どうしても必須な

のである。もし、われわれに「道徳的想像力」がなければ、人は、道徳そのものの本質からそれることになる。だから、「道徳的想像力」をもたないわれわれの行為は、すべて、もはや道徳的ではない。シュタイナーは、「規範の学としての倫理学は存在しえない」（『自由』S.163、二一七頁、二〇二頁）とまでいうのである。「倫理」や「道徳」が「規範の学」になってしまったら、それは、もはや「倫理・道徳」ではない。つねに新たな行為を創造していかなければならないのに、「規範」になってしまったら、その創造行為を破壊してしまう。現実の恒常的創造と、まったく合わない行為だからだ。このシュタイナーの考えは、ひじょうにラディカルで、しかしとても論理的な「倫理・道徳」観であるといえるだろう。

そして、さらにもう一点確認しておこう。このシュタイナーの道徳観には、「事後構成性」が深く関係している。こういうことだ。まず、「規範」は存在していない。倫理学は規範の学ではない。そうすると、われわれは、道徳をつねに新しく創りだしていかなくてはいけない。新たな道徳規範が、つぎつぎと生成されていくことになる。

シュタイナーは、このあたりのことをつぎのようにいう。

けれども以前のものから得た概念のなかから後のものの内容をも引きだせるとは、けっして主張できない。このことから倫理学者は、後の道徳概念と以前の道徳概念との関連を洞察することはできるが、しかしどんな新しい道徳理念も以前の道徳理念からは引きだせない、ということになる。道徳存在としての個体が、その内容を作りだすのである。

――『自由』S.165、二二〇頁、二〇四頁

道徳存在としての個体（われわれ）が、新しい道徳概念をつぎつぎと創りだす。日常的な持続の流れのなかで、われわれは、創造的に行為していく。そのことによって、初めて新しい「道徳」が登場するのである。これは創造なのだから、予想することはできない。その道徳行為がなされた後から、それを確認することしかできない。だからこそ、「道徳的想像力」が必須なのである。「道徳的想像力」（ある意味で「創造力」）がなければ、われわれは、道徳に未来永劫であうことができなくなる。具体的場面に適用する道徳を想像することによって、新たに道徳を創造しつづけなければならないのだから。

シュタイナーは、つぎのようにいう。

このように倫理的な規範は、自然法則のようにまず認識されるのではなく、創造されなければならない。それは存在したとき、初めて、認識の対象になりうるのだ。

——『自由』SS.165-166、二二〇頁、二〇五頁

これは、道徳概念の「事後構成性」とでもいえる事態だろう。存在して初めて認識されるのだから。われわれが創造しないかぎり、道徳は現れてはこない。シュタイナーは、「道徳的想像力」の必然性を、進化論と関係させて、つぎのように述べる。

まったく新しい道徳理念が道徳的想像力によって生みだされるというのは、進化論からいえば、新しい動物の種がほかの種から生じることと同様、何ら不思議なことではない。

——『自由』S.166、二二一頁、二〇六頁

こうして、われわれの道徳の起源や、道徳の時間的なあり方が明らかになった。たしかに、進化の最終段階として道徳は登場したのだが、しかし、やはり道徳の現場は、われわれ個人の領域だ。われわれが自由であり、「道徳的想像力」をもっているからこそ、「道徳・倫理」も進化していくのである。

シュタイナーもつぎのようにいう。

> 一元論にとって、道徳の過程は、ほかの諸事物と同様、世界の産物である。そしてそれらすべての原因も世界のなかに、とはいえ人間こそが道徳の担い手なのだから、つまりは、人間のなかに求められなければならない。
>
> ——『自由』S.167、二二二頁、二〇六‐二〇七頁

やはり、シュタイナーにとって、世界の中心は人間なのだ。思考の世界に存在している〈私〉が、そのつど、自由に道徳的行為をする。そのことによって、われわれの世界に新たな道徳が生成されていく。つねに、われわれは創造行為をし道徳を創りだしていく。こうしたとてつもない道徳観を、シュタイナーはもっていた。最後にシュタイナーによる「自由」と「倫理的個人主義」についての結論のようなものを見てみよう。

> 倫理的個人主義は、どんなに自然科学の主張が自明のように思えても、それを恐れる必要はない。人間行為の完全な形式の特徴は自由だ、と観察が教えているからである。人間意志が純粋に理念的な直観を実現しているかぎり、この自由は、人間の意志に与えられていなけ

ればならない。なぜなら、この直観は、外からそれに働きかけてくる必然性の結果ではなく、それ自身に基づくものだからである。

――『自由』S.168、二二四頁、二〇八頁

10 一元論

『自由の哲学』の最後の章「一元論の帰結」（この章は、この本の掉尾を飾る第三部の唯一つの章である）を見て、『自由の哲学』全体をふりかえってみたい。まずシュタイナーは冒頭で、本書で主張した一元論をつぎのようにまとめている。

世界の統一的な解釈、つまり本書で扱われている一元論は、世界解釈に要する諸原理を人間の経験のなかからとりだす。同様にまた行動の源泉を観察世界の内部に求める。つまり、われわれの自己認識によって捉えられる人間本性のなかに、すなわち道徳的想像力のなかに求める。一元論は、知覚と思考の前に横たわる世界の究極の根拠を、抽象的な推論によって世界の外に見いだそうとすることを拒否する。

――『自由』S.207、二七一頁、二五三頁

とてもはっきりした主張だ。「原理」は経験からとりだされる。われわれの経験以外のところに、抽象的な「原理」があるわけではない。経験のなかにないものは、けっして提示しないのである。ただ、この経験は、いろいろなものを含む。知覚、そして思考だ。シュタイナーのなかでは、知覚と思考は、ある意味で、いつも合致している。事実の両面だといっていい。つまり、われわれは自分自身の知覚内容を思考によって統一するからである。こうして経験が成立するのだ。べつ

のいい方をすれば、思考世界のなかで、われわれは、かならず知覚し経験を重ねるということになるだろう。そのとき、「道徳的想像力」がとても重要な働きをするとシュタイナーはいう。これは、どういうことだろうか。

「道徳的想像力」は、この世界の時間の流れと密接にかかわりをもっている。私たちは、そのつど、つぎになすべきことを選択して、特定の具体的な行為をする。このような有機的な持続のなかで、過去に依拠することなく、われわれは行為していく。そして、その行為が道徳的であるかどうかを、あとからたしかめるというわけだ。この行為は、過去の行為をもとにおこなうものではなく、つぎの瞬間を創造する行為である。

しかし、このような行為が、本当に道徳的なものであるためには、われわれが、理念的世界の住人でなければ難しいだろう。この「道徳的想像力」が正しく使われるためには、われわれ人類のさらなる進化が必要なのではないのか。道徳がわれわれの血肉となっている必要があるからだ。

シュタイナーは、さらに個人と宇宙との不可分離の関係を強調する。われわれは、つねに宇宙全体とのかかわりをもっているというのだ。そして、その際、最も必要なのは、思考の働きである。つぎのようにいう。

> 本書が述べる一元論では、個体の独立性は知覚内容が思考によって概念世界の網の目に組みこまれていないかぎりで存在する、と教える。こうした知覚内容と概念との結びつきが生じるとき、孤立した存在は知覚上のたんなる仮象にすぎないことが明らかになる。人間は、自分が宇宙における完結した全体存在であるということを、直観的思考体験によらなければ見つけだすことができない。思考は知覚上の仮象を打ち破って、われわれの個別の存在を宇宙

生命のなかに組みこむ。

——『自由』S.207-208、二七二頁、二五四頁

われわれの知覚内容と概念とが結びつくと、われわれ人間は、全宇宙のなかに入り、個別の存在ではなくなる。ただし、それがわかるのは、直観的思考体験によるのだ。直観とは、「純粋に精神的な内容を純粋に精神的な仕方で意識的に体験すること」(『自由』S.122、一六六-一六七頁、一五二-一五三頁) である。だから「直観」を通してのみ「思考の本質」を、われわれは把握することができる。ようするに「直観」とは、思考の世界のなかで純粋に体験していることを示すことになるだろう。

しかし、このような宇宙と個との一体化の様相は、ある意味で、「思考的神秘主義」とでもいえるようなものではないか。シュタイナーは、「神人合一」を最終目標とするような「感情的神秘主義」を峻拒していた。だとすれば、この「思考的神秘主義」も問題ではないのか。たしかに、「感情的神秘主義」とちがって、このようなあり方は、意識的で明澄な思考によって世界をくまなく見通し、その真の姿を開示できるという考えである。だが、個別の存在が、宇宙の大海に「合一」するという意味では、「感情的神秘主義」と変わらないのではないか。「思考による合一」であれば、問題はないのだろうか。

しかし、これはやはり、われわれがさらに進化しなければ理解できない世界ではないのか。シュタイナーによれば、われわれの知覚内容が多様なのは、身体の拘束による仮象だという。つまり私たちは、身体によって、ある意味で「騙されている」というわけだ。われわれはどうしても身体組織に制約され、日々衝動や欲望に突き動かされて生きている。だが、基礎となる身体がなければ、われわれは人間として生きていけない。

このようなシュタイナーの理想主義的な思考世界についての叙述も、たしかに「思考」として理解できても、われわれが、心の底から納得するのは難しいだろう。このあたりのシュタイナーの記述は、みずからが経験して確固たる信念になっている世界像を詳細に説明しているように見える。少なくとも私にとっては、得心するのは難しい。

たとえばつぎのようないい方のうちには、シュタイナー独自の経験が背景にあると考えざるをえない。「完全な現実」という語は、明らかにシュタイナーが経験し、「見ていた」ものなのではないか。

形而上学は、われわれが規制された思考によって宇宙の関連を理解できる理由を、根源存在が論理法則にしたがって世界をつくりあげたことのなかに見た。また、われわれの行為の根拠を根源存在の意志のなかに見た。しかし、思考が主観的なものと客観的なものとを同時に包含していること、知覚と概念との結びつきのなかに、完全な現実が成立していることは認識しなかった。

——『自由』S.208、二七三頁、二五五頁

通常の形而上学は、「根源存在」(神)を前提し、そこに世界の論理法則や道徳的規範の根拠を見る。世界の論理構造や、われわれの行為を促す意志のなかに「根源存在」を前提しているのだ。それに対してシュタイナーは、彼自身が立っている思考の世界を対峙させる。その思考世界では、主観も客観も包含され、知覚内容と概念とが結びついている。そこには、真の「現実」がある。それをシュタイナーは、「知っている」のである。そして、この現実は、身体組織には依存していない。「思考世界」という純粋で自律的な世界の様相のことなのだ。こうして、従来の形而上

学とシュタイナーの立っている地点とのちがいが明白になる。

概念は、抽象的な枠組や記号ではない。それは、現実であり、思考世界を形成している生ききとした構成要素である。だから概念は、抽象的な概念だけで存在することなどありえない。シュタイナーはいう。

抽象的な概念は、知覚内容と同じように、それだけではけっして実在しない。知覚内容は客観的に与えられている現実世界の部分であり、概念は主観的に（直観によって）与えられている現実世界の部分である。

――『自由』S.209、二七三－二七四頁、二五五－二五六頁

知覚内容は、多くの錯綜した多様性としてこちらに入ってくる。それだけでは、われわれは何も認識することはできない。感覚与件の洪水が毎瞬こちらに押し寄せてくるからだ。その洪水状態を秩序だった内容に整理するのが概念だろう。概念によって世界は分節化され、われわれは世界を自分なりに把握し認識することが可能になる。

通常われわれは、この世界には多様で複雑な知覚内容があり（客観）、それに対してこちら側で概念的に整理し認識する（主観）と考える。しかし、シュタイナーは、そうは考えない。この両側面（主観－客観）が、つねに関係しあっているからこそ現実が成立していると考えるのだ。思考することによって、混沌とした知覚内容と概念とが結びつく。知覚と概念との関連を思考が包摂するのだ。このような両側面のかかわりあいこそが、第一義的な現実であり、そこですべてが出来《しゅったい》し、それ以外のどこにも存在はないとシュタイナーは考えるのである。

つぎのように説明する。

一元論の主張は、思考は主観的でも客観的でもなく、現実の両側面を包括する原理なのだ、ということである。(中略) 一元論は、たんなる抽象的概念から形而上学を案出するわけではない。なぜなら一元論は、概念そのものには現実世界の一側面しか認めないからである。この側面は知覚には隠されているが、しかし、知覚と関連することによって初めて意味をもつ。人間は現実世界のなかに生きている、だから、その現実世界以外のところに、体験できない高次の現実を求める必要はない、という確信を、一元論は、人間のなかにひきおこすのだ。

——『自由』S.209-210、二七四—二七五頁、二五六—二五七頁

一元論は、この現実だけですべてを解決しようとする。他の高次の現実も必要ないし、この世界を知覚内容と概念といったように二つに分裂させたりもしない。われわれ人間は、「現実」のなかに、しかも「現実」のなかだけに生きているのである。これが、シュタイナーのいう「経験」なのだ。そして、この「経験」は、「思考」というすべてを包みこむ豊饒な世界のなかで成立する。「思考」こそが、一元論を可能にするのである。

シュタイナーの言葉を聞いてみよう。

人間の精神は、われわれが生きている現実を実際に超えることはない。世界の解明に必要なものすべては、この世界のなかに存在している。だから、現実を超える必要はない。ところが哲学者たちは、経験から借りたうえで、仮説上の彼岸へと移し入れた原理から、世界を導きだし説明する。そして哲学者は、そのことで最終的に満足してしまう。だが、もしそう

であるならば、同じ内容が、此岸にあったとしても、同様の満足が得られたにちがいない。その此岸に同じ内容は属していて、そのことをわれわれは実際に思考できるのだから。

――『自由』S.212、二七七頁、二五九頁

ここで、シュタイナーは、「哲学者」の態度を非難している。彼等は、この現実の経験のなかから、さまざまな原理をとりだす。われわれは、この現実（此岸）にしか存在できないのだから、当然のことだ。そこから出発するしかないからだ。しかし、哲学者は、この現実からとりだしたさまざまな原理を、現実を超えて彼岸の世界に移してしまう。そして、今度は、彼岸からこちら側（此岸）を説明しようとする。これは、大きな誤りだとシュタイナーはいうのである。あくまでも、思考は、此岸（現実世界）でおこなわれなければならない。此岸だけで説明しなければならない。シュタイナーによれば、〈ここ〉ですべては解決するのである。

つづいて、つぎのようにいう。

この世を超えるということは、どんな場合でもすべて幻想にすぎない。この世から彼岸へ移し入れられた諸原理だからといって、それがこの世の諸原理よりもこの世をよりよく解明してくれるわけではない。自身を理解している思考は、このような超越をまったく必要としていない。というのは、思考内容はこの世界を離れず、この世界の内部においてのみ、知覚内容を求めざるをえないからであり、知覚内容と結びついたときにのみ、思考内容は現実的なものとなるからだ。

――『自由』S.212、二七七頁、二五九頁

たとえば「物自体」という概念を考えてみよう。「物自体」は、考えることはできるが知覚はできない。われわれの知覚可能な世界（現象界）の彼岸だ。この「物自体」を設定することによって、世界全体のあり方を説明する。そしてそれによって、この世界をきちんと解明できたかのように思う。この世界の成りたち（「触発」）、あるいは、倫理的なものの根拠などをその彼岸から説明し成功したかのように思いこむわけだ。

しかし、シュタイナーによれば、それはまやかしにすぎない。われわれの思考は、〈ここ〉から出発するべきだし、〈ここ〉にしか現実はない。彼岸に問題の解答を押しつけるのではなく（「物自体」の要請）、此岸（われわれの現象界）ですべて解決しなければならない。そして、それは可能だし、それがわれわれの思考の本来のあり方なのである。思考は、知覚内容と結合することによって初めて現実的なものとなる。知覚できない彼岸（「物自体界」）においては、そもそも思考が成立しない。思考は、知覚する対象が満ち溢れている〈ここ〉でしかできないものなのだ。

シュタイナーのこの説明において、とても面白いことが起きているといえるだろう。彼岸のことを最も知り尽くしているシュタイナーにとっては、彼岸は、此岸のなかにこそ存在しているのである。彼の眼前に〈彼岸〉はまざまざと見えるのであって、この世界を超越したところに、〈彼岸〉があるわけではない。それは、シュタイナー自身の小さい頃からの実際の経験なのだ。したがって、彼岸に、あたかも〈何か知りえないもの〉があり、その〈知りえないもの〉がわれわれの現実に影響を及ぼしているなどということは、そもそもありえないというのだ。シュタイナーは、このことをはっきりと「知っている」のだから。

以上のように見てくると、シュタイナーが、カントの二元論を厳しく批判し、一元論的世界観を正面から提唱していることがわかるだろう。たしかにシュタイナーのいう一元論を支える「純粋思考」の世界を前提するのであれば、この一元論は、筋が通っているといえる。あるいは、シュタイナー自身の経験をまるごと認めるならば、一元論こそ真の世界についての見方だともいえるだろう。

しかし、この「純粋思考」という概念、あるいは、「思考の世界」(一元論的領域)を認めることができなければ、この世界観を留保なしに支持するのは難しいと思う。後の「一九一八年の新版のための補遺」でシュタイナーは、「思考の外には現実と呼べるものは存在しない」(FS.216、二八二頁、二六三頁)とまでいっている。このシュタイナーの言葉を受け入れることができるのは、しかしながら、相当高いところにたどり着き、それを認識できる人(「思考の世界」で生きている人)だけではないだろうか。

さて、最後にその同じ補遺のなかで、シュタイナーが、「自由」という概念について語っているところを見てみたい。この補遺で、シュタイナーは、率直につぎのように告白している。

本書(『自由の哲学』―中村)の第二部においては、自由が人間の行動のなかに実際に見いだされることの理由を明らかにしようと試みた。そのために必要だったのは、とらわれずに自己を観察するときに、自由だと認められるような部分を人間の行動の全領域のなかからとりだすことだった。そしてそのような行動部分とは理念的な直観内容を現実のなかに移すような行動である。公正な眼で見れば、他のすべての行動は自由とはいえない。しかし公正な眼で自分を観察するとき、倫理的直観とその実現へ向けて努力する素質とが自分にもそなわっている、と誰でも思わざるをえない。

——『自由』S.214、二八〇頁、二六二頁

「公正な眼で見れば、他のすべての行動は自由とはいえない」とまでいっている。人が、いつでも自由だとは限らないと断言しているのだ。つまり、われわれが「理念的な直観内容を現実のなかに移すような行動」をできなければ、誰も自由ではないというのである。そしてこれは、純粋思考の世界に生きている者だけが可能なことなのである。

ただ同時に、「倫理的直観とその実現へ向けて努力する素質」といういい方もしている。やはり、われわれがシュタイナーのいう意味での「自由」を手にするのは容易ではない。最も広大で純粋な思考の世界で生きるのは、誰にもできることだとはいえないのかもしれない。だからこそ逆にいえば、シュタイナーの「自由」という概念は、とても貴いといえるだろう。なぜなら、われわれがそこに向かおうとすれば、いずれは獲得することができるものだからだ。向かう日々の努力が獲得を保証するのである。

シュタイナーはこういう。

> 思考のこの本性を体験的に理解することは、直観的思考の自由を認識することと同じである。そして思考が自由であることを知れば、自由な意志行為の範囲がどの程度のものかを理解するであろう。つまり直観的な思考体験に、内的経験に基礎を置く自律的な本性を帰すことができるかぎり、その人の行動は自由なのである。
>
> ——『自由』S.215、二八一頁、二六二頁

ここでシュタイナーは、はっきりと自由な行動をすることには条件があることを言明している。思考体験によって自律的な本性を手にすれば、自由な行為ができるのだ。直観的思考こそが、われわれに自由をもたらしてくれるのである。

最後に、この『自由の哲学』が後期の神秘学徒としてのシュタイナーにとっても、とても本質的な意味をもつ作品であることを語っている文章を引用して、この若きシュタイナーの著作についての章を終わりにしたい。これまでも、たびたび指摘してきたように、『自由の哲学』における「思考体験」は、のちの「霊的体験」のことなのだ。シュタイナーが知悉しているあの世界のことなのである。

> 『自由の哲学』は、そのような後期の著作のための哲学的な基礎づけである。なぜなら本書は正しく理解された思考＝体験がすでに霊（精神）性＝体験であることを示そうと試みているからである。それゆえ『自由の哲学』の観点を真剣に受け入れることのできる読者は、霊（精神）的な知覚世界に参入する以前のところに立ちどまったりはしないと思う。（中略）本書が述べている意味での直観的思考を生きいきと理解することができれば、おのずと霊（精神）的な知覚世界に生きいきと参入することができるようになるであろう。
>
> ――『自由』S.216-217、二八三頁、二六四－二六五頁

第5章

ニーチェとゲーテ

1　ニーチェの方法論

シュタイナーは、一八九四年、三三歳のときに『自由の哲学』を発表する。その翌年に、『ニーチェ　みずからの時代と闘う者』を刊行する。この本の「まえがき」のなかでシュタイナーは、初めてニーチェを読んだとき（一八八九年に『善悪の彼岸』を読む）、すでにニーチェと同じ思想が自分のなかに形成されていたという。

シュタイナーは、冒頭部分にこう書いている。

> 六年前、フリードリヒ・ニーチェの著作を初めて知ったのだが、そのときのわたしの心のなかには、彼と似た考えがすでに形成されていた。ニーチェとは無関係にべつの道で、私はニーチェの『ツァラトゥストラ』『善悪の彼岸』『道徳の系譜』そして『偶像の黄昏』の思想と一致する考え方に達していた。
>
> ——*Friedrich Nietzsche: ein Kämpfer gegen seine Zeit*, Rudolf Steiner Gesamtausgabe, 1963, S.9／『ニーチェ　みずからの時代と闘う者』高橋巖訳、岩波文庫、二〇一六年、一一頁／『ニーチェ　同時代への闘争者』西川隆範訳、アルテ、二〇〇八年、五頁

これは、ひじょうに面白い指摘だ。ニーチェの著作にであうまえに、すでにニーチェと同じ思想が、自分のなかで醸成されていたというのだから。晩年のシュタイナーは、いってみれば、ニーチェとは正反対の立場である。霊界について多くを語るシュタイナーと、超越的世界を徹底して

否定するニーチェとでは、まったく逆の思想だといえるだろう。ところが、この時期のシュタイナーは、この西洋形而上学の最大の破壊者ニーチェと思想が同じだったという。これは、いったいどういうことだろうか。

『自由の哲学』におけるシュタイナーがたどった道は、二元論的考えを批判して、一元論を提示するというやり方だった。この世界のなかには、思考も経験も知覚もすべて存在している。そのほかの世界を想定する必要などない。そして、この現実（知覚世界）こそが、思考世界でもある。つまり知覚できない世界（思考だけできる世界）が、どこかにあるわけではない。知覚世界は、そのまま思考世界なのだ。その際、わかりやすい標的となったのは、カントの二元論だった。シュタイナーには、「現象界」を超越した「物自体界」など必要なかったのである。

たしかに、この一元論を根柢に据える考えは、ニーチェと似ているといえるだろう。ニーチェも、プラトン以来の二元論（二世界説）を、徹底して批判したのだから。カントもまた、ニーチェの敵だった。プラトンやキリスト教が考える超越的世界（「イデア界」や「神の国」）を激烈に粉砕しようとしたのが、ニーチェだったからだ。「物自体界」も、ニーチェにとっては、当然のことながら余計な超越的世界なのだ。

さらに、シュタイナーが神秘学徒としての考えを表明した後の道程は、既成の二つの考えを批判しながら、みずからの世界を構築するものだった。つまり、両面作戦だった。その二つの世界とは、唯物論と神秘主義である。彼の方法論は、自然科学と同じものだ。事実を何度も確かめ、論理的に推論していく。しかしながら、その対象は、自然科学がけっしてあつかうことのない霊的世界である。つまり、唯物論的自然科学と、方法論は共有しているが、しかし、探究する対象は、まったく異なる。同時に、探究する対象が同じ神秘主義や心霊術とは、その方法論が天と地ほどにも異なる。シュタイナーの方法は、感情など一切さしはさまない論理や科学的方法だからだ。

唯物論的自然科学と神秘主義というまったく異なる二つの分野と、それぞれ一面では重なりつつ、しかし決定的なところでは異なっている。これら二つの研究領域と対峙しながらシュタイナーは、みずからの研究を進めていったといえるだろう。それでは、ニーチェはどうだろうか。当時、勃興していた自然科学が構築していこうとする乾いた世界観とは距離を置き、しかし、だからといって、神秘主義的な世界観に近づこうともしていない。唯一の「客観」や「真理」などは、そもそも信じていないけれども、だからといって、特別な価値的世界（「あの世的なもの」＝「超越的世界」）に依拠するわけでもない。何といっても、価値の転倒とニヒリズムこそ、ニーチェの真骨頂なのだから。

このように考えると、自然科学と神秘主義に対する態度が、シュタイナーとニーチェは、「位置的に」非常に似ているといえるかもしれない（その思想の「中身」は、もちろん、かなり径庭があるけれども）。二人とも、どちらにも与さない隘路を歩いていくからだ。そのような共通性を意識していたからなのか、シュタイナーは、「まえがき」のなかで、つぎのように断言する。

本書が示しているように、ニーチェの思念のなかには、神秘主義の痕跡などどこにも存在しない。

――『ニーチェ』S.10、一二頁、六頁）

こういうことで、シュタイナーは、ニーチェも自分と同じ隘路を歩いているのだと確かめていたのではないだろうか。どんな考えや主張にも頼ることなく、むろん時代に棹さすこともなく、おのれだけの孤独な道を進まざるをえない。このみずからの行程を、ニーチェに重ねているのではないだろうか。本書の副題である「みずからの時代と闘う者」というのは、シュタイナー自身のことも意識していたのかもしれない。

シュタイナーは、ニーチェの思想の本質は、後期の著作群で表明されているという。この思想家の歩みを、つぎのように手際よくまとめ称揚している。

ニーチェの初期の諸著作は、探究者としてのニーチェを示している。そこには、休むことなく登りつづけようとする者の姿が現れている。しかしニーチェの後期の諸著作には、天高く聳《そび》えたつ山頂に達した者の姿が表現されている。ニーチェの根源の精神にふさわしい、高みに達した者の姿がである。

——『ニーチェ』S.9、一一頁、五頁

何という言葉だろうか。「天高く聳えたつ山頂に達した者」というこの上ない賞賛をシュタイナーは、ニーチェに捧げている。そして、この高みに達したニーチェの姿を、この書で顕わにしようとするというわけだ。ニーチェが目指したもの、ニーチェが最終的に手にしようとしたものを描こうとしているといえるだろう。

シュタイナーは、つぎのようにいう。

ニーチェの仕事の最終目標は、「超人」という人間のタイプの記述であった。本書の主要課題の一つは、このタイプを性格づけることである。

——『ニーチェ』S.10、一二頁、六頁

シュタイナーは、『ニーチェ』という本の主要課題の一つを、「超人」だという。ニーチェのさまざまな概念群のなかから、迷わず「超人」を選びだす。この概念の性格を詳細に述べるのが、この本のテーマだともいう。しかも本書は、三章のみの構成であり、そのタイトルは、「性格」「超人」「ニーチェ思想の展開」となっている。ニーチェの他の概念には、ほとんど触れずに「超人」だけに的を絞っているかのようだ。シュタイナーのなかでは、ニーチェ思想の可能性の中心は、「超人」だったということになるだろう。

それでは、シュタイナーの語るニーチェを、見ていきたいと思う。まずは、第一章「性格」からである。ここでは、ニーチェ自身の性格、そして、それに由来する思想の性格が語られていく。まずは、前にも言及した、みずからとニーチェとの関係を、ニーチェとショーペンハウアーとの関係と重ねて書いている部分を引用してみよう。シュタイナーは、つぎのように書いている。

ニーチェが自分とショーペンハウアーとの関係について述べた言葉は、私とニーチェとの関係についても、そのまま使いたいくらいだ。こんなふうに。「私は、彼が書いた本の最初の頁を読んだだけで、すべての頁を読み通し、彼のどんな言葉にも耳を傾けるだろう、と確信するような、ニーチェの読者の一人なのだ。彼をすぐに信頼した。(中略)彼がまるで私のために書いてくれたかのように、私は彼を理解した」。

——『ニーチェ』S.15、一九―二〇頁、一四頁

だが、このように書いているからといって、シュタイナーは、ニーチェの思想に全面的に帰依するわけではない。そんなことは、当のニーチェ自身が許さないといっている。この引用の直後に、つぎのように語っているからだ。

そう語ったからといって、ニーチェの世界観の「信者」になろうとはまったく思っていない。ニーチェ自身も、読者をそういう「信者」にしようなどとはまったく思っていない。

――『ニーチェ』S.15、二〇頁、一四頁

ニーチェとのこのような関係、つまり、とても近いと感じながら、すべてを受容するわけではない、しかも、ニーチェはそのことを認めているはずだ、という関係。この不思議な関係を維持しながらシュタイナーは、この稀代の思想家について叙述していく。まずは、「知性と本能」という興味ぶかい対立について語る。本能と知性が齟齬をきたしている哲学者や思想家に対するニーチェの嫌悪についてつぎのように指摘している。

同時代人のどんな考え方にも反対したくなるような本能が、ニーチェの人格のなかに見いだせる。彼の育った環境のなかの人々が大切にしていた文化の理想に対しても、彼は本能的な反感をいだいて、そこから離れようとする。それは、ある主張のなかに論理的な矛盾を見つけて、その主張を否定するというのではない。

――『ニーチェ』S.16、二一頁、一五頁

シュタイナーによればニーチェは、論理的にまちがっているから、その主張を否定するわけではない。論理的整合性を知性によって判断しているわけではないのである。ニーチェの判断の基準は、本能だという。本能による嫌悪の情によって否定するのだ。これは、どういうことだろうか。シュタイナーは、つぎのようにいう。

負い目、良心の痛み、罪、彼岸の生活、理想、浄福感、祖国のような観念が頭をよぎるときに、人々が感じるもの、それがニーチェを不愉快にさせる。

——『ニーチェ』S.16、二一頁、一五頁

このような誰でもが本能的に感じてしまうもの、負い目や良心の痛みなどに、ニーチェは、どうしても我慢できない。われわれが感じてしまう感情や感覚が、どうしても許せないのだ。あるいは、理想、祖国といった観念に対する本能的な感情（理想や祖国などにおのずと傾いていくわれわれの感情）、それらをニーチェは忌み嫌う。自分自身の底に澱のようにたまっている本能を切断できないことに苛立つのが、ニーチェなのだとシュタイナーはいう。

だから、最も忌避するのは、そのようなみずからの本能に無自覚な「自由精神」の持ち主だという。そのあり方そのものが、矛盾しているからだ。知的には、いま列挙したような伝統的観念を否定しながら、本能レベルでは、そうした観念から自由ではない人たちである。シュタイナーは、つぎのようにいう。

自由精神の持ち主たちは皆、「古い妄想」に対する批判を知的には、いくらでも理解しているが、しかし、自分の本能はそのような伝統的諸観念から自由だ、といえる人はめったにいない。（中略）思考は伝統的な考え方から自立したとしても、本能はこの変化した知性に適応できずにいる。

——『ニーチェ』S.16、二二頁、一五頁

こうした人たちは、しばしば近代科学の概念をもちいる。知性のレベルでは、これらの概念は、

有効に働く。しかし、このことによって、「自由精神の持ち主」たちの知性と本能は、べつの道を歩み始めるのだという。近代科学の概念で説明するときには、無神論的な宇宙になるのに、自分自身の本能は、そのことを肯定してはいないというわけだ。シュタイナーは、つぎのようにいう。

このような精神の持ち主たちは、神を否定するという非難から身を守ろうとしているが、そうするのは、彼等の世界理解がなんらかの神の表象と一致しているからではなく、「神を否定する」という言葉に本能的にぞっとする特性を、祖先から受けついでいるからなのだ。

——『ニーチェ』S.17、二二頁、一六頁

「祖先から受けついでいる」本能によって、近代科学に依拠する自由精神の持ち主は、なかなか「神を否定する」ことができない。たしかに欧米で「無神論者」と表明することは、ある意味で、とてつもないことだろう。この時代、どれほど自然科学が勃興していたとしても、それまで受けついできた伝統的な心性から離れるのは容易ではない。だから、彼等のなかでは、本能と知性が引き裂かれてしまうのだ。シュタイナーもつぎのように結論をいう。

知性と本能が矛盾しているのは、われわれの「近代精神」の特徴である。現代の最も自由な思想家たちのなかにも、正統派キリスト教に根ざした本能が生きている。

——『ニーチェ』S.17-18、二二頁、一六頁

しかし、ニーチェは、こうした矛盾した精神とは明らかに異なるとシュタイナーはいう。これらの重くのしかかる本能とは、まったくちがう地点に立っている。ニーチェは、「神を否定する」恐怖などは、もっていなかった。シュタイナーは、つぎのようにニーチェの本能を描写する。

けれどもニーチェの本性のなかには、まさにそれと正反対の本能が働いており、人格神的な宇宙支配者の存在を仮定する根拠があるかどうかをあらためてわざわざ考えたりはしない。彼の本能は、そのような存在の前に身をひれふすには、あまりにも誇り高い。だから、そういう存在をイメージしようなどとは思ってもみない。

——『ニーチェ』S.18、二二—二三頁、一六—一七頁

いかにニーチェが、同時代の思想家たちと袂を分かつ存在であったかがわかるだろう。シュタイナーによればニーチェは、理論や知性によってではなく、本能のレベルで、他の思想家たちと根本的にちがっていた。そういう意味では、この思想家は、やはり比類のない畏《おそ》るべき存在だったといえるだろう。

2　ニーチェと真理

ニーチェを読んだ人であれば、誰でもそう思うように、この哲学者の文体も思想も、唯一無二のものだ。この人以外に、こうしたスピードと華麗さを兼ね備えた文章を書ける思想家は、そうそういないだろう。たんなる論理的ステップや常識的な思考では、とてもついていくことはでき

ない。かるがると飛翔するからだ。

シュタイナーもまた、ニーチェの特徴をつぎのように書く。

ニーチェは通常の意味での「思索家」ではない。彼が世界に向け、人生に向けて発した、思いもかけぬ、しかも心底に達するさまざまな問は、たんなる思索を超えている。人間本性のすべての力を総動員しなければ、それらの問に向き合うことができない。思索による考察だけではだめなのだ。ある意見を述べるのに、もっぱら考えだされた理由を、ニーチェはまったく信用しようとしない。

——『ニーチェ』S.20、二六頁、一八–一九頁

その通りだと思う。たんに考えただけの見解や体系を、ニーチェは、まったく信用しない。そのような思索や論理の裏を読み、その出自を暴き真実を突きとめようとする。なぜ、そのような思索をするのか、どこからこのような考えが生まれたのか、というふうに、もともとの意図を深読みするのだ。万人が共有していると思いこんでいる真実や道徳などは、最初から相手にしない。そんな表面的な事柄には、拘泥しないのである。

ニーチェの「系譜学」的方法というのは、ある考えや思想が生まれでてきたその土壌をつぶさに解明するやり方だといえるだろう。ある考えが出現するためには、それなりの背景や理由がある。それを歴史的に明らかにするのが、「系譜学」だ。この系譜学的方法によって、西洋の道徳の歴史は、ニーチェによって暴かれたのである（『道徳の系譜学』）。

思想は、われわれの全人的なあり方に由来している。人は、知性や理性だけではなく、感情や意志にもとづき、みずからの思想を生みだしていく。その誕生の源には、ニーチェのいう「力へ

の意志」があり、その推進力によってわれわれは哲学や思想を紡いでいく。何よりもまず、われわれの「生」が、つまり「力への意志」が、思想の根柢にある。

シュタイナーは、つぎのようにいう。

> ある見解が論理的に証明されうるかどうかは、ニーチェにとって大事なことではなく、その見解が人生の価値にかかわるほどに、人格のあらゆる行為に作用しうるかどうかが大事なのである。ある思想が人生を促進させるのに役立つと思えたときにのみ、その思想を大切にする。彼は人間を可能なかぎり健康に、可能なかぎり強力に、可能なかぎり創造的に見たいのだ。真理、美、一切の理想は、生を促進させるかぎりにおいて価値をもち、そのかぎりにおいて人間にかかわりをもつ。
>
> ――『ニーチェ』S.20、二六－二七頁、一九頁

われわれが普遍的な「真理」と考えているものは、一つの解釈にすぎない。その時代の、特定の集団の先入見によってつくりあげられた見方にすぎない。そのような「真理」が論理的に語られようとも、それは、まったく信用できないだろう。たんなる相対的な見解にすぎないのだから。ニーチェにとっては、そのような見方ではなく、われわれの生き方こそが重要なのである。健康に、強く、創造的に生きることこそ価値がある。そちらの方が、〈本当の〉「真実」なのだ。

『善悪の彼岸』の第一章冒頭におけるニーチェの言葉を、シュタイナーは引用している。

> われわれを幾多の冒険へ誘惑するであろう真理への意志。これまですべての哲学者が敬意をもって語ってきたこの有名な誠実さ。この真理への意志は、われわれにどんな種類の問い

かけをしてきたか。何という奇妙で、ひどく、疑わしい問いかけをしてきたか。（中略）われわれは、この意志の価値を問うたのだ。われわれが真理を欲するのであれば、なぜむしろ虚偽を欲しないのか。

――『ニーチェ』S.21、二七―二八頁、一九―二〇頁

われわれは、真理への愛、真理への意志によって突き動かされてきた。この愛や意志によって、多くの問とともに、学問の歴史が形成されてきたのだ。真理や真実が普遍的なものであると盲目的に前提して歴史は進行してきた。しかしニーチェによれば、そのような問は、「奇妙で、ひどく、疑わしい」ものだった。

だから、われわれが本当に問わなければならないのは、真理への意志ではないのか、とニーチェはいう。そのように真理を普遍的なものとみなし、そこへと突き進む「真理への意志」こそ問わなければならない。「真理への意志」に価値はあるのだろうか。そもそもこの「意志」とは何か。これこそが、喫緊《きっきん》の問ではないのか、というわけだ。われわれの真理への問は、なぜ非真理や虚偽や嘘を望むのではだめなのか、という問い方もできるだろう。なぜ意志は、ことさら「真理」を選んだのだろうか、というわけだ。

シュタイナーは、フィヒテの言葉も引用し、それと比べて、ニーチェの言葉の深さを指摘して、ニーチェの言葉の方に軍配を上げる。フィヒテの美しい言葉よりも、ニーチェの方が、はるかに「真実」をついているとシュタイナーはいうのだ。

「私は真理の祭司である。私は真理に雇われている。すべて真理のためにおこない、働き、そして苦しむこと、私はこのことを自分の義務としてきた」（フィヒテ『学者の使命』第四講）。

この言葉は西洋近代文化の最も高貴な精神たちの真理への関わり方を語っている。しかし、ニーチェの述べた言葉と比べると、この言葉は表面的に思えてくる。

――『ニーチェ』S.21、二八頁、二〇頁

フィヒテは真理を無前提に信頼している。その存在の崇高さを毫《ごう》も疑っていない。自分自身の「真理への意志」を自覚してはいない。それに対してニーチェは、みずからの根源にある「力への意志」そして「真理への意志」を暴いていく。「真理」の普遍性がまずあるのではなく、われわれの「真理への意志」こそが先行しているのだとニーチェはいうのだ。これが、ニーチェのやり方だ。つねにこのようにして、われわれ自身の根源へ破壊的な考察の目を向けるのである。破壊光線でヴェールを焼きつくし、われわれの「力への意志」を露呈させるのだ。

ニーチェに憑依されたシュタイナーは、哲学者たちの能天気さをつぎのように指摘する。

哲学者たちは、自分の行為の究極の動機は真理への努力だ、と信じている。彼らがそう信じるのは、人間本性の基礎に目を向けることができないからだ。真理への努力は、実際は、力への意志によって導かれている。

――『ニーチェ』S.22、二九頁、二一頁

ニーチェ以前の哲学者をことごとく否定するようないい方である。哲学者たちは何もわかっていない。自分たちが何に突き動かされているのか、皆目見当もついていない。彼等哲学者たちは、「人間本性」に目を向けていない。自分たちの奥底でうごめく濁流のような「力への意志」を自覚できていないのだ。

『善悪の彼岸』の序の有名な喩えを見てみよう。ニーチェの名刀が、凡百の哲学者をばっさり斬り捨てるさまを鑑賞しよう。

真理が女である、と仮定すれば――、どうであろうか。すべての哲学者は、彼らが独断家であるかぎり、女たちを理解できないのではないか、という疑念はもっともではないか。彼等はこれまで、いつも恐るべき真面目さと不器用な厚かましさで、真理を手に入れようとしてきた。だが、これこそ女性を口説くにはまったく拙くへたくそなやり方ではなかったか。女性たちが口説き落とされなかったのは当然だ。

――『善悪の彼岸』序

そもそも真理がどのようなあり方をしているのか、じっくり観察をしなければならない。すると、真理の背後に「力への意志」が隠れていることがわかるだろう。真理は、そのつどの時代の傀儡《かいらい》にすぎなかった。ただただ「力への意志」がみずからの企図を実現するために、真理を利用しているにすぎなかったということがわかるのだ。

ニーチェは、上っ面や建前を忌み嫌い、本当のことを突き刺すような視線で射抜いていく。本音だけに焦点を合わせ、真実を抉っていく。そういう思想家（というよりも、唯一無二の批評家）なのだ。

シュタイナーは、つぎのようにあらためて、ニーチェについてまとめている。

ニーチェはこのような観点の持ち主なので、判断するのに論理的な証明の根拠などあまり気にかけない。その判断が、論理的に証明できるかどうかはどうでもよく、その判断の結果、どれほどよい人生が送れるかどうかが大切なのだ。知性だけではなく、人格全体が満足できなければならない。人間本性全体が、ふさわしい働きをできるようにするのが最上の思想なのだ。

——『ニーチェ』S.24、二二頁、二三頁

ニーチェは、理論上一致したり、誰でも納得できるような論理的な道筋を示したりすることに関心はない。西洋哲学の歴史のなかで、このような人物が現れ、大きな影響力をもったというのは、驚くべきことかもしれない。これまで、ほとんどすべての哲学者が、論理を重視し、真理を目指してきたことは、自明のことだったからである。

プラトン以来、真理を最上のものと考え、論理的にさまざまな哲学を構築していった。そのような歴史全体を、ニーチェは徹底して批判する。しかも、小気味よいくらい木っ端みじんに破砕する。

ヨーロッパの長い思想的営為が、われわれの「生」から離れ、現実の世界にかかわりをもたなくなってきたことを、ニーチェは説得力をもって指摘する。目指していた「真理」が、実は相対的なものであり、われわれが本来もっている「意志」が、そのような運動をひきおこしたことを顕わにした。

シュタイナーは、この書で、そのようなニーチェによりそい、彼に託して、自分自身の「熱い」思いを吐露しているといえるかもしれない。

3　ニーチェによりそうシュタイナー

ニーチェが西洋哲学の二世界説を批判した意味を、シュタイナーは、つぎのように述べる。

ニーチェは人間の弱さの特別の表れを、この世以外の世界を信じようとするあらゆる種類の彼岸信仰のなかに見ている。彼によれば、この世の人生を、あの世の人生を基準にして整えること以上に、人生に対するひどい仕打ちはなく、この世の現象の背後に人間の認識の及ばぬ存在たちを仮定すること以上にひどい誤りはない。人は往々にして、そのような存在たちを一切の生あるものの本源であり、あらゆる存在を確定する者であると考えようとしてしまう。しかし、こういう考えは、この世の喜びを台無しにし、この世を、到達しがたいもののたんなる仮象、たんなる反映に引き下ろしてしまう。

――『ニーチェ』S.27-28、三六頁、二六－二七頁

イデア界、神の国といった「彼岸」を想定して、その「彼岸」から、こちら側を統率しようとするのは、大きなまちがいだ。われわれの人生そのものの喜びや充実が台無しになるからだ。この世界での惨めさや苦悩を、死後の世界や天国における喜びや幸せによって帳消しにしようという考え（ルサンチマン）は、大いなる誤謬である。なぜなら、「彼岸」に高い価値を置くことによって、「此岸」の価値がなくなり、こちら側の世界が、たんなる幻になってしまうからだ。このような二世界説は、人間の弱さの表れにすぎない、とニーチェはいう。われわれは、あくまでもこ

の世界だけで生きているのだ。

シュタイナーは、ニーチェのこのような批判を説明した後で、この彼岸信仰を、カントの二元論にも結びつける。

> 彼岸信仰は、悩みから、病んだ憧れから生まれる。現実の世界を洞察できないところから、「物自体」をはじめとするありとあらゆる仮説が生じる。
>
> ――『ニーチェ』S.28、三七頁、二七頁

ルサンチマンを抱え、この世界から彼岸へと思いをはせるとき、二世界という構造をつくりだす。みずからの恨みを晴らすことができる世界を創造するというわけだ。もう一つの世界があれば、この世でのこの上ない不幸は、取り返しがつく。彼岸では、とてつもない僥倖がおとずれると期待する。

この二世界的構造を、認識論に移行すれば、それは、カント哲学になるだろう。われわれの現象界は、みずからの認識の構造で限定されている。人間特有のメガネによって世界をつくりあげている。だとするならば、われわれには、どうしても認識できない世界が、彼方に、つまり彼岸になければならない、ということになるだろう。そして、それは、「物自体」と名づけられる。

当時の哲学界は、新カント派が隆盛を誇っていた。一八七〇年から二〇世紀初頭まで、カント的な認識構造の復興が多くの哲学者たちによってとなえられていた。カント的な図式をパラダイムとして、いろいろな哲学者による「パズル解き」がおこなわれていたともいえるかもしれない。そのような時代にニーチェの哲学が正当に評価されることは難しいだろう。そもそも「哲学」という枠組に、ニーチェを押しこむこともまちがっているかもしれないからだ。

シュタイナーは、当時のニーチェの創造活動を、最大限に評価している。

専門の哲学者たちは、ニーチェを冷笑しようとするか、または彼の「世界観」の「危険」について語る自分たちの判断を至上のものと考えている。こういう哲学者の精神は、論理学の教科書の権化以外のものではなく、したがって当然のことながら、強力で直接的な生命衝動に発するニーチェの創作を評価できるはずがない。

——『ニーチェ』S.32、四二頁、三一頁

「論理学の教科書の権化」とは、なんと辛辣ないい方だろう。誰が書こうと変わらない何の変哲もない教科書ということなのだ。シュタイナーにとって、ニーチェのように生命にあふれ、おのれの独創性に導かれる思想家は、心から敬愛できる対象なのである。「自由」という概念をとても重視しているシュタイナーにとって、ニーチェのような根源的に自由で高く飛翔しつづける人物は、何ものにも代えがたい。その考えが、どれほどみずからの思想と背馳《はいち》するものであっても、自由でつねに創造しつづけるニーチェのような魂こそ、シュタイナーの真の隣人なのだ。

いずれにせよ、ニーチェの思考の大胆な飛躍は、論理的な思索家たちの用心深い足どりよりも、人間本性の深い秘密をいい当てている。

——『ニーチェ』S.33、四三頁、三一頁

論理的に正しい思考は、われわれの根源的あり方を示してはくれない。たしかに、この世界の誰もが共有する構造を教えてはくれるだろう。ただし、それは、論理的に思考すれば、どんな人間でも手にできるものだ。「教科書」を読めば、ことはすむ。

しかし、ニーチェはちがう。誰も触れたことのない「深い秘密」をこっそりと教えてくれる。本当に知りたいことを、驚くような仕方で開示してくれるのだ。ようするに「本音」が、初めて語られるのである。

「真理」ではなく、「力への意志」こそわれわれを突き動かしているということ、われわれの「恨みつらみ」(ルサンチマン)によって、彼岸が創られてきたということ、だからこそ価値はことごとく転倒されなければならないということ。誰もなしえなかった大いなる発見を、この天才はしているのだ。そしてその発見で、こちら側の魂をわしづかみにする。

さらに、シュタイナーは、つぎのようにいう。

現代の専門哲学は、充分に不毛である。だからニーチェのような勇敢で大胆な著作家の思想で賦活する必要がある。カント哲学の影響で、この専門哲学の成長力は、麻痺しており、この専門哲学は、一切の根源性も勇気も失った。カントは当時の講壇哲学から、「純粋理性」に由来する真理概念を受けついだ。そしてこの真理によっては「物自体」という、われわれの経験の彼方にある事柄は何一つ知ることができない、ということを示そうと試みた。この一世紀間、カントの思想は、あらゆる側面から徹底的に考えぬかれた。そのためにはかり知れぬほどに鋭敏な知性が行使されてきた。だがその結果は、もちろん往々にして、みすぼらしくて陳腐なものだった。

——『ニーチェ』S.33、四三頁、三一–三二頁

カントの影響のもと、多くの「はかり知れぬほどに鋭敏な知性」が使われてきたが、もとになっている構図が変わらないのだから、創造的な進歩は、まったく期待できないというわけだろう。

たしかに、ドイツ観念論によって、カント的な構図は、大きく変わってきた。しかし、ヘーゲル哲学の影響力が衰え、新カント派がカントへの回帰を唱え始めると、ふたたびカントの時代がやってきたということだ。

そこに、ニーチェが登場し、激烈な批判を繰り広げた。カント哲学だけではなく、誰もなしえなかった西洋の形而上学全体の壊滅をおこなおうとした。「真理」の欺瞞を暴き、二世界の秘密をことごとく暴露した。このように考えれば、方向はもちろん異なるけれども（逆かもしれない）、まったく新しい世界観を提唱しようとしたという点で、「みずからの時代と闘う者」であるニーチェに、シュタイナーが深甚な親近感を抱くというのもまた、充分納得できるだろう。

シュタイナーとニーチェは、不思議な縁だといえる。シュタイナーには、この生涯に深く関係しているニーチェの前世が見えていた。聖フランチェスコ会の修道士だ。肉体を徹底的に痛めつけ修行をつづけた敬虔なキリスト者だ。このような前世も含めて、シュタイナーには、ニーチェは、とても他人とは思えないところがあったのではないだろうか。

シュタイナーが、ニーチェとともに、「物自体」とかかわる哲学運動を「哲学的虚無主義」とまでいっている文章を引用して、本節を終わりにしよう。

> こう語るとき、現象世界は、つまり人間の現実は、夢であり、幻影であり、無であると解釈される。そして諸現象の「真の本質」は、どんな観察も、どんな認識も手のとどかない「物自体」のなかにしか求められなくなる。つまり認識する人は、「物自体」のどんな表象ももちえない。したがって、「真の本質」なるものは、認識する人にとっては、まったく空虚な思考内容を、つまり無を思考しているだけなのである。「物自体」について語る哲学者たち

にとって、現象世界とは夢にほかならない。そしてこの現象世界の「真の本質」は、無でしかない。「物自体」について語る哲学運動はすべて、――近代においてはとくにカントの立場に依拠している哲学運動は、――無への信仰であり、哲学的虚無主義なのである。

――『ニーチェ』S.68-69、八八頁、六七―六八頁

シュタイナーが、ニーチェの傍らにいて、一般の「講壇哲学者」、つまり、この時代のカント主義者たちを厳しく批判しているのがわかるだろう。「物自体」を設定したとたんに、「まったく空虚な思考内容」(無)を思考することになってしまう。「無への信仰」、そして「哲学的虚無主義」へと陥ってしまうのだ。この上ないカント的二元論への反駁だといえるだろう。

結論は、自分とは正反対でも、並の哲学者よりも遥かに自分自身で考え抜き、ことの本質を見抜く力をもつニーチェにシュタイナーが寄りそっているのがとてもよくわかる。そして、いついかなるときでも本音で語るニーチェを、シュタイナーがこの上なく高く評価しているのもはっきりわかるだろう。

4　超人

さて、そろそろ本書の中心部である第二章「超人」に入らなければならない。ニーチェのいう「超人」とは何か。しかし、そもそもこの問は成立しない。村井則夫はつぎのようにいう。

実際、「超人とは何か」という問いは、それが本質や定義を求めるものである以上、根本的

に「超人」とは異質の発想である。超人とは不断の自己超克であり、とどまることのない変化だからである。これに対して、「……とは何か」という問いは、ソクラテス＝プラトン以来、本質規定や定義を求める哲学の本領とみなされるものである。「善とは何か、正義とは何か」といった問いが、哲学の本質的な思考を作動させてきたことを思うなら、本質規定や定義の試みを受けつけない超人は、従来の哲学的伝統に対する拒絶であると考えることができる。

――『ニーチェ――ツァラトゥストラの謎』中公新書、二〇〇八年、一二七－一二八頁

なるほど。大変よくわかる指摘である。「不断の自己超克」である「超人」は、特定の定義ができるようなものではないと村井はいう。「超人」は、「とどまることのない変化」であり、西洋哲学の歴史がもつ本質を規定するような方法を峻拒する存在だからだ。哲学が目指す「本質」や「定義」を、「超人」はそもそも受けつけない。

それに、「超人」という概念の面白いところは、「超人」といいながら、何も超えてはいかないということだ。何かを超えてしまうと、新しい「価値」を創りだしてしまうからだ。すべての価値づけを無化しようとするニーチェにとって、それは最大の禁じ手だといえるだろう。つまり、「超人」は、何かを超えているわけではない。もし「超えている」にしても、その超え方は、垂直に超えているわけではない。それは、どういうことか。

この「超人」という概念は、ニーチェの世界観と密接に結びついている。この世界を動かす原理である「力への意志」と、この世界の究極のあり方である「同一物の永劫回帰」と直接関係しているのだ。ニーチェによれば、「力への意志」が支配する一元的なこの現実のなかでは、彼方の理想などどこにもなく、力ある者だけが、おのれの欲望にしたがって生きいきと十全に生きて

いく。つまり、「力への意志」が支配する世界では、同じ地平で、より力のあるものが、強者として君臨するのだ。だから「超人」は、世界を超えていくわけではない。あくまでも、同じこの現実のなかで、すべては展開する。

ハイデガーは、つぎのようにいう。

ところで、存在者のただなかにあって、それ自体としては力への意志でありかつ全体としては同一物の永劫回帰である存在者にかかわるあの人間こそが、超人とよばれる。超人の実現は、同一物の永劫回帰という思想がもたらす最高の明澄さのなかから、存在者が力への意志の生成の性格において現れてくることを含んでいる。

——*Nietzsche II*, Verlag Günther Neske, 1961, S.292／『ニーチェⅢ』薗田宗人訳、白水社、一九八六年、四四頁

ニーチェによれば、われわれの世界の時間構造は、「永劫回帰」である。したがって、現実は無限回、同じ歴史を反復する。つまり、時間的な観点からも、空間的な観点からも、どこにも超えてはいかないというわけだ。そしてハイデガーによれば、「超人」とは、その無味乾燥な繰りかえしに耐える者であり、自分の力でその永劫の時のなかを強く生きていく者なのである。「超人」とは、こうした無価値が支配する反復地獄のような世界で、苦痛を感じずに生きていくことができる者だということだろう。つまり「超人」とは、どこにも超えていけない世界で、「超えることと」をあきらめて、じっと強く生きつづけることができる強者だということになる。

この世界においては、「力への意志」にのみしたがう存在者たちが、「永劫回帰」という原理が支配する無限の流れのなかで生きている。「力への意志」と「永劫回帰」の関連について、三島

憲一の説明を聞いてみよう。

だが、この思想（「永劫回帰」－中村）の核はこのように客観的に叙述できる理論的な構成にあるのではなく、それを受け入れる主体の認識のありように、そしてなかんずく、〈力への意志〉との関連にある。ニヒリズムの極点、つまり否定の極北にあって、その現実を直視し、いっさいをあるがままに肯定すること――すなわち、いっさいの事物が、醜いものも美しいものも、弱者も強者も含めていっさいの事物が、〈力への意志〉の無限の運動のなかで幾度も幾度も無限の回数にわたって回帰するという現実をそのまま認め、肯定すること、これこそ「深淵の思想」の鍵である。

――『ニーチェ』岩波新書、一九八七年、一八〇頁

すべての価値が否定され、「神は死んだ」と宣言された、このニヒリズムの地平において、それでもなお、その現実を肯定し、永劫回帰の時間を正面から受けとめ、未来永劫生きていくということ、これこそが、「力への意志」であるわれわれ存在者のあり方なのだ。そして、その存在者の本来のあり方をみずから受け入れ、肯定的に生きていくものこそ、「超人」だといえるだろう。

ハイデガーの言葉を聞こう。

もし力への意志としての存在者が同一物の永劫回帰全体のなかに生きいきと現れるならば、力への意志の無制約的かつ完成された主体性は、人間存在の姿をとって、超人という主体のなかに樹立されなければならない。

――*Nietzsche II*, Verlag Günther Neske, 1961, S.313／『ニーチェIII』六六頁

これで「超人」というのが、どういう存在かがわかるだろう。たしかに「超人とは何か」という問は、「超人」というあり方そのものと齟齬をきたすかもしれない。なぜなら、この世界は、瞬時もとどまることのない「力への意志」という根源的運動が、無限の時間にわたって「同一のあり方」で回帰しつづけている。そしてその流動そのものが、人間の姿をとったのが「超人」なのだから。そのような変化しつづけている存在が、定義や説明を受けつけるはずがない。

さてシュタイナーにもどろう。シュタイナーは、「超人」について、つぎのように説明する。

> 自分の本性のままに生き、自分の個人の目標を自分の本質にふさわしい生きる形態のなかに見ることのできる、ずばぬけた個人を、ニーチェは超人と名づけた。超人は、自分の外に存在する目的に仕えるために人生がある、と信じる人間の正反対である。
>
> ――『ニーチェ』S.41-42、五二頁、四一頁

自分以外の目的や、この世界の外側（世界を「超えた」場所）に理想を求めるのではなく、この世界の内部で、自分自身の内側に目的や意味を見いだすのが、ニーチェのいう「超人」だという。彼岸的な世界に救いを求めるのではなく、価値が無化された砂漠のなかだけで生きていく。「力への意志」が支配する同一物の無限の回帰のなかで生存する。ニーチェが考える「超人」とは、この世界の真のあり方のなかで、それを受けとめ生きていく者だということになるだろう。

シュタイナーは、つぎのようないい方もしている。

自然のままに生きるのは、現実から遊離した理想を追求するよりも、もっと健康的である。非個人的な目標に仕えるのではなく、自分の生き方の目的と意味とを自分自身のなかに求める。自分の力を発揮し、自分に内在する力を完全なものにする。そのような徳を自分の徳と考える人こそが、ニーチェにとっては、無私なる観念論者よりも高次の存在なのである。

——『ニーチェ』S.41、五二頁、四一頁

「身体という偉大な理性」という節では、一つの現実である身体を重視するあり方が称揚される。「超人」は、理想的な世界を設定して、そこに救いを求めることがないように、精神や観念に高い価値を付与し、現実や身体を蔑《ないがしろ》にするようなことはしない。シュタイナーは、ツァラトゥストラにつぎのようにいわせる。

人間の身体と魂は一つの統一体である。身体と精神は一つの根から発している。精神が存在するのは、その精神を発達させる力をもつ身体が存在するからである。植物がみずからのなかに花を生じさせるように、身体はみずからのなかに精神を生じさせる。

——『ニーチェ』S.48、六二頁、四九頁

心と身体を二つに分け、心や精神の方が、身体よりも優位にあるかのように思わせる観念論を、ニーチェは、徹底的に否定する。われわれの身体こそが、真の理性であり、そこでこそ最上の叡智が働いているのだから。「超人」に恨みをもつ病んだ人たちだけが、精神に価値を置き、あの世に精神の王国を築こうとしてきたのだ。

シュタイナーは、つぎのように結論をいう。

病んだ本能をもった人は、精神と身体を分離してきた。病んだ本能だけがいう、私の国はこの世のものではない、と。健康な本能の国はこの世だけである。

――『ニーチェ』S.49、六四頁、五〇頁

さらにシュタイナーは、精神にとりつかれた宗教家の禁欲的理想の最終形態として自然科学を批判するニーチェにも言及する。近代科学は、古い信仰から脱けだし、普遍的な真理を発見していると思いこんでいる。しかし、ニーチェによれば、自然科学者もまた、古い宗教家たちと同じように禁欲的な理想をめざしているのだ。彼岸的なものを信じている宗教者と同じ穴の貉《むじな》なのだ。シュタイナーはいう。

事実一点ばりの狂信者たちを支配しているのは、禁欲主義的な理想なのである。彼らは個人的で個性的な判断の彼方に真理を求める。（中略）彼らにとって、「真理」は神であり、絶対的に完全なものなのだ。だから、人は真理を発見し、それに帰依すべきであって、真理を創造することはできない。

――『ニーチェ』S.62、七九－八〇頁、六一頁

自然科学者も、信仰者と同じだ。宗教家が、神を信仰しているように、科学者たちは、「真理」を信仰している。真理は神なのであり、それをわれわれは、うやうやしく発見するだけでよい。「事実を数えあげ、事実を記述する。それ以上のことはしない」（『ニーチェ』S.62、八〇頁、六一

頁）のが、禁欲的理想の最終形態である科学者の姿なのである。
ニーチェとともに、シュタイナーは、近代自然科学を相対化して、つぎのようにいう。

近代科学が神信仰を拒否するのは、この信仰が「客観的真理」信仰と両立できないからである。しかしこの客観的真理は、古い神に勝利した新しい神以外の何ものでもない。

――『ニーチェ』S.62、八〇頁、六二頁

近代科学も、一つの信仰にすぎない。「真理」は、おしなべて一つの「解釈」にすぎないのだから、これは当然のことなのだ。自然科学は、神を信仰する態度と同じようなものだと暴かれる。そして、もちろん、神を否定する無神論者も、同じように斬って捨てられる。それは、べつの、ようするに新手《あらて》の「信仰」にすぎない。どこにも「自由な精神」は存在しない。「真理」を彼方に戴いているかぎり、いずれもたんなる信仰にすぎないのである。無神論も同じだ。
シュタイナーはいう。

現代の学者のなかには、無神論者たちもいる。だが無神論者の精神は、神を信じる同時代人より自由なわけではない。

――『ニーチェ』S.62、八〇頁、六二頁

ニーチェによれば、どんな「真理」であろうとも、すべては解釈なのであり、どこにも普遍的で純粋な「真理」などはない。万人に妥当し、いつの時代にも通用するような真理など存在しない。どんな学問だろうが、どれほど人口に膾炙《かいしゃ》した科学であろうとも、その点では同じなのだ。すべ

ては、特定の観点からの見方にすぎない。ある意味で恣意的な「解釈」にすぎないのである。三島憲一はつぎのようにいう。

根拠の代わりに唯一あるのは〈解釈〉である。すべては〈力への意志〉による〈解釈〉であるというのである。生というテクストに加えられた解釈なのである。「同じテクストは無数の解釈を許す。ここに正しい解釈などあり得ない」（ニーチェ遺稿）。

（中略）

ようするに解釈とは「支配のための手段」であり、どのような解釈であれ、つまり、強く、高貴な人間たちの美的価値観であれ、弱者の逆恨みにもとづく理想主義的解釈であれ、すべては〈力への意志〉の一形態だということである。解釈は捏造と同意になる。

――『ニーチェ』岩波新書、一五二―一五三頁

われわれが生きているのは、〈力への意志〉が基底に流れる世界であり、その世界は、〈同一物の永劫回帰〉というあり方をしている。そして、その救いようのない世界で、自分の足でしっかり立ち強く生きていくのが、ニーチェのいう「超人」だということになるだろう。

しかし、シュタイナーによれば、これらのニーチェの概念のなかには、その真の意味が隠されているという。それを指摘したのは、この『ニーチェ　みずからの時代と闘う者』という本を出した数年後におこなった講義（一九〇八年、一九〇九年）においてだった。神秘学徒としての立場から、シュタイナーがニーチェについて語ったのだ。そのことについて、つぎに書いてみたい。

5　永劫回帰

さて、「力への意志」だけが支配する世界で、みずからの力を存分に発揮し、さらにその力を完全なものにしようとする存在が「超人」であった。それでは、あらためて「力への意志」とは、何だろうか。

シュタイナーは、つぎのように説明する。

> 力への生来の意志こそが、人間を行為へ駆り立てるといっても、弱者は満足しない。（中略）自分の行動が道徳的な世界秩序と一致しないとき、弱者は自分を罪深いと思う。そういう人は、嫌悪とともに、自分のなかの悪の源泉から目を背ける。そしてそういう嫌悪の感情をやましさと呼ぶ。強い人格はこういう概念をすべて認めない。自分の行為の自然な結果だけを問題にする。
>
> ――『ニーチェ』S.79、一〇三頁、七八頁

「力への意志」だけが原理である世界においては、強い人間だけが、自分の意志を貫けるというわけだ。「力への意志」に突き動かされて、さまざまな解釈が、「真理」のふりをして世間にまかり通っていく。自然科学だろうが、道徳の原理だろうが、すべて特定の視点からの「解釈」であって、普遍的なものではない。

さらにニーチェによれば、人間は、そもそも不平等であって、平等な権利と義務などは、まやかしだ。これは誰でも気づいていることだろう。この世界には、どこにも平等や公平はない。ニ

ーチェは、社会の司法制度は、その社会の「力への意志」であり、個人の「力への意志」としばしば対立するという。「力への意志」の対立こそ、この世界の運動原理なのだから当然だろう。シュタイナーはつぎのように書いている。

ニーチェは人間の行為のなかに本能の現れだけを見ている。そして本能は、人によってさまざまであるから、人の行為の仕方もさまざまであると彼は思う。したがってニーチェは、万人のための平等な権利と平等な義務という民主主義の原則に断固として敵対する。人間は不平等である。従って権利も義務も、不平等でなければならない。

――『ニーチェ』S.80-81、一〇五頁、八〇頁

人間が平等であるとか、民主主義の原則が社会で実現できるなどということを、ニーチェは、けっして信じていない。それもまた理想を彼岸に掲げる二元論的世界観なのである。つまり現実を直視しない弱者の考えだ。「力への意志」が支配するわれわれの世界は、力と力との対立の世界なのであって、彼岸に救いなどありえない。そのような救いのない世界で、「超人」は、自分の強靭な足で生きていく。

もちろん、ニーチェの最大の敵であるキリスト教は、そんな「超人」を認めようとはしない。シュタイナーは、つぎのように書く。

超人のイメージは、今引用した文章のなかで特徴的に表れている気分からニーチェの心中に生じた。このイメージは現代人の対極のイメージであり、とくにキリスト教徒の対極のイ

メージであった。キリスト教の場合、強い生命を育成することに対する反感が宗教になった（『アンチクリスト』五）。この宗教の創始者はいう。「人間にとって価値あるものは、神にとっては蔑むべきものである」と。キリスト教徒は、この世で欠けていると思われるものすべてが、「神の国」では実現されることを願う。

――『ニーチェ』S.121、一五九頁、一二二―一二三頁

これは、ニーチェの最も有名なキリスト教批判である。前にも述べた「ルサンチマン」による「神の国」の創設だ。ありもしない国を、彼岸に創りあげたというのである。

三島憲一も、つぎのように「ルサンチマン」を説明している。

　すりかえによって価値を捏造し、神の国やイデアの世界を説教することによって強者を引きずりおろすこの働きをニーチェは〈ルサンチマン〉と呼んでいる。逆恨み、怨恨とでも訳せばニュアンスが少しは伝わるかもしれない。自分より強い人間、優秀な人間への反感を正義、神、学問、精神、平等の名によって正当化し、心の奥の湿ったうす暗い部屋での密やかな〈復讐〉の快楽に酔う――これこそプラトンとキリストの弟子たちの心理であるというのだ。

――『ニーチェ』岩波新書、一四八頁

〈ルサンチマン〉によって弱者は、彼岸に、この世界とは価値が逆転した世界をつくりあげる。あちらの世界に行けば、神が救ってくれる、あちらの世界に行けば、幸せになれるというのだ。ニーチェによれば、これが「神の国」のまやかしであり、〈復讐〉の達成なのである。

しかし、実際にわれわれが生きていくこの世界は、ニーチェによれば、「同一物の永劫回帰」

という在り方をしている。この「永劫回帰」から、べつの世界に逃げることはけっしてできない。だから、われわれは必然的に、この「永劫回帰」を生き抜いていくしかない。

その運命を正面から引きうけるのが「超人」だ。べつの世界は存在しないのだから、同じことが無限回繰りかえされるこの世界で、強く生きていくしかない。何度でも同じ生を、生きつづけなければならない。これこそ「超人」である。

シュタイナーは、『ツァラトゥストラ』のなかから、「永劫回帰」の説明のために、つぎのニーチェの文章を引用している。

「見よ、われわれはつぎのことを知っている。万物は永遠にふたたび戻ってくる、われわれ自身も。われわれはすでに永遠回生きてきた、万物も一緒に。」(『ツァラトゥストラ』第三部「快癒しつつある者」)。

——『ニーチェ』S.123、一六一頁、一二四頁

さきに述べたように、ニーチェの「永劫回帰」は、当時の自然科学の影響が大きい。たとえば、『ニーチェ入門』(ちくま学芸文庫、二〇一八年)という本のなかで、清水真木は、つぎのようにいう。

すなわち、永劫回帰の背後には、エネルギー保存の法則が潜んでいました。ニーチェは、この法則についての知識を、主にヘルムホルツとマッハの著作から得ており、そこに参考になる説明を見出したようです。一八八六年、ニーチェは、面識のないこれらの二人の物理学者に『善悪の彼岸』を贈っています。

——一六九頁

あるいは既述したように、ニーチェの蔵書を整理していたとき、シュタイナーが発見したデューリングの著書へのニーチェの書きこみもまた、物理学からの影響を示している。それは、デューリングが「永劫回帰」の物理学的仮説とでもいえるものを書いていた箇所だったからだ。

デューリングがたてた仮説を、シュタイナーは「かつて存在した原子と分子の結合とまったく同一の結合が、いつか同じ仕方で繰りかえされることがありうるだろうか。」(『ニーチェ　みずからの時代と闘う者』高橋巖訳、二〇四頁)と要約する。この仮説はデューリング本人によって否定されるのだが、その部分へのアンダーラインと書きこみから、この仮説が、ニーチェの心に深く刻まれたことはたしかだとシュタイナーはいう。

さらに、ニーチェ自身の手稿にも次のような文章が見られる。

エネルギー恒存の原理は永劫回帰を要請する。

——『権力への意志　下(ニーチェ全集13)』原佑訳、ちくま学芸文庫、一九九三年、五三六頁

この「永劫回帰」という概念と「超人」というあり方とが、既述のように必然的に結びついたのだ。「永劫回帰」のなかで、生き抜くのが「超人」であるというかたちで。

シュタイナーもつぎのようにまとめている。

ニーチェがあるべき人間のタイプとしていたのは、この世の人生を軽視せず、この人生を愛し、一回だけしか生きられないとは思えないほどに人生を大切にする人間だった。だからそ

のタイプの人間は「永遠を希求する」(『ツァラトゥストラ』第三部「七つの封印」)。そしてこの人生をかぎりなく、何度でも生きたいと願う。ニーチェは、「ツァラトゥストラ」を、「永劫回帰の教師」にした。

――『ニーチェ』S.123、一六一頁、一二四頁

さて、この「永劫回帰」とは、いったい何を意味しているのだろうか。ずいぶん前にこの概念にであったときから、どうしても、うまく理解できなかった。どのくらいの長さの時間が、どのくらいの周期で「回帰」するのか。どこにもニーチェは、具体的なことは書いていない。たしかに、いいたいことは漠然とはわかる。永遠に回帰していく時間。なるほど宇宙は、そうなっているのかもしれない。しかし、それが何を意味し、そのことによって何が変わるのか、皆目わからなかった。

そして「超人」。この概念の意味も正確に理解するのは難しい。具体的に、どのような人物なのか。なぜ、「超人」(Übermensch)は、「超」(über)なのか。もし世界時間が、「永劫回帰」なのであれば、誰もがその時間を生きていかなければならないではないか。「超人」ではなくとも、その運命を受け入れなければならないではないか。なぜ、「超人」なのか。これらのことが、どうしてもわからなかった。

私のなかでは、シュタイナーが初めてこの謎を解いてくれた。シュタイナーは『ニーチェ　みずからの時代と闘う者』という本をだしたあと、さらにみずからが神秘学徒であることを公にしたあとの講義でつぎのようにいっている。

一方、諸芸術がまだ統合されていた人類の根源状態を自分の魂の中に甦らせようとする何

かが、ニーチェの中になまなましく息づいていました。（中略）

ニーチェはいつもこのように、どこか感覚世界の現実を超えたところに立っていました。「高次の何か」を求めたことによって、「感覚的知覚を超えた諸形姿」を求めたことによって、ニーチェは「超人」に辿り着きました。超人に辿り着いたことによって、ニーチェは、彼の純粋な、円熟した神話的形姿を創造することができました。

――『ニーチェ　みずからの時代と闘う者』高橋巖訳、一七八－一七九頁

シュタイナーによればニーチェは、古代ギリシアのなかに、感情的に入りこみ、他の人よりも遥かに霊的に、古代そのものを経験していたのだという。古代ギリシアを、いわば身近なものとして深い感情とともにまるごと経験していたのである。むろん意識的にではなく。そのようなニーチェにとって、みずからが生きる時代に対する違和感は、この上ないものだった。シュタイナーは、つぎのようにいう。

ニーチェの生涯の中には、ひとつの大きな問いが現れています。「真に深い魂にとって、唯物主義的な世界観の中で生きることが、どうすれば可能なのか」。ニーチェの魂は、私たちの文化の心を不安に駆り立てる問いへの答えを、どうしても見つけ出せませんでした。そのような問いは、霊的存在を肯定する立場に立つのでなければ、答えが見出せないからです。

――同書、一八八頁

シュタイナーによれば、ニーチェのなかでは、古代ギリシアの秘儀の叡智が息づいていた。ニー

チェは、ある意味で、古代の霊的な伝統を実際に生きていたのである、もちろん本人はまったく意識することなく。しかし、それをニーチェは、みずからの時代の言葉で語ることはできなかった。そのような苦闘のなかから、彼は、「超人」という言葉を絞りだしたといえるだろう。自分が無意識のうちに経験している「高次な何か」を、自分が生きている時代の言葉で無理やり表現した。それが、「超人」という概念だったということだ。唯物論が支配する世界で、自分が真に感情世界で「知っている」ことを、どうにかして表出しようとした結果だったといえるかもしれない。

さらにシュタイナーは、つぎのようにもいっている。

> 彼は直観的に、人類の根源状態を理解していました。その時代には、個々の偉大な人物たち、秘儀において人びとを教え、導く秘儀の導師たち、秘儀参入者たちがいました。
> ニーチェはそこからも「超人」という概念にいたりました。
>
> ——同書、一八一頁

ニーチェが直観的に（しかし意識することなく）理解していた「人類の根源状態」に実際に存在していた人たち、つまり「秘儀の導師」や「秘儀参入者たち」を「超人」という名前で現代に甦らせたということだろう。たしかにこのように考えれば、「超人」という概念の違和感が、かなり解消されるだろう。なぜ、「超人」という概念が、これほど唐突にでてくるのかが、わかるような気がする。

さらにシュタイナーは、「永劫回帰」という不可解な概念についても、つぎのように語っている。

永劫回帰の理念を生じさせたニーチェの感情と思考が、輪廻転生という真実の門の前に立っていたように、超人の理念を抱く彼もまた、真実の門の前に立っていました。霊的立場が私たちに伝えるところによれば、どんな人の中にも人間の神的核心とも言えるものが生きているのです。そしてこの神的核心は、まさに一種の超人なのです。人間は多くの転生を通過して、ますますより完全なものになってきました。そして更により高次の存在段階にまで上っていくべきなのです。

——同書、二〇六頁

なるほど。このように説明されると、「永劫回帰」と「超人」が、引き離すことのできない概念だということがわかるだろう。輪廻を繰りかえすことによって、みずからの「神的核心」を開花させていく。これは、ようするに「永劫回帰」の時間を経過し、「超人」にたどり着こうとするわれわれのあり方だ、ということになるだろう。このように霊的立場に立って、輪廻転生による進化という観点を導入すれば、ニーチェの思想は、実に明解に説明できる。「永劫回帰」と「超人」という概念の不思議な未消化感も、シュタイナーの説明によって見事に解消されるといえるのではないだろうか。

最後に、シュタイナーが、ニーチェとのであいを回想している部分を引用して終わりにしよう。

フリードリヒ・ニーチェとの一回限りの出会いは、私にとって忘れることのできない体験のひとつです。彼は、その時すでに狂気に陥っていましたが、その姿は非常に、意味深いものでした。午前中さし迫った問題と取組み、そして午後になって、少しからだを休め、取組んだ思想の余韻にひたろうとしているかのようだったのです。彼はとても元気そうに見えました。（中略）秀でた額は、芸術家のようでも、思想家のようでもありましたが、それなのに、狂気に陥った人の額だったのです。まるで謎のように見えました。狂人であれば、こんな姿をしている筈がないのに、と思いました。

このことを霊学の概念で説明するなら、記憶の担い手でもある人間のエーテル体は、一生肉体と結びついています。でもその結びつき方は、人によってさまざまです。ある場合は、それほど強く結びついてはいませんが、別の場合の結びつきは、とても強固です。ニーチェのエーテル体は生来、非常に活発《かっぱつ》で動的でした。動きやすいエーテル体をそなえた人は、二つの特徴をもっています。ひとつは天才的な、自由な発想力、想像力です。互いに無関係なように見える概念と概念を結びつけ、互いにばらばらな展望を互いに関連づけて直観するのです。そういう人は、他の人とは異なり、肉体の重みによって与えられた生活状況の中にとじこめられてしまってはいません。

——同書、一九〇 - 一九一頁

ニーチェの思考や文章の秘密がここで明かされているといえるかもしれない。飛躍し、驚くべき速さで疾走する彼の文体の理由が、ここで述べられていると考えてもいいだろう。そしてシュタイナーは、このときのニーチェは、霊的に見ると、もはや肉体とエーテル体しかない状態だったという。ニーチェの魂と精神はすでに外にあって、太い糸（「シルバーコード」といわれるもの）で身体につながっている状態だったといっている。

6　純粋経験

さて、つぎにゲーテの話に移っていこう。先に書いたように、シュタイナーはゲーテを、有機的な自然科学における「ガリレオ・ガリレイ」とまでいっていた。ゲーテは、「有機学」における「科学革命」を強力に推進した人物だというわけだ。それでは、シュタイナーが考えていた「有機学」とは、どのようなものなのだろうか。シュタイナーがゲーテについて書いた二書、『ゲーテ的世界観の認識論要綱』（一八八六年）と『ゲーテの世界観』（一八九七年）を手がかりにして考えてみたい。

亡くなる一年半くらい前（一九二三年一一月）に書いた『ゲーテ的世界観の認識論要綱』の新版の序において、シュタイナーは、この本を執筆していた当時の考えをつぎのように回顧している。

　人間の認識はある限界をもっており、それを超えて真の現実の領域に入ることは不可能だという考えが、当時の通念となっていた。
　これらすべての潮流にもかかわらず、私は内面的に次の事実を体験し、そして認識していた。つまり、人間がみずからの思考を充分に深めていくと、そのとき人間は、世界現実のうちに生きており、これはすなわち精神的な現実である、という事実である。

――*Grundlinien einer Erkenntnistheorie der Goetheschen Weltanschauung*, Rudolf Steiner Verlag, 2011, S.8／『ゲーテ的世界観の認識論要綱』浅田豊訳、筑摩書房、一九九一年、一〇頁（以下『ゲーテ1』と略記）

その頃は、新カント派が哲学界を席巻し、カント的な認識の図式が通念になっていた。したがって、この書においても、『自由の哲学』においてと同じように、やはり批判すべき対象は、カント哲学だったのだ。

われわれには「認識の限界」はない。感覚世界の背後には、シュタイナーには親しい「精神世界（霊界）」があった。それは、シュタイナーにとって、実際の経験であり、疑いようのないものだった。そして、その「精神世界（霊界）」は、現実の世界と重なっていて、現象そのものでもあった。シュタイナーは、つぎのようにいっている。

このように私の視点は、感覚世界から精神的なものへと導かれた。精神的なものは私にとって内的な認識体験として確立されていた。私は感覚現象の背後に非精神的な原子の世界ではなく精神的なものを求めた。これは一見、人間の内面に現れるように見えるが、実は、感覚的事物、感覚的現象自体のうちに属している。

——『ゲーテ1』S.9、一一頁

精神と感覚と現象は、同じ一つの世界であり、それをシュタイナーは、日々経験していたのだ。しかも「精神的なもの」は、人間の内面ではなく、感覚界、つまり現象そのものに含まれている。このような立場から、この二冊のゲーテ論も書かれていた。ゲーテの自然科学的姿勢を吸収しながら、シュタイナーは成長していく。若い日にシュタイナーがたどった思索の道筋をたしかめていきたい。

シュタイナーは、まず当時の哲学者を批判することから始めている。つぎのようにいう。

学問の課題は問題を投げかけることではない。そうではなく、人間の本性と、それぞれの文化段階に応じて発生する諸問題を精密に観察し、それに解答を与えることである。現代の哲学者たちは、私たちの現在の教養段階からおのずと発生するものではない課題をみずからに課しているので、その解答に興味をもつものは誰もいない。古典作家たちによって高められた私たちの教養段階が問わざるをえない問題については、この学問は素通りしてしまう。だから私たちは誰も求めもしない学問を所有し、また誰も満足させてくれない学問的欲求をもっている。

――『ゲーテ1』S.17、二一頁

レッシング、ヘルダー、ゲーテ、シラーといったドイツの古典作家たちが、自分の内側から見つけた事柄とは遠く離れた問題を、当時の哲学があつかっていることに、シュタイナーは不満だった。精神や人生の普遍的な問題を蔑にしているように映ったのだ。つぎのようないい方もしている。

今日、ある文学論文が哲学的であるとすると、教養ある読書層のかなりの部分はそれを読まずに放りだしてしまうだろう。現代ほど哲学が好意的に受け取られない時代はほかにはまずないだろう。（中略）専門の哲学者以外は誰も哲学書を顧みない。 ――『ゲーテ1』S.16、二〇頁

このような時代認識のもとでシュタイナーは、ゲーテの世界観に真の哲学を見いだそうとしたといえるだろう。それは、どのようなものだったのだろうか。シュタイナーは、哲学の体系は残さなかったけれども、ゲーテは最も厳密な哲学にふさわしい能力をもっていたという。ゲーテの方

法論を、シュタイナーは、つぎのように述べている。

ある一つのタイプの対象物についてはまったく正しい思考方法が全宇宙に該当すると宣言するところにすべての過誤は始まる。さまざまな世界観の間の争いはこのように説明される。ゲーテの世界観においては、観察方法は観察者の精神の内からとられるのではなく、観察される対象の本性の内よりとられるのである。

――『ゲーテ1』S.21、二四頁

自然を観察するとき、観察する側の思考方法を彫琢《ちょうたく》し、それが、すべての対象に当てはまると考える。「正しい思考方法が全宇宙に該当する」と考えるのだ。このようなやり方から、すべてのまちがいが生じるとシュタイナーはいう。観察方法は、観察される対象に合わせなければならない。観察対象の本性から、方法も選ばなければならないのだ。

これは、シュタイナーの同時代人であるベルクソンと同じ方法だといえるだろう。ベルクソンは、対象を外側から「分析する」のではなく、内側から「直観する」のが、哲学の方法だと考えた。分析は、自然科学のやり方であって哲学の方法ではない。哲学は、対象を内側からそのまま把握しなければならない。

対象をそのまま把握するときの基準は、ベルクソンによれば「精密さ」(précision) であった。対象のもつ性質やあり方をそのままとりだすこと。対象を「精密に」把握することが大切なのだ。それに対して、みずからの哲学体系の厳密さや論理的整合性を優先するやり方は、真の哲学ではない。哲学は、あくまでも対象によりそい、それを「精密に」そのまま直観しなければならないのである。

だから、つぎのシュタイナーの文のなかの「ゲーテ」を「ベルクソン」に変えたとしても何ら不思議ではない。

ある観察のうちで見いだしたものでなく、逆に観察のなかにみずから考えいれたある主張を出発点とすることは、言葉の真の意味において非ゲーテ的である。
——『ゲーテ1』S.52、五七頁

ベルクソンのいう「精密さ」、つまり理論や体系の正確さではなく、自然をまるごとすくいとるような「精密さ」は、シュタイナーのいう意味で「ゲーテ的」であるといえるだろう。シュタイナーによれば、ゲーテは、自然のなかに入りこみ、それを身近で観察し、それに寄りそい深く親しんだ。あくまでも、自然のなかで〈自然そのもの〉を認識しようとしたのだ。対象のなかに、身も心も埋没し、その対象をじかに経験しながら哲学を語ること、これが、ゲーテのやり方である。

『ゲーテ的世界観の認識論要綱』では、「予備的考察」のつぎに「経験」の章が来ている。やはり直接対象とつきあう際に、「経験」という行為が最も基本的なものだということだろう。ここでは、まず「経験」という概念がどのようなものであるかをシュタイナーは検討していく。そこで、まずシュタイナーは、「純粋経験」(reine Erfahrung) という言葉を使う。つぎのようにいう。

だから私たちの最初の行為は、現実を感覚によって把握することである。このとき現れる内容をまずははっきりと捉えておく必要がある。なぜならこれだけが純粋経験といえるからだ。
——『ゲーテ1』S.27、三一頁

誰でもそう思っているように、われわれの考察の出発点は、知覚の世界である。否応なく知覚している世界は、誰もが経験している最初の場所だからだ。このような場所こそが、われわれにとっての「現実」といえるものだろう。足場であり出発点だ。

シュタイナーは、つぎのようないい方もする。

> 現実は、いわば未知の彼方からくるように、私たちの感覚的、精神的な把握能力に現れてくる。さしあたり私たちは、目の前に現れてくるこの多様性を眺めまわすことができるばかりだ。
>
> ――『ゲーテ1』S.27、三一頁

たしかにいわれてみれば、そうである。私たちの周りの現実は、われわれの都合とはかかわりなく現れている。われわれは、まったく受動的に、それを眺めることしかできない。このように否応なく眼の前で展開する風景こそ、シュタイナーのいう「純粋経験」だといえるだろう。この経験は、われわれが能動的に始めたわけではない。われわれの意思とはかかわりなく、すでにつねに〈ここ〉で始まっている。われわれの知覚能力に対して、どこからか多様なものが、すでに到来しているのだ。この事態を、シュタイナーは「純粋経験」と呼ぶ。さらに、つぎのようにも説明する。

> 私たちが自己をまったく放棄して現実に向かうとき、現実が私たちに現れてくるそのありようが純粋経験である。

ゲーテが「自然」という文章で語ったつぎの言葉は、この現実のありように適用できる。

「私たちは自然にかこまれ、自然にとりまかれている。頼まれもせず、予告もなしに、自然はその運行の舞踏へと私たちを連れていく。」

――『ゲーテ1』S.28、三二頁

ここでは、われわれが受動的に経験している様子が強調されている。シュタイナーが、ゲーテからとりだした「純粋経験」という概念は、「自己をまったく放棄して現実に向かうとき」現れてくるようなものだ。ゲーテ自身の文章によれば、自然がわれわれをそのプロセスへと連れていくという。

この「純粋経験」は、たとえばウィリアム・ジェイムズや西田幾多郎のいう「純粋経験」と共通点はあるだろうか。少し考えてみよう。

まずは、ジェイムズの「純粋経験」とは、どのようなものだろうか。

もしもわれわれが世界の内にはただひとつの原初的な素材や材料のみが存在し、この素材によってすべてのものがつくられているのだという想定から出発するならば、そして、もしもわれわれがこの素材を「純粋経験」と呼ぶのであれば、そのときには、認識するという作用は、純粋経験の特定の部分どうしが互いにもちうる関係として容易に説明できるであろう。

――『純粋経験の哲学』伊藤邦武編訳、岩波文庫、二〇〇四年、一二頁

この、ジェイムズ自身による「純粋経験」の定義のようなものを見るかぎりでは、「認識作用」もまた、「純粋経験」同士の関係として考えられている。そして、ジェイムズの「純粋経験」で

は、二つの経験同士の関係による経験もまた、「純粋経験」と呼ばれている。そうなると、この「純粋経験」は、シュタイナーのそれとは、ずいぶん異なるものになるだろう。シュタイナーの「純粋経験」は、われわれの自己が完全に放棄された経験だからだ。「認識」の能動的な働きは、そこでは成立していない。

それでは、西田幾多郎の「純粋経験」は、どうだろう。『善の研究』の冒頭を見てみよう。

経験するというのは事実其儘《そのまま》に知るの意である。全く自己の細工を棄てて、事実に従うて知るのである。純粋というのは、普通に経験といっている者もその実は何らかの思想を交えているから、毫《ごう》も思慮分別を加えない、真に経験其儘の状態をいうのである。たとえば、色を見、音を聞く刹那《せつな》、未だこれが外物の作用であるとか、我がこれを感じているとかいうような考のないのみならず、この色、この音は何であるという判断すら加わらない前をいうのである。それで純粋経験は直接経験と同一である。自己の意識状態を直下に経験した時、未だ主もなく客もない、知識とその対象とが全く合一している。

――『善の研究』岩波文庫、一九七九年、一三頁

西田の純粋経験の特徴は、「主客合一」であるということと、それが「現在」(「刹那」)成りたつものであるということである。つまり、主体が対象と一体化している現在の経験なのだ。これもまた、シュタイナーのいう「純粋経験」とは、異なるといえるだろう。シュタイナーの「純粋経験」は、西田のそれのように、集中して対象と合一しているわけではない。選択の余地のない、われわれの周りの「この現実」のことだからだ。

このように考えると、シュタイナーのいう「純粋経験」は、ジェイムズのそれと比べても、西田のそれと比べても、われわれの経験のより初源の相を意味しているといえるかもしれない。いってみれば、まったく無色透明の「経験」のことだといえる。この初源の相に、余計なものを付加することによって、われわれはまちがいをおかすとシュタイナーはいう。

数多くの学問研究、とくに現代の学問研究がおかしている根本的な誤りは、それが純粋経験を描写していると思いこんでいるときに、実は、みずからの経験のなかに入れこんだ概念を読みとっているにすぎないことである。

——『ゲーテ1』S.38、四二頁

「純粋経験」とは、われわれの経験の最初の一歩であり、完全に受動的な状態だ。そこには、「認識」も「意識」も入ってはいない。ジェイムズのそれとも、西田のそれとも、明らかにちがう「経験」だった。まだ色のついていない無味乾燥な「感覚体験」なのである。そしてシュタイナーは、こうした経験を基盤にして、より高次の経験が成立するという。それは、「思考」の経験である。シュタイナーが、最も重視している「思考」が、つぎに登場する。「思考」について、あらためて考えてみよう。

7　根源現象

「思考」とは何か。あらためてこの問に戻ってみよう。シュタイナーのいう「純粋経験」とは、私たちが最初に経験する何の意味づけもされていない経験だった。秩序のない多様な感覚の群れであった。そのような「純粋経験」に、われわれ人間は、こちらから意味や法則を加えていく。シュタイナーはいう。

> 関連のまったくない経験の混沌のなかで、私たちをこの無関連さから抜けださせてくれる要素もまた、まず経験できる事実として見いだされる。それは思考である。思考は経験のなかでも、経験事実としてすでに例外的な位置を占めている。
>
> ――『ゲーテ1』S.41、四七頁

ここでもまた、「思考」が例外的なものとして登場する。シュタイナーにとって「思考」こそ、この世界全体の基底にある（あるいは、すみずみまで浸透している）真の領域なのだ。このゲーテ論においても、このことはとても強調される。

われわれが通常そう考えるように、思考は、個々人独自のものではない。シュタイナーによれば思考は、最初から普遍的なものなのである。たとえば、つぎのようないい方をしている。

> 私は、思考を、直接経験として現れるその形のままで捉えるだけでよい。そのときすでに思考は、法則性をもった規定として現れている。
>
> ――『ゲーテ1』S.41、四七頁

たしかにわれわれは、それぞれの大脳を使って思考する。しかし、思考が思考として登場すると、それは、個々人の身体や思惑から離れ、「法則性をもった規定として現れ」る。思考は、いかなるときでも、普遍的で一般性をもつものとして姿を現す。思考のこのような二重性（個人の思考でありながら、かつ法則性をもつ）をシュタイナーは、つぎのようにいう。

この思考内容はあるときは私たちの意識の活動として現れ、また別のときは、自己の内で完結した法則性の直接の発現、自己内部で規定された理念内容として現れる。どちらの面がより重要であるか、私たちはすぐに見ることになるだろう。

――『ゲーテ1』S.45、五一頁

この二つの側面のどちらが重要なのかは、すでに答はでているといっていいだろう。「法則性の発現」や「理念内容」の側面こそが思考の本質なのである。われわれの意識は、そのような普遍的なものが現れる場所のようなものにすぎない。

シュタイナーは、この二つの側面を、つぎのようないい方ではっきり述べている。

私たちが思考内容を生みだすとき、この思考生成の過程のなかで思考がどのような結合をするべきか決定するのは私たちではない。私たちは、思考内容がその本性にしたがって展開できるように、場を提供するにすぎない。Aという考えとBという考えを相互に作用させることによって、この両者が法則に応じた結合を遂げるための場を私たちは提供する。AとBとの特定の関係を決定するのは私たちの主観的な有機体組織ではなくて、AとBの内容そのものだけが決定的なのだ。AとBが特定の仕方で反応することについて、私たちは何の影響も及ぼさない。私たちの精神は、思考群をその内容のあたえる条件にしたがって組み立てる。

――『ゲーテ1』S.46-47、五二頁

「私」というのは、思考から普遍的体系が現れる場だとシュタイナーはいう。思考の生成そのものに個々の私たちは、かかわっているわけではない。思考が展開される場を提供しているだけなのだ。シュタイナーによれば、われわれの意識は、「場」なのであり、そこで思考が生まれる。そうなると、私たちの「主観性」は、それほど重要ではなくなるだろう。客観的で普遍的な性質をもつ「思考」の方が、遥かに重要だ。これは、『自由の哲学』でも強調していた。

シュタイナーは、つぎのようにまとめている。

ゆえに、私たちの思考世界はまったく自立的な本質であり、みずから完結した、完璧で完成された統一体である。このとき、思考世界のもつ二面性のどちらが本質的であるかははっきりしている。内容の客観性が本質的なのであり、それが登場する場の主観性は本質的ではない。

——『ゲーテ1』S.47、五三頁

思考世界は、自立した統一体なのだ。その統一体が、われわれの意識に現れるのである。そして、その思考世界は、一つだけしか存在しないことを、シュタイナーは、つぎのように強調している。

人間の個々人と同じ数だけ思考世界が存在するという通常の考えを放棄すればよいだけだ。(中略)そもそも思考内容はただたんに一つあるだけである。そして私たちの個人的思考とは、私たちの自己、つまり個的人格が世界の思考中心点に入りこんでいくことにほかならない。

——『ゲーテ1』S.49、五四-五五頁

ここでいわれていることを、どのように考えればいいのだろうか。たとえば、数学の体系を考えてみよう。数学を思考世界だと考えてみるのだ。どんな数学者であっても（あるいは、数学にかかわっている学生や一般人でも）、数学を考えているときの思考内容は、同一の数学体系である。個人の数学者の性格や能力、関心分野がどれほど異なっていようと、思考内容は、古くから連綿とつづく数学そのものなのだ。たしかに、数学の発展はあるだろう。多くの新しい分野が開拓され、分野同士の関係が解明され、さまざまな予想が証明され定理となっていく。数学という大きな公理系は、時代とともに成長していく。しかし、だからといって、数学の体系が人によって恣意的に解釈されたり、定理がその人だけのやり方で勝手に証明されたりはしない。あくまでも、同じ一つの数学だけがある。

このように考えれば、それぞれの数学者の頭脳が、「思考の場」であり、数学そのものが「思考内容」であり「思考体系」ということになるだろう。シュタイナーは小さい頃、幾何学にであって、この上ない衝撃を受けた。その衝撃が、こうしてゲーテ研究や『自由の哲学』を執筆した時期にも深く関係しているのだ。幾何学や数学の独立したあり方こそ、「思考世界」の本質と重なっている。さらに、この「思考」の普遍性は、のちの神秘学徒としてのシュタイナーにとっても、その世界観のとても大切な基礎となる。

それでは、こうした思考の世界と、ゲーテの「有機学」とは、どのように関係しているのだろうか。生きいきとした有機的世界と、数学的思考の世界との関係は、どのようなものなのだろうか。まずは、シュタイナーの「帰納」批判から見ていこう。「帰納的方法」がつぎのように批判される。

しかし私たちは現象の内にとどまりながら、しかも必然的なものを見いだせることを知った。

> 今日広く主張されている帰納的方法ではそれはけっして見いだせない。（中略）このような方法は、現象のまったく外側にとどまっている。それは深みに降りていかない。帰納法の法則は個々の事実を一般化したものである。そしてつねに個々の事実から規則が確認されるのを待つしかない。
>
> ——『ゲーテ1』S.85-86、九二頁

ここでも、前に指摘したパースのアブダクションのようなことを、シュタイナーはいっている。個別事例をひたすら集めるだけでは、一般的な法則は現れてこない。最初に仮説を立てる必要がある。

　その仮説をシュタイナーは、「根源現象」という語で表現する。

> ある出来事の特性がそこにかかわる諸要素の本性から直接明らかに導きだされるとき、そのような現象を私たちは根源現象あるいは根本事実と呼ぼう。
>
> 　この根源現象は客観的な自然法則と同じである。なぜなら根源現象においては、ある特定の状況においてある出来事が起きたというだけでなく、それが起きることが必然であったということも意味されているからである。ある状況の本性にしたがって、この出来事が起きるにちがいないことが洞察されたのである。
>
> ——『ゲーテ1』S.85、九一‐九二頁

このような「根源現象」は、より高次の経験であり、「根本事実」である。この「根源現象」＝「根本事実」を発見するのは、思考の働きによってであり、たんなる経験的事実だけでは不可能だ。根源現象は、純粋に思考のなかに現れる。思考の場である「私」において、べつの次元から

思考内容が現れるとき、われわれは、根源現象である「法則」を発見することができるというのだ。

しかし、このような方法は、無機的自然に対するものであり、物理学や天文学などの方法なのである。有機的自然を対象にする生物学は、これとは異なる方法論が必要だとシュタイナーはいう。

> 物理学の方法はそもそも一般的な学問研究方法の特殊な例にすぎない。そこではただ探究されるべき対象の本性と、この学問が仕える領域が顧慮されているにすぎない。この方法を有機的なものにまで適用することは、有機的なものの独特の本性を抹消することになる。有機的なものの本性にしたがって探究するのではなく、むしろそれに異質の法則性を押しつけることになる。
>
> ——『ゲーテ1』S.92-93、九八頁

有機的世界においては、法則性（「根源現象」）ではなく、その根柢に別のものを想定しなければならない。無機的世界には存在しない特別なものが、有機的世界にはある。それはなにか。シュタイナーは、ゲーテとともに、つぎのようにいう。

> 特殊なもののうちにはつねに特定の有機体が現れる。だから（有機的世界の）根柢には、一般形式の有機体がある。つまりそれは有機体の一般的な像であり、それは、有機体すべての特殊な形態をみずからのうちにになっているのだ。
>
> ゲーテの例にならって、この一般的な有機体を典型（タイプ）と呼びたい。（中略）典型と

は有機体の理念である。動物のうちにあって動物を動物たらしめているもの、植物のうちに存する一般的植物である。

——『ゲーテ1』S.95-96、一〇一頁

有機体には、その一般的な像、つまり「典型」（Typus）が存在しているという。そしてこの「典型」とは、流動的なものであり固定されてはいない。これは、有機体において、つねに変容しつづけていて、多くの特殊なあり方を包摂するようなものなのである。これが、ゲーテのいう「原植物」や「原動物」のことを指しているのは、いうまでもないだろう。植物や動物の世界の基底には、「原植物」「原動物」が潜在しているのだ。

典型は真の根源有機体であって、それが理念的にどちらに専門化するかによって原植物かあるいは原動物になる。知覚的現実的な個々の生物はけっしてこの原植物、原動物ではありえない。（中略）真の有機学の基礎にはこの典型を置かなければならない。

——『ゲーテ1』S.96、一〇一－一〇二頁

有機学は、無機的自然科学とちがって、生命を対象とするのだから、複雑で変化しつづけるものが対象だ。自然法則を発見すれば、それによって自然の細部までことごとく解明できるようなものではない。有機的世界では、生きいきとした状態をそのまま生け捕りにしなければならない。だが対象そのものは変容しつづけている。したがって、これは、かなり困難な作業なのだ。

このような困難さを前提にしながらも、シュタイナーは、有機的世界と無機的世界の方法論をつぎのように説明していく。

典型が有機的世界で果たす役割は、無機的世界における自然法則の役割と同じだ。自然法則が個々の出来事を全体の一部として認識する可能性をあたえるのと同様に、典型によって、個々の有機体を原形態の特殊形態として認めることが可能になる。

すでに指摘したように典型は、自己完結し凝固した概念形態ではなく、流動的であって多種多様な形態をとることができる。原形（Urform）がこの特殊形態にどのように変化するかは原形自身には何の意味もないので、この可能な形態の数は無限である。それはちょうど自然法則が無数の個別の現象を規定しているのと同じだ。ここでも、個々の場合の特殊な状況は、法則とはかかわりがない。

――『ゲーテ1』S.97、一〇二―一〇三頁

有機的世界は、法則によって支配された無機的世界とは異なり、予想できない変化をしていく。典型からどのように個々の生物に変わっていくのか、そのつど、探究しなければならない。しかし、そんなことがはたして可能だろうか。シュタイナーは、つぎのように説明している。

個々の例は法則に還元される。自然法則は、感覚世界では分かれている事実の相互関連を明らかにする。しかし法則自体は個々の現象から離れて存在している。典型の場合、私たちが眼前に見ている特殊例は原形から導きだされる。（中略）個々の形態を典型から発生させなければならない。法則は現象の上に立ってそれを支配している、典型は個々の生物のなかに流れこんでいく、典型は個々の生物と一体になる。

――『ゲーテ1』S.98、一〇三頁

原形から特殊形態が発生する。といっても、われわれに確認できるのは、結果としての「特殊形態」だけだ。そのような結果から、どうやって原初形態へとさかのぼることができるのだろうか。「原植物」や「原動物」に、どうやって、たどりつくのか。

そもそも、ゲーテがいっていた「原植物」や「原動物」とは、どのようなものなのか。ゲーテ自身の言葉を少し見てみよう。ゲーテは、「原植物」をつぎのように説明している。

さてどんなにたがいにかけ離れて見える植物も、ある一つの概念のもとにまとめられるということになれば、この直観にもっと高次元なやり方で生命を吹きこむこともできるのではあるまいかと、私は次第に気がついてきた。当時私の脳裡を占めていたのは、超感覚的な原植物の感覚的な形は考えられないであろうかということであった。私は眼に触れるありとあらゆる形態のさまざまな変容を調べ、こうしてイタリア旅行の最後の目的地であるシチリアにおいて、植物のあらゆる部分の根本的同一性が完全に開示されたのである。その後はこれをいたるところに追求し、再確認することに努めた。

——『自然と象徴―自然科学論集―』高橋義人編訳、前田富士男訳、冨山房百科文庫、一九八二年

ここでゲーテは、面白いことをいう。「原植物」のことを、「超感覚的な原植物」といっているのだ。ゲーテにとって、「原植物」は超感覚的なものであり、実際に感覚できるようなものではない。たしかにゲーテは、植物の世界に入りこみ、多くの植物に直接触れ深くかかわってきた。しかしそれは、「原植物」を帰納的に見いだすためではない。「原植物」は、そのような個別の実際に存在する植物群とはべつに、感覚を超えたレベルでつくりだされたものだということだ。だか

らこそ「原植物」は、無限に近い現実の植物群のあらゆる形態に対応できるものとなる。
これは、シュタイナーが霊界を説明するときの「原存在」（『神智学』S.125、一六八頁、一五六頁）という概念に似ているかもしれない。つまり、現実の世界に現れるための設計図のような原形のことだ。ゲーテにとって「原植物」とは、すべての現実の植物を生みだす原形のようなものなのだ。そしてそれは、彼方（「超感覚的世界」）に存在している。ゲーテは、つぎのような説明もする。

原植物は世にも不思議な植物で、この秘密を知った私は、自然にさえも羨まれるであろう。このモデルを鍵にすれば、種々の植物をかぎりなく考え出すことができるのだ。つまり、首尾一貫してつながっているにちがいない種々の植物を。現実に存在していないかもしれないが、しかし存在しうるものである種々の植物を。

——『自然と象徴』一五六頁

あらゆる可能な植物を考えだすことができる「モデル」としての原植物。つまり原植物とは、あらゆる植物の可能性の源泉なのであって、具体的なものではない。だからやはり、ここでもゲーテがいっている「原植物」は、現実化される可能性すべてを包摂する植物のイデア的源泉だといえるだろう。そしてそれは、超感覚的世界に存在している。
そうなると、このような「典型」すなわち「原植物」や「原動物」を発見するのは、とてつもなく難しいことになるだろう。現実の植物や動物を観察して得られるようなものではなく、超感覚的世界にある「原存在」のようなものだからだ。したがって、この世界で地道にさがしても手にすることはできない。帰納を果てしなくおこなっても、たどり着きはしない。それでは、どうすれば、「典型」にたどり着けるのか。パースのアブダクションにならっていえば、どのようにして、「仮説」を発想することができるのだろうか。

シュタイナーは、「直観」という能力を提示する。われわれが自然法則を発見するとき、「証明的判断力」を使うように、典型を発見する際には、「直観」を使うとシュタイナーはいう。たしかに無機的世界における発見においても、直観は重要なファクターだろう。ニュートンの万有引力の発見にしろ、アインシュタインの相対性理論の発見にしろ、「直観」は重要だった。しかし、その直観は、多くのデータを確認し、膨大な計算をした上でのものであって、最初から「直観」を使うわけではない。無機的世界の法則の発見は、データや計算といった、直観とは異なるものと並行しながらなされるものだ。そして最終的に、証明という地道な道のりが待っている。

しかし、有機的世界の「典型」の発見は、そうではない。最初の段階から対象を内側から把握しなければならない。シュタイナーは、つぎのようにいう。

> 内容と形式が直接に結びついて現れるような思考方法は、昔から直観的思考と呼ばれてきた。（中略）直観の特徴とはつねに内容のなかに内容以上のものが含まれていること、そして証明によらず、たんに直接的な確信によって思考的規定を知っていることである。「存在」などの思考規定は知覚された素材から証明される必要はなく、むしろそれは内容と一体で不可分のものとして把握されると考えられている。
>
> ――『ゲーテ1』S.101-102、一〇六頁

直観という方法は、証明によって誰もが確信できるようなものではないため、ある意味で個人の資質的なものに左右されもする。ゲーテについてシュタイナーは、つぎのようにいう。

しかし有機科学にとって、直観こそ正しい方法である。ゲーテの精神が直観の素質をもっていたからこそ有機界の中で正しい道を発見したことは、私たちの今までの叙述からまったく明らかになったと思われる。有機学独特の方法と彼の精神の素質が一致したのである。

――『ゲーテ1』S.103、一〇七頁

しかし、もちろんその資質が「直観」という方法に合っている者だけが、有機学を探究できるというわけではない。アインシュタインやハイゼンベルクだけが自然科学を研究できるわけではないのと同様だ。誰でも、自然科学の研究はできる。ただ、偉大な発見ができるかどうかは、またべつの話である。

ゲーテの方法論を、シュタイナーは、つぎのようにまとめている。

私たちは、世界の核がわれわれの思考に流れこむのであり、そして私たちが世界の本質について考えるだけでなく、思考そのものが、現実の本質とともに歩むのだという見解に導かれた。(中略) 私たちにとって、直観とは直接に内在することであり、真理に参入することであり、直観はその際考慮に値するようなことをすべて私たちに与えてくれる。

――『ゲーテ1』S.104、一〇八－一〇九頁

ここでは、「思考」と「現実」が本質を共有しているということ、そして、直観がそのような現実の内側に入りこみ、真理に参入する方法だということが説明されている。有機学の方法が、直観であり、生きいきとした対象の内側に入り、それと一体化することにより、真理を手にするや

り方だということがわかるだろう。そして、その対象とは現実であり、それはとりもなおさず思考でもあるということになる。

ここで、シュタイナーと同時代人であるベルクソンの「直観」について少し触れよう。かなり方法として似ている部分があるからだ。ベルクソンは『思考と動き』のなかで、つぎのように「直観」について書いている。

したがって、私の語る直観は何よりもまず内的な持続へ向かう。直観がとらえるのは並置ではなく継起であり、内からの生長であり、絶え間なく伸びて現在から未来へ食い入る過去である。直観とは精神による精神の直接的な視覚である。

——『思考と動き』原章二訳、平凡社ライブラリー、二〇一三年、四四－四五頁

ベルクソンは、われわれの世界を「持続」の世界だと考えていた。その持続のありさまを、正確にすくいとれるのは「直観」だという。持続（つまりは生命の流動）を、そのまままるごと把握するのは、その内側に入って対象をじかにうけとる「直観」という働きによるしかない。つぎのようにもベルクソンはいう。

しかし、生長する持続に結びつく直観は、予見不可能な新しさの絶え間ない連続を知覚している。直観が見て知っているのは、精神が自らの持つもの以上のものを自らのうちからひき出すことであり、精神性とはまさにそれであり、精神の浸みこんだ実在が創造であるということだ。

——同書、四八－四九頁

ゲーテのいう「典型」から、どのような生物が生まれるのかは想像できない。しかし、「典型」という可能性の大きな倉庫から、多様な生きいきとした植物や動物が創造される。その創造のプロセスを逆にたどって「典型」を見つけだすのは、やはり「創造する実在」によりそうことができる「直観」しかないだろう。

もちろん、シュタイナーとベルクソンのいう「直観」は、異なっている。方法として発現する文脈が明らかにちがうからだ。しかしながら、生命や創造活動のなかに入りこみ、それを生きいきとした脈動もろともつかみとろうとする姿勢は、とてもよく似ているといえるだろう。ゲーテという偉大な自然科学者を媒介にして、同時代人であるシュタイナーとベルクソンに濃密な接点ができたといえるかもしれない。

最後に、ゲーテの世界観が、西洋哲学を支配してきたプラトン的な二世界説や、その認識論ヴァージョンともいえるカントの二元論と、どれほど異なるかということを述べたシュタイナーの文章を引用することによって終わりにしたい。いずれも『ゲーテの世界観』からの引用である。

> ゲーテの世界観にとっては、何世紀にもわたる西洋思想の発展において人がかかわってきた「イデアと感覚的な事物はどのように互いに関係しあうのか」という問は、完全に余計なものだ。シラーとの対話や他の機会でも、ことあるごとにゲーテが異を唱えた西洋思想の根柢に流れるプラトン主義のこの残滓が、彼のような感覚をもつ者の眼には、人間の表象の不健全な要素と映ったのである。
>
> ――*Goethes Weltanschauung*, Rudolf Steiner Verlag, 1985, S.29／『ゲーテの世界観』溝井高志訳、晃洋書房、一九九五年、二四－二五頁（以下『ゲーテ2』と省略）

ゲーテは、世界や自然の奥深く入りこみ、そのなかで、世界や自然のあり方をまるごと把握していく。「直観」によって、内的に吸収する。「直観」によって、内側から「典型」をつかみとる。イデアのような現実から遊離した世界のことなど、ゲーテには思いもよらない。

シュタイナーは、ゲーテの自然観察について、つぎのようにいう。

ゲーテが自然を観察するとき、自然はイデアを彼の前に提示してみせる。彼はそれゆえ、自然をイデアで満たされたものとして考えることができた。自然の事物に浸透することがないようなイデアの世界、自然の形成と消滅、自然の生成と成長をもたらすことがないようなイデアの世界は彼にとっては力のない思想の織物でしかない。

――『ゲーテ2』S.46、四四頁

ゲーテにとって、自然は、いつも身近なものとして存在している。自然の生成消滅のなかに、みずから埋没しながら、その創造作用のなかで、ゲーテ自身も創造していく。そういう自然のなかでの共同作業において、自然は、ゲーテにさまざまな秘密を明かしてくれた。

カントとゲーテについても、シュタイナーは、つぎのように述べている。

ゲーテ的な世界観においては、自然において把握されるイデア界の本質について認識することがわれわれに許容されているのと同じ程度に、「物自体」についてもまた多くのことを認識しようとすることが肝要である。カント的な世界観においては、「物自体」の世界を照明してみせるという権利を認識から剝奪することが重要なのだ。ゲーテは、事物の本質を照らしだす明かりを、認識において灯すことを欲する。

——『ゲーテ2』S.44-45、四二頁

繰りかえしになるが、ゲーテの方法論は、自然に直接入りこみ、それを丁寧に観察することによって、自然のなかの本質的部分（「根源現象＝「典型」）を見てとろうとするものだ。これは、二元的に世界を分けるカントのような世界観ではなく、シュタイナーのような一元的な世界の見方を基盤にしているといえるだろう。ただし、その一元論的世界は、つねに二重のあり方（現実と理念）で存在している。つまり、われわれの現実には、思考の世界がすみずみまで映り、深く入りこんでいるのだ。

第6章

『神智学』

1　『神智学』を読むという経験

これから、シュタイナーが一九〇四年に刊行した『神智学』について見ていきたい。みずからが神秘学徒であることをはっきり表明する最初の著作だ。この書は、シュタイナーの「霊界をも含めた哲学」の主著といえるものである。とてもわかりやすく、しかも簡潔にまとまった本だ。ただ、シュタイナーの哲学全体が叙述されているわけではなく、「宇宙の進化」については触れられていない。それについては、『神秘学概論』(一九一〇年)や『アカシャ年代記より』(一九〇九年)を読まなければならないだろう。逆にいうと、宇宙進化の歴史的な記述がないぶん、シュタイナー哲学の骨格を見てとりやすいともいえるかもしれない。

それでは、まず『神智学』の全体の構成を見てみよう。この書は、四つの部分から成りたっている。「人間の本質」「霊の再生と運命」「三つの世界」「認識の小道」の四つである。それぞれべつのいい方をすれば、「人間とは、どのような存在なのか」「輪廻転生とはどのようなものか」「世界とは、どのような構造なのか」「どのようにすれば、真の認識を獲得できるのか」と表現できる内容だ。まずは、シュタイナー自身が、この本について語っている「第三版のまえがき」からたどってみたい。

『神智学』の内容について、シュタイナーは、つぎのようにいう。

本書のなかで、超感覚的世界の若干の部分を叙述するつもりである。感覚的世界だけを認めようとする人は、この叙述を空疎な想像の産物と見なすだろう。(中略)人間はこの洞察をもつことで――多くの人が怖れるように――「現実」生活から疎外されたりはしない。なぜならそのときこそ、この人生のなかで確実にしっかりと立つことを学ぶのだから。

『神智学』S.11、九－一〇頁、XⅡ－XⅢ

もちろん、シュタイナーは、超感覚的世界を否定している人たちのことを充分わかっている。四〇歳になるまでは、そのような人たちと一緒に活動していたのだから。唯物論者や一般の哲学者がどのようなことを考えているかは、よく知っている。だからこそ、「まえがき」で、そうした人たちのことを語っているのだ。自分が書いていることは、「空疎な想像の産物」だと見なされるかもしれない。しかし、自分が書いている超感覚的世界のことを知らなければ、われわれは、「人生のなかで確実にしっかりと立つことを学」べないという。

超感覚的世界についての洞察がないと、「目の不自由な人のように、人生の諸結果のなかを手さぐりで歩くしかない」(『神智学』S.11、一〇頁、XⅢ)というのだ。たしかに、われわれは、自分が生きている意味を通常見いだすことができずに生きている。「なぜ生きているのか」がわからないまま、「目の不自由な人のように」生きていく。それこそアルベール・カミュのいう「不条理の世界」を、本当の意味を見いだせずに手探りで生きていくしかない。何の価値もない、偶然だけが支配する世界で右往左往しながら生きていくしかないだろう。

シュタイナーによれば、われわれが生きている世界と重なる超感覚的世界を知悉することによって、生きる意味がわかり、「人生の諸結果のなかを手さぐりで歩く」のではなく、人生の原因をしっかり見据えて生きていくことになるというのだ。われわれが生きていく意味がわかるというわけである。そしてシュタイナーのいう「自然科学的態度」がつぎのように表明される。

筆者は、霊的分野で自分が経験し、証言できた事柄だけを述べている。この意味で自分の体験したことだけが表現されるべきなのである。

——『神智学』S.12、一〇頁、XIII

本書のなかには現代の自然認識の基盤の上に立つ人が肯定できぬようなものは何一つ述べられていない。筆者は、自然科学のいっさいの要請に応じることができたと思っている。

——『神智学』S.14、一三頁、XVII

われわれの通常の自然科学は、基礎的なデータを感覚から得ている。われわれの知覚をもとに自然科学は構築されているといえるだろう。自然を観察し、それを蓄積し、その集めたデータをもとに法則や構造を導きだす。実験をし、仮説をたて、その仮説を確認し証明していく。一般に、われわれの身体に依拠する感覚は、身体を共有している人類に共通のものだ。たしかに、ノーウッド・ラッセル・ハンソンがいうように、われわれの知覚には、「理論」が負荷されている。したがって、同じ理論によって知覚が共通のものになっているのかもしれない。そういう側面もあるだろう。

いずれにしろ、われわれは、「ほぼ」同じ対象を見ているといえる。知覚対象を共有しているからこそ、人類は、一つの自然科学をもっているといえるだろう。ニュートン力学や相対性理論、量子力学といった自然科学は、同じ対象をもつことから出発したのだ。

しかし、シュタイナーが見ている世界は、多くの人たちが見ている世界とはちがう。彼自身もそれを自覚しているからこそ、以上のようなことを述べているのだ。だがシュタイナーは、繰りかえし、自分自身が経験し「見た」ものだけを語っているという。たしかに、万人が見ている世界とは異なるが、しかし、シュタイナーだけが見ている世界のなかでは、自然科学的姿勢は崩していないというのだ。

　シュタイナーと同じ世界を見ることができない者（私も含めて）にとっては、この言葉を信じることしかできない。もし、シュタイナーの書を本気で読み進めようとするのであれば、この哲学徒の真摯な態度を信じて読んでいくしかないだろう。すくなくとも私は、こうしてシュタイナー側に、自分の賭け金のほとんどを置いたのである。

　さてシュタイナーは、この『神智学』の読み方も示唆している。ただ情報を得るだけの読書の仕方では、何も得るものはないという。つぎのように、本書の読み方を指示している。

> 本書は今日一般におこなわれている読書の仕方で読まれるようには、書かれていない。どのページも、個々の文章が読者自身の精神的作業によって読み解かれるのを待っている。意識的にそう書かれている。なぜなら、この本はそうしてこそはじめて、読者に真の姿を見せるからだ。ただ通読するだけの読者は、本書を全然読まなかったに等しい。本書の真理は体験されなければならない。霊学はこの意味においてのみ価値をもつ。
>
> ――『神智学』S.12、一〇頁、XIII－XIV

シュタイナーのいうように、深く体験するために書かれた本が『神智学』なのだ。「第六版のまえがき」では、本書を「生きた存在」とまでいう。この本は、生きている。そして、われわれ読者は、その生きものである本書と、一頁一頁読み解きながら濃密につきあっていかなければならない。精神の体験を共有しなければならない。そのとき初めて、この本は、真の姿を現すだろう。生きものとしての生きいきとした息吹をこちらに伝えてくれるだろう。そして、この本は、われわれのものになる。霊学的生命が、われわれの内部に深く浸透してくるのだ。

さてそのような「生きた存在」である『神智学』を少しずつ体験していきたいと思う。ルドルフ・シュタイナーという偉大な神秘学徒に導かれ、霊学の門にまでたどり着ければ、と思う。

2　霊眼

序論は、フィヒテの引用から始まる。シュタイナーが若い頃耽読したフィヒテが、自身の哲学体系である「知識学」について話した講演の一部だ。

「この学説は一つのまったく新しい内的感覚器官を前提としています。この器官によって、通常の人間にとっては全然存在していない、一つの新しい世界が与えられるのです。」こう述べた彼は、ついで、自分の学説が通常の感覚世界の諸表象をもって判断しようとする者にとって、いかに把握し難いものであるかを、比喩によって示した。——「生まれつき目が見えない人々の世界を考えてみてください。その人々にとって、触覚によって存在する事物やその状態だけが知られているとします。この人々のところへ行き、光と視覚がなければ存在しない色彩その他の事柄について語るとしましょう。皆さんは実在しないものについて語っていることになりかねません。」

——『神智学』S.17、二一頁、一－二頁

生まれつき視覚に障害のある人は、色彩に満ち溢れている外の世界を知覚できない。視覚に障害がない者にとって鮮やかに見えるこの世界は、その人にとっては存在しないに等しい。しかし、シュタイナーによれば、超感覚的世界も、まったく同じことだという。超感覚的世界を知覚できる器官がなければ、超感覚的世界の存在を信じることは難しい。だが、その器官は、誰でも訓練次第で発現するとシュタイナーはいう。

太古から繰りかえしいわれてきた「隠された叡智」を、まざまざと「見る」ことができる「高次の感覚」をもたなければ、その「叡智」は存在しないことになる。多くの人たちが語り継いできた叡智の伝統が、無に帰してしまうだろう。しかし、この「叡智」を、まざまざと見ることができたシュタイナーは、そんなことはありえないという。「叡智」は、けっしてなくならないのだ。

もし「高次の感覚」をもつ者同士であれば、たとえばつぎのようなやりとりが可能なのだ。

ちょうどアメリカを旅行してきた者が、まだアメリカへ行ってはいないが、いつか機会があれば、彼の見たものを同様に見物できると思って彼の話を聞きに来た人に、その旅行について語ることができるように。

——『神智学』S.18、二三頁、三頁

同じ感覚をもっているのであれば、「アメリカの存在」を疑うことはない。そこへ行けば、ニューヨークのセントラル・パークも、ロサンゼルスの街並みも見ることができる、と信じられる。同じ感覚をもつ者の世界では、そのようなことを何度も経験しているからだ。

シュタイナーによれば、われわれが生きているこの世界でも、超感覚的世界をアメリカと同じように見ることができるという。「高次の感覚」さえ開眼すれば、それは可能になるのだ。たしかに、超感覚的世界にも、多くの領域があるだろう。通常の感覚的世界でも、アメリカ大陸もあれば、ユーラシア大陸もあれば、アフリカ大陸もあるように、超感覚的世界にも、広大な世界がある。だから、同じ感覚を共有しているわれわれの世界と同じようなことが、超感覚的世界でも起こるのである。「高次の感覚」を共有しさえすれば、この感覚的世界とまったく同じことが起こる。そして、この「高次の感覚」は、誰でも潜在的にもっているのだ。

シュタイナーは、つぎのようにいう。

なぜなら、うまれつき肉体的に目の見えない人は手術によって誰もが見えるようになるとはかぎらないが、しかし、霊眼はどんな人もこれを開くことができるのだから。ただそれがいつ開けるかという時間の問題だけが残されている。

——『神智学』S.19、二四頁、四頁

「霊眼」と聞けば、われわれの日常生活とはかけ離れたことのように思われるが、はたしてそうだろうか。たとえば書画の鑑定のことを考えてもいいだろう。もちろん、才能のちがいはあるかもしれないが、ある程度の訓練を積めば、鑑定ができるようになる。医者が経験を積めばレントゲン写真で正確に診断できるようになるのと同じかもしれない。利き酒もそうだろうし、将棋の盤面で、プロ棋士が一目で最善手がわかるようになるのも同じだろう。このように、ある程度の(あるいは、かなりの)経験を蓄積すれば、「見える」ようになることは、われわれの世界にいくらでも存在している。シュタイナーは、「霊眼」も同じだといっているのである。

しかし、シュタイナーによれば、この開眼は、知識や自然科学的な教育とは、かかわりがない。

むしろ、それらの教育や知識は、阻害要因にさえなるという。シュタイナーのいうことに耳を傾けてみよう。

学識と科学的教育とは、この「高次の感覚」を開くための条件にはならない。素朴な人間にも知的水準の高い人にも、等しくこの感覚は開かれる。現代が「唯一の真の」科学と呼ぶものは、この目標を促進するというよりも、むしろ妨害する可能性もある。なぜなら、この科学は当然、通常の感覚が捉えるものだけを「現実的」だと受け容れるからである。

——『神智学』S.19、二四頁、四頁

たとえば、絵画には価値など、まったく存在しない、と考えている人がいたらどうだろう。絵画を、ただの図であり色の模様にすぎないと考える人に、どうやって名画を説明できるだろうか。その人に、ゴッホの底知れなさやフェルメールの美しさをどれほど説明したところで、けっして説得することはできないだろう。それらの人には、鑑定能力に必要な「勘」の存在などどうやっても説明できない。それと同じように、そもそも超感覚的世界を認めていない自然科学は、霊眼の開発には、よくない影響を与えるとシュタイナーはいっているのだ。

さらにシュタイナーは、ここでもカント的な認識の限界を批判している。「霊眼」は、いわば「物自体」を見る能力でもあるからだ。

しばしば、以上に述べた事柄に対して、人間の認識には「超えられない限界」がある、という反論がなされている。人はこの限界の外にはでられない。それゆえこのような「限界」

に気づかぬ一切の認識行為は否定されねばならない、というのだ。（中略）こうした非難をする人は、高次の認識には人間の認識能力の開発が先行していることをまったく見過ごしている。高次の認識能力を開発する以前には、認識の限界の彼方にあったものも、各人のうちにまどろんでいる諸能力の開発以後は、認識領域の内側にある。――『神智学』S.19、一二五頁、五頁

シュタイナーの思想全体には、「進化」「開発」といった考えが色濃く反映している。人間、宇宙は進化するものであり、能力は開発されるのを待っているのだ。だから、現時点での人間に対する考えや、その時代の自然科学のパラダイムを絶対と見なしてはいない。あらゆる事柄の進化や発展には限界がない。それと同じように、人間の認識能力にも限界はない。

したがって、高次の認識は、それぞれの人間がその能力を開発しさえすれば可能になる。そしてその開発は、シュタイナーによれば「時間の問題」にすぎない。誰でもいずれ必ず開発される。遅かれ早かれ、霊眼は開く。

ただもちろん、霊眼が開けば、超感覚的世界全体に通暁できるというわけではない。書画の鑑定士にも能力や得意分野のちがいがあり、将棋の棋士にも得意戦法や実力のちがいがあるように、霊眼の能力、その視野の広狭のちがいがおのずとでてくるだろう。シュタイナーは、つぎのようにいう。

存在のこの高次の諸領域の「教師」であるためには、もちろんこれらの領域のための感覚が開かれているだけでは充分ではない。彼には、日常的現象の領域の教師にとって科学（学問）が必要であるように、一つの「科学」（学問）が必要なのである。感覚的現実の世界に対

して健全な感覚をもっているというだけでは「学者」になれないように、「高次の視覚」をもっているというだけでは霊界の通暁者にはなれない。

――『神智学』S.20、二六頁、六頁

われわれは、誰もが霊界の現象を見たり、霊界の知識をもっていたりするわけではない。だから、ほんの少しでも、そのような現象や知識を見たり知っていたりする人がいると、その人をすぐ信用し、すぐれた霊能力者だと即座に判断してしまう。しかし、われわれの通常の世界でも、どんな能力や技術にもさまざまなレベルがあるのだから、当然のことながら、霊能力者についても同じことがいえるだろう。ようするに、玉石混淆なのだ。

将棋の能力でも、アマチュアの世界だけでも、覚えたての人、級位者、初段レベルの人、五段の人、県代表クラス、元奨励会の人、アマチュア名人経験者などレベルはさまざまだ。そこにプロ棋士（あるいは、将棋ソフト）も入れれば、能力、実力のちがいは、この上なく多くの層をなすことになるだろう。霊界に関する知識、霊眼の能力もまったく同じなのだ。シュタイナーは、この当たり前のことを、ここで確認しているにすぎない。

だから、霊的能力をもっているからといって、それだけでは、ほとんど意味をなさない。将棋でいえば、ルールを覚えただけなのだ。将棋のルールを知らない人に対しては、「将棋を知っている」といえるかもしれないが、ルールの知識だけでは「将棋に通暁している」などとは、口が裂けてもいえない。そこから、プロ棋士のレベル（あるいは、将棋AIのレベル）に達するまでには、無限に近い階梯《かいてい》があるのだから。こうした観点から、シュタイナーは、霊界に関する知識についても「無学」を厳しく批判している。

事実、現実界はすべて、低次の物質的現実界も高次の霊的現実界も、同じ根源の本質の二つの側面にすぎない。だから低次の認識において無学なものは、高次の事柄においても無学にとどまる。この事実は、霊的召命を受けて、存在の霊的諸領域について語る義務を感じている者に、かぎりない責任感を呼びおこす。それは彼に謙遜と慎み深さを義務として課す。

——『神智学』S.20、二六頁、六―七頁

シュタイナーによれば、この世界において、さまざまな学問領域の知識を備えていない者は、彼方の知識においても、同じように無知無学であるという。だからこそ、われわれは、この世界の多くの知識を手にするように、霊的世界の領域においても、該博な知識を獲得するよう努めなければならない。もし、霊眼が開き、超感覚界の諸相を見ることができ、そのことに使命感を感じたら、その人には、無限の向上心が必要になるということだろう。此岸の膨大な知識とともに、彼岸の無数の知識をも獲得しなければならない。こうして初めて「霊眼」が開くという事態が深い意味をもってくるのだ。

そして、このような彼此の両岸にわたる膨大な知識に通じている人物、これは、まさにルドルフ・シュタイナーのことを指しているといっても過言ではないだろう。

3　人間の三重のあり方

まずは、本論最初の「人間の本質」を見ていきたい。ここでシュタイナーは、人間の三重のあり方を指摘している。ゲーテを引用し、この「三重のあり方」をつぎのようにまとめている。

ゲーテによって語られたこの思想は、人間の注意を三つのものに向ける。第一は、感覚の門を通して、たえず人間に触、嗅、味、聴、視の情報を流している対象である。第二は、この対象が彼に与える印象であるが、それは人があるものに共感をもち、ほかのものに反感をもつときや、あるものを有用と見、他のものを有害と見るときに、対象から受けとる、気に入る、気に入らないの印象であり、欲望や嫌悪を呼びおこす印象である。さらに第三は、人が対象に対して「いわば神的な態度をとることで」獲得した認識内容である。彼に明かされるのは、この対象の作用とあり方の秘密である。

——『神智学』S.23-24、三〇頁、一二頁

第一は、現実の諸対象だ。われわれが五感によって捉える感覚的な対象である。つまりは、外界である。われわれは、いつでも物質によって構成されている外的世界にとりまかれている。そしてつぎに、外界に存在している諸対象がわれわれに与える印象がある。快・不快、欲望や嫌悪を、こちら側に呼びおこす印象の世界が存在するだろう。外界とわれわれの間で成りたつ世界だ。さらに最後に、外界や五つの感覚や、それによる印象とは異なる普遍的な世界がある。知覚できる世界を成りたたせている法則そのものの世界だ。物質世界の諸法則の世界といっていいだろう。これは、われわれ個々人のあり方とは、かかわることなく成立している。いわばイデア的な領域にある。

シュタイナーは、この三重のあり方をつぎのような言葉で表す。

このように人間は、つねに三重の仕方で世界の事物と結びついている。いまのところは、

この事実のなかへ何の解釈ももちこまず、この事実が現れるままをただ受けいれるだけにしておこう。いま明らかになったことは、人間がその本質のなかに三つの側面をもっている、という事実である。ここではさしあたり、体（Leib）、魂（Seele）、霊（Geist）という三つの言葉で、この三側面を暗示しておきたい。

——『神智学』S.25、三二頁、一四頁

ここでシュタイナーがいっているのは、身体をもち感覚器官をもつことにより、外界を外界として知覚できる。つまり、物質的世界は、われわれとは離れているにもかかわらず、みずからの知覚器官によって把捉することができるということだ。われわれの認識の構造によって、われわれは外界と密接にかかわっている。身体があるからこそ、世界を知覚できるというわけだ。われわれの身体と同じ要素でできあがっている物理的世界が存在し、それにわれわれは、感覚によってかかわっているというのである。

さらに、人間が魂という領域をもっているからこそ、外界からの印象をうけとることが可能になる。無味乾燥な知覚データだけではなく、印象をうけとるのだ。つまり、印象という現象があることによって、快や不快といった感情や、喜怒哀楽の気持をわれわれはもつことができる。魂をもつことにより、われわれ人間は、感情や気分の世界で生きていくということだろう。

さらに霊というのは、何だろうか。ゲーテの引用のなかでは、真の植物学者が、植物の形成や植物の性質を観察によって吟味し認識する態度のことを表している。「いわば神的態度によって、考察する」ことなのである。自分自身の感情や欲求などとは離れた態度によって、考察するということだろう。植物や物質のあり方によりそって考察する。

シュタイナーは、この三重のあり方を、つぎのようないい方でも説明している。

人間は星空を見上げる。魂が受ける感動はその人間のものだ。しかし彼が思想として霊にお いて把握する星々の永遠の諸法則は、彼にではなく、星々自身に属している。

かくして人間は、三つの世界の市民である。その体を通して、彼は身体が知覚する世界に属し、その魂を通して、彼自身の世界を構築し、その霊を通して、この両者のおよばぬ世界が彼に啓示される。

――『神智学』S.26、三四頁、一六頁

人間は夜、星空を見上げる。人間が身体をもち感覚器官をもっているから、星空を「見る」ことができる。星空という物理的対象を、われわれは知覚している。星空とわれわれの間に、感覚的世界が成りたっていることを確認できるのだ。

さらにその星空のなかに宇宙の無限の美しさを感じ、それがこちらの琴線に触れるとき、すなわち、こちら側の魂が打ち震えるとき、それは、身体や物理的世界の客観的なあり方とは関係がない。魂がなければ、われわれに感動はないのだから。

しかし、さらにその星空のなかに、恒星や惑星の運動を見てとり、それらの間に働く万有引力の法則を把握し、それを数学的に処理するとき、シュタイナーによれば、霊的次元がそこには開いていることになる。普遍的な物理法則は、霊（精神）の世界で成りたち、それをわれわれが把捉しているのだ。

これが、同時に三つの世界に生きている人間の本質なのである。シュタイナーは、つぎにそれぞれの世界とそれに結びつく人間の本質を解明していく。ゆっくり見てみよう。

まずは、人間の一番基層をなしている「体」（Leib）についてシュタイナーは語る。この「体」

とは、身体や生命体（エーテル体）を指す。われわれが、形をもって、この現実世界に入るためには、「形式」だ。現実の世界は、すべて形のあるものでできあがっている。この世界で活動するためには、「形」は必須なのだ。ただし、それは、「物体のもつ形」とは異なるとシュタイナーはいう。

「体」という概念について、つぎのように注意をうながす。

人間は、肉体を通して鉱物界に属しているように、エーテル体を通して生命界に属している。死後、肉体は鉱物界へ、エーテル体は生命界へ解消される。「体」とは存在に何らかの種類の「形姿」「形態」を与えるものをいう。「体」（Leib）という言葉を感覚できる物体の形（Körperform）ととりちがえてはならない。

——『神智学』S.35、四八頁、二七頁

身体に特徴的なように、われわれがこの現実界で生きていくためには、何らかの「形」が必要だ。人間は、その形をまずは鉱物界から借りてくる。それが「身体」である。さらにただの物体（死んだ物）ではなく、われわれは具体的に動いてさまざまな経験をしなければならない。そのためのエネルギーをエーテル界（生命界）から受けとるのである。そのための形が、「エーテル体」ということになるだろう。生命としての形である。だから、物体として知覚できる「形」（身体）だけを意味しているわけではない。生命体のもつエーテル的形姿もまた、「体」なのである。このように人間に形を与えるものを、総じて「体」とシュタイナーはいっているのだ。そして、このような「体」も三層をなしているとシュタイナーはいう。

人間には鉱物、植物、動物という三つの存在形式が深く浸透している。鉱物同様、人間はその身体を自然の素材によって形成する。植物同様、人間は生長し生殖する。動物同様、人間は周囲の対象を知覚し、その印象をもとにして、自分のなかに内的体験を形成する。だから鉱物的、植物的、動物的存在をも、人間のなかに認めることができる。

——『神智学』S.27、三五頁、一七頁

人間は、鉱物、植物、動物と共通の部分をもっている。そして感覚的に（あるいは、超感覚的に）知覚できるものを「体」という。われわれは、非常に不思議なことに、この「体」のような形式がなければ、活動はできない（おそらく、この現実の世界では）。どんな人間も、どんな存在も、「形」をもたざるをえない。それが「体」だ。

しかし、人間は、この三層で終わりではない。さらに人間だけのあり方が、この層につけくわえられる。

人体には存在の三つの形式、鉱物的、植物的、動物的形式がそなわっているが、さらに第四の、独自の人間的形式がこれにつけくわえられなければならない。鉱物的存在形式によって、人間は一切の可視的存在と同類であり、植物的存在形式によって、生長し生殖するすべての生物と同類であり、動物的存在形式によって、環境を知覚し、外的印象をもとにして内的体験をもつ一切のものと同類である。そして人間的存在形式によって、人間はすでに体的関係において、それ自身で独自の世界を形成しているのである。

——『神智学』S.28、三六–三七頁、一八頁

人間だけがもつ「人間的形式」によって、たんなる「体」とは異なる部分をもつことになる。鉱物、植物、動物と共有する形式は、ある意味で、それぞれの「体」と種的な関係をもつ。つまり、身体によって人間は、鉱物と同じ種に属することになる。身体だけに着目すれば、人間は鉱物なのである。さらに生（成）長し生殖活動をすることによって、人間は、植物と同等の種族ということになる。その意味では、植物なのだ。さらに外界を知覚できることにより、人間は、他の動物と同じ種類の存在ということになるだろう。

ようするに、それぞれの段階で、他の多くの存在と同じ種に属している。しかし、人間的形式は、そのようなあり方とは異なる人間独自のものだ。人間だけは、それぞれ個々の存在が、それだけで一つの種のようなあり方をしているとシュタイナーはいう。いわば、一人が一つの種なのだ。「人間の魂の本性」という部分で、シュタイナーは、人間の魂の特徴をつぎのように説明する。

> 人間の魂の本質は固有の内面世界であり、この点でその体的本質から区別される。この固有の世界は、最も単純な感覚的知覚に注意を向けるだけで、直ちに立ち現れてくる。
>
> ――『神智学』S.28、三八頁、一九頁

感覚的知覚は、自分自身しか知りえない。自分固有の知覚は、他の誰ももちえないし、逆もまた同様である。個々人の内面での質感（クオリア）には、外側からはけっしてたどり着くことはできない。自分自身が見ている絹織物の光沢のある質感は、自分だけしか感じていない。コウモリ

の内面は、けっしてわれわれにはわからないし、同じ種であっても他の人間の内面もまた絶対に知りえない。

さらにシュタイナーは、つぎのようにつけくわえる。

感覚的知覚につづいて、感情がこれに加わる。ある感覚は快を、べつの感覚は不快を人間に感じさせる。それも彼の魂の内的な営みの現れである。しかし人間は、感情のなかで、外から彼に働きかけている世界に対して、第二の世界を創り加える。

――『神智学』S.29、三九頁、二〇頁

知覚だけではなく、感情もまた新たな内面である。自分自身の感情の流れを他人は知りえないし、他の人の気持や気分も、こちらからは、うかがい知れない。類推は可能でも、〈そのもの〉を感じることはけっしてできない。こうして魂のレベルになると、人間には内面世界ができあがる。

シュタイナーはつぎのようにまとめている。

このように魂は、人間固有の世界として、外界に対置されている。人間は外界からさまざまな刺激をうけとる。しかし彼はこれらの刺激に即応して、一つの固有の世界を形成する。体的本性は魂的存在の底層になる。

――『神智学』S.29、三九頁、二〇頁

身体が基底にあり、その上に重なって魂の領域が開かれるというわけだ。これが人間の基本的なあり方なのである。しかし、人間は感情や知覚をもつ魂のレベルだけで成りたっているわけではない。さらにそれらを基層にして、人間だけの領域、つまりは霊的（精神的）領域が開かれる。こうなると、魂は、身体と霊とを媒介する中間領域になるだろう。

人間は魂を中心に、さまざまな活動をしていく。身体を基礎にして、その身体のもつ感覚器官によって、外界からの無数の印象を処理しながら行動する。これは、魂がなければできない行為である。われわれ人間の基本的生活はこうして営まれる。しかし、もちろんそういう「刺激―反応系」としての行為だけを、われわれはしているわけではない。シュタイナーによれば、「思考」という人間独自の働きが現れる。

シュタイナーは、つぎのように説明する。

人間は自分の知覚内容や自分の行動について、あれこれと思考する。知覚内容を思考することで、彼は事物についての認識を獲得する。自分の行動について思考することで、彼は理性にかなった関連を生活にもたらす。そして彼は認識においても行動においても、正しい思想に導かれているときにのみ、人間としてふさわしい仕方で、課題が達成できることを知っている。

――『神智学』S.29、四〇頁、二一頁

知覚内容をうけとり、これをデータとして蓄積し、それをもとにして思考する。そして、外界の多くの事物についての認識をわれわれは獲得する。自宅に帰るための近道、他人と会話するときの配慮、明日の朝食の準備など、この上なく多様な事柄について、細かくわれわれは「思考」するだろう。こうして、思考を積み重ね、生活や学問のみならず、その他さまざまな方法や技術が上達していき、「正しい思想・思考」に導かれるようになっていく。

身体を基礎にしていることから、物質界の法則に、われわれは否応なくしたがわざるをえない。身体は、隅からすみまで外界とまったく同じ物質によってできあがっているからだ。しかし人間は同時に、思考しつつ生きていくのだから、思考の法則にもしたがうことになるだろう。論理法則、あるいは、それを基礎にした思考の諸々の法則にもしたがわなければならない。将棋でいえば、ルールとそれを基礎にした定跡のようなものだ。それらにしたがわなければ、なかなか将棋には勝てない。同様に、思考の諸法則にしたがわなければ、日常生活が滞りなく進まない。それは、われわれの生活の基底にある思考の道筋のようなものだといえるだろう。

このように考えれば、ある意味で、魂という人間の中心は、物質と思考の二重の法則にしたがう場であるといえる。シュタイナーは、この点にかんして、つぎのようにいう。

魂はそれ故、二面の必然性に向き合っている。すなわち体の諸法則によって自然必然性に規定されているとともに、正しい思考に導く諸法則にも、すすんでその必然性を認め、規定されている。人間は、自然を通して新陳代謝の法則に支配されている一方、みずからを思考の法則にしたがわせているのだ。

——『神智学』S.29-30、四〇頁、二一頁

魂は、身体と霊的領域との橋渡しの役割を演じているといえるだろう。

4　エーテル体とアストラル体

シュタイナーは、人間のあり方を、最終的に「肉体」「生命体（エーテル体）」「アストラル体」

「魂の核としての自我（私）」「霊我」「生命霊」「霊人」と七つの層に分けている（『神智学』S.52、七〇頁、五二頁）。そして、「魂の核としての自我（私）」の部分（一語で「魂」といってもいい）を、「感覚魂」「悟性魂」「意識魂」と、さらに三つに分けて説明していく。

感覚的世界で確認できるのは、「肉体」「エーテル体」「アストラル体」「自我」ということになるだろう。繰りかえしになるが、「肉体」は、鉱物と物質を共有し、「エーテル体」は、植物と生殖・生長を共有し、「アストラル体」は、動物と感覚を共有している。そして、「自我」は、人間独自の領域だ。

さらに、その同じ人間は、霊界にも同時に存在している。「霊我」は、霊界の影響下にある「自我」であり、もちろん「魂の核としての自我（私）」と重なっている。さらに「生命霊」は、霊界における「エーテル体」のようなものであり、霊界で生きるための生命を与えてくれる。「霊人」は、霊界における人間個体であり、霊的個人としてのあり方だ。

つまり、この現実界における「肉体」「生命体（エーテル体）」「自我」が、霊界のなかでの「霊人」「生命霊」「霊我」にそれぞれ対応しているといえるだろう。人間は、この感覚的世界にいると同時に、こうして重なりながら、霊界にも存在しているということになる。だから、人は、いつも霊界の影響をうけつつ、日々生きているというわけだ。

霊界については、後述するとして、まずは、この人間のあり方を一つひとつ見ていこう。いままで何度も強調したが、シュタイナーによれば、人間の本質は、「思考」である。「思考する存在」というのが、人間だけがもつ特徴なのだ。「思考」こそが、霊界への道だからだ。

シュタイナーの言葉を聞いてみよう。

人間は、自分の本質のなかにある思考の意味を明らかにするときにのみ、正しい仕方で自己を解明することができる。脳は思考の身体器官である。

――『神智学』S.30、四二頁、二三頁

人体は思考にふさわしい構造をもっている。鉱物界にも存在する素材と力は、人体のなかで思考が現れることができるように、構成され、結合されている。この課題にふさわしく形成された鉱物的構造を、以下の考察においては、人間の肉体と呼ぶことにしたい。

――『神智学』S.31、四三頁、二三頁

視覚器官が、正常に働かなければ眼が見えないように、脳がふさわしい発達をとげていなければ思考はできない。思考が十全にできるように、脳という身体器官が形成されている。身体組織は、脳という中枢によって思考が存分にできるように、鉱物界に存在する素材と力によって形成されているとシュタイナーはいう。したがって極論すれば、人間が「思考存在」となるために、肉体があり、そして脳があるといえるかもしれない。

さらに、このような身体は、もちろん生命を宿していなければならない。生命体になり、現実の世界でさまざまな活動をおこないながら、同時に思考もおこなっていくからだ。シュタイナーは、「生命力」をつぎのように説明する。

この種を形成する力は、生命力と名づけられる。鉱物の力が結晶のなかで自己を表現しているように、形成する生命力は動植物の生命の種もしくは形態のなかで自己を表現している。

――『神智学』S.32、四四頁、二五頁

この「生命力」によって、たんなる物質にすぎなかった身体が、みずから行動することのできる「生きた身体」となるのである。したがって、結晶化を促すような物理的形成力は、われわれの「生命力」とは異なるものだとシュタイナーはいう。結晶は生命の特徴ではない。

> 霊的生命の研究者にとって、エーテル体は、物質的な素材や力が生みだしたものではなく、物質的な素材や力を生あるものに変える独立した現実的実体なのである。霊学的に語れば、たんなる物体は、たとえば結晶体のように、その形態を無生物のなかに内在している物理的形成力を通して得ている。生きた身体は、その形態をこの力を通して得ているわけではない。なぜなら、生命が離れ、ただ物理的力だけにゆだねられた瞬間に、生きた身体は、その形態を分解し始めるからだ。生命体は、生きているかぎり、いかなるときにも分解しないように肉体を守っている本性である。
>
> ——『神智学』S.34、四七頁、一二六頁

エーテル体という「独立した現実的実体」によって、われわれが「生きている」ということがわかるだろう。エーテル体によって、物質が生命になるのだ。『神秘学概論』のなかでは、エーテル体について面白いことをいっている。

> 生まれてから死ぬまでの間に、エーテル体が、例外的に、短い間肉体から分離することがある。たとえば、手足のある部分が圧迫されると、そこのエーテル体の一部分が肉体から分離する。そういうとき、「しびれが切れた」という。そのとき感じられる独特な感覚はエー

――『概論』S.81、一〇〇頁、九七頁

テル体が分離したことによるのである。

われわれがしばしば経験する「しびれ」という現象は、肉体からエーテル体が離れた現象だとシュタイナーはいう。たしかに、足がしびれた状態では、自分の足が生きていないように感じられる。自分ではまったく足をコントロールできなくなり、何かが足から脱けでてしまったような気がする。こうした事例から、エーテル体がなくなった状態、つまり、われわれの身体が、動かなくなり死んでいるのと変わらなくなる状態がどのようなものなのかがわかるだろう。死ぬと、全身がしびれた状態になるということだ。

その生命の源であるエーテル体を包み込むようにアストラル体がある。魂の「体的」部分だ。このアストラル体を超えるようにして「感覚魂」「悟性魂」「意識魂」がそびえているとシュタイナーはいう。

エーテル体には、粗雑な部分と精妙な部分とがある。そして、それぞれが、肉体と感覚魂と統一体をなしているという。つまり、肉体につながっている部分のエーテル体と、感覚魂とつながっている部分のエーテル体は、それぞれ隣接部分と統一されているというわけだ。したがって、感覚魂は、エーテル体に接する魂の領域だといえるだろう。

この感覚魂より高次の魂の領域は、「悟性魂」と呼ばれる。そしてこの「悟性魂」において、思考能力が現れる。シュタイナー哲学の核をなす「思考」が、この段階で現れるのである。シュタイナーは、思考についてつぎのようにいう。

人間は思考を通して、個人生活の圏外へでていく。彼は自分の魂を超越した何かを手に入れる。思考の法則が宇宙の秩序と一致していることは、彼にとって疑う余地のない事実なのだ。彼は、この一致が存在するからこそ、自分をこの宇宙の住人だとみなす。この一致が存在するという事実によって、人間は自分が何ものであるかを学ぶのである。人間は自分の魂の内部に真理を求める。この真理を通して語るものは、魂だけではなく、世界の事物でもある。思考が真理と認めるものは、たんに自分の魂だけでなく、世界の事物にも関係のある、一つの独立した意味をもっている。

――『神智学』S.39、五三頁、三三頁

シュタイナーにとって、思考とは、永遠の価値をもつものを対象とした行為である。人間個人の身体や魂などをこえた領域の出来事なのだ。たとえばそれは、太陽系の惑星の運行や宇宙全体に行きわたる法則を対象としている。もっといえば、そうした法則そのものを成りたたせている霊界の法則を対象にしているといった方が正確かもしれない。

したがって、シュタイナーにとって「思考」とは、この宇宙の背後にあり、森羅万象をつかさどる純粋な法則群に導かれた行為だということになるだろう。だからこそ、思考によって真理と認められたものは、「一つの独立した意味」をもっているのだ。それは、この宇宙を成りたたせる根源的原理のようなものなのだから。

ただ、「悟性魂」の段階では、思考は、まだ人間個人の感情や感覚などとかかわりをもっている。思考に、そのような夾雑物《きょうざつぶつ》が入らなくなったとき、真の思考が現れてくる。その段階は、魂の最上の部分「意識魂」と呼ばれる。シュタイナーはいう。

魂のなかで永遠の存在として輝くものは、ここでは意識魂と名づけられる。(中略) ここで意識魂と呼ぶのは、人間意識の核心、つまり魂のなかの魂のことである。

——『神智学』S.41、五六頁、三六頁

この意識魂において、真理が現れる。共感や反感といった人の感情的部分がすべてとりさられ、時間の流れや恣意的なものに影響されないものが現れてくるのだ。それが真理であり、その真理が生きている魂の領域が「意識魂」なのである。「悟性魂」では、まだ感覚や衝動という夾雑物があった。しかし、意識魂の段階にいたると、それらはなくなり、真なるものだけが現れるのだということ。

シュタイナーは、つぎのようにまとめる。

このように、体と同様、魂にも三つの部分が区別できる。感覚魂、悟性魂、意識魂である。そして下から体的本性が魂を限界づける働きをするように、上から霊性が魂を拡大する働きをする。なぜなら、魂が真と善とに満たされれば満たされるほど、ますます永遠なるものがそのなかで大きく、包括的なものになるからである。

——『神智学』S.41-42、五六頁、三六頁

霊性が上から魂を拡大する。真と善の領域である霊界からの影響で、魂が増大していく。このような意識魂において「私」が誕生する。鉱物、植物、そして他の動物にはない人間のみの特徴である「私」が、この意識魂の段階で現れるのだという。

シュタイナーは、つぎのようにいう。

この「私」こそが、人間そのものなのである。このことがこの「私」を人間の真の本性とみなすことの正しさを示す。それゆえ人間は、自分の体と魂とを、そのなかで自分が生きる「外皮」であると考えることができる。

――『神智学』S.43、五九頁、三九頁

われわれの基盤をなす体的なあり方（身体、エーテル体、アストラル体）と、思考やイデアの領域である霊的世界との間に、「私」が位置している。「魂のなかの魂」である「意識魂」、つまり「私」が、人間の中心の場だということになるだろう。これこそが人間のみがもつ「私」であり、自我なのである。身体と霊界との橋渡しである「魂」の正体は、「私」だったのである。

シュタイナーは、こういう。

自我は、肉体のなかに生きているかぎり、鉱物の法則に、エーテル体を通して、生殖と成長の法則に、感覚魂と悟性魂によって、魂界の法則にしたがっている。そして霊的存在を自分のなかに受けいれることによって、霊の法則にしたがう。鉱物の法則や生命の法則が形成するものは、生成し死滅する。しかし霊は、生成と滅亡にはかかわらない。

――『神智学』S.44-45、六〇‐六一頁、四一頁

こうして、シュタイナーの考える人間存在の半面が解明された。これからは、そのような人間のあり方のもう一面である霊的な部分を見ていきたい。ここまでの人間の様子は、われわれの常識的な理解でも、どうにか理解できるだろう。身体があり、それをつつむ生命体があり、さらに「心＝魂」（アストラル体）をもつ人間だというのだから。細かい点を除けば、ごくわかりやすい

人間の像だ。

しかし、これら三層を超えた超感覚的世界における人間の状態は、かなり常識を外れたものとなるだろう。そこでは、生成と死滅にはかかわらない永遠の世界が登場する。そのような霊界からの影響のもとに、「私」は存在しているとシュタイナーはいうのだ。そして、ここでも三層の構造が登場する。

「霊我」「生命霊」「霊人」である。

5　霊人

われわれは、「自我」を中心にして、物質的世界と霊的世界という二つの世界にまたがって存在している。私たちは、普段この現実だけを意識している。しかし同時に、霊的な世界にもすっぽり包まれているのだ。シュタイナーは、つぎのようにいっている。

魂、もしくは魂の内に輝く自我は、二つの側面、物体の側面と霊的存在の側面に向けて、その扉を開いている。

――『神智学』S.46、六三頁、四三－四四頁

われわれの魂（自我）は、みずから意識していなくても、霊的世界からの影響を色濃くうけているというのである。シュタイナーは、その影響について具体的には語らないが、しかし、われわれの生活の多くの場面で、さまざまな霊的脈動が、こちらに対して流れこんでいるというのだ。

その際「直観」と「思考」がその橋渡しをしている。

物質界と霊界が、ともにわれわれに影響を与える構造をなしていることをつぎのようにシュタイナーは語る。

さて、物質界は、みずからについての情報を自我に与えるために、その素材と力から身体を形成して、意識をもった魂がそのなかに生き、外界の物体を知覚する器官をもてるようにする。同様に霊界もまた、その霊的素材、霊的力をもって霊体を形成し、自我がそのなかで生き、直観を通して霊的存在を知覚できるようにする。

――『神智学』S.46-47、六三頁、四四頁

われわれのまわりに感覚世界ができあがる。その世界とわれわれの肉体は、同じ素材でできている。その肉体のなかに魂が入るというのだ。そして、魂が外界の情報を得るために、感覚器官を形成する。それとまったく同じように、霊界もまた霊体をつくる。その霊体のなかに存在する魂(自我)は、直観によって霊界を知覚する。それは、感覚世界とわれわれの関係とまったく同じなのだ。

自我を中心に、感覚世界と霊的世界の双方にわれわれは対峙している。人間の身体、エーテル体は、感覚世界に属し、霊体、生命霊は、霊界に属している。生成消滅する感覚世界と永遠に存在しつづける霊界の両界にまたがって人間は存在しているのだ。つぎのようにシュタイナーはいう。

人間にとっては、霊界にも、物質界同様に、内と外とがある。人間は物質的環境から養分を摂取し、体内でそれを消化するように、霊的環境から霊的養分を摂取して、それを自分のも

のにする。霊的なものは、人間の永遠の養分である。

――『神智学』S.47、六三頁、四四頁

物質的世界とわれわれとの間でおこなわれていることが、霊界とわれわれとの間でもおこなわれているという。成長し生存するための物質界からの栄養摂取と、永遠に生きつづけるための霊界からの養分摂取とが同時におこなわれているというのだ。われわれは、本来霊的世界から生まれてきたのであって、いわば肉体は、物質界から借りた衣装のようなものだ。物質界で生活するために必要な「衣」なのである。一回の人生にまとうだけのこの刹那的な「衣」のなかには、本来の霊的本質も息づいている。それをシュタイナーは、「霊人」と呼ぶ。

　われわれは、肉体的存在であると同時に「霊人」でもあり、霊界からの情報を刻々と得ている。シュタイナーは、つぎのように説明する。

皮膚に包まれた人間が、物質界のなかだけで生きたり感じたりするように、霊界でも同じことがおきている。霊人は霊的皮膚に包まれて、統一した霊界のなかで独立した霊的存在となって自己のうちで生き、そして直観的に霊界の内容を知覚する。この「霊的皮膚」を、霊的外皮もしくはオーラの外皮と呼ぶ。

――『神智学』S.47、六四頁、四五頁

たしかに、われわれは感覚的世界から多くの情報を得て、その法則性を認識し、宇宙の神秘を探究しつづけている。さらに、植物や動物といった生物圏から得たもので料理をつくり食事をし、栄養を摂取していく。そのことによって生命を維持している。そういうかたちで、外界とつきあっているといえるであろう。

それと同じように、霊人も、霊的世界から情報を得て進化していく。さらに霊界から霊的「生命」も得る。つぎのようにシュタイナーはいう。

> この霊的外皮のなかで、霊人は生きている。霊人は、肉体が生命の力によって形成されているのと同じ意味で、霊的生命の力によって形成されている。エーテル体について考察した場合と似た仕方で、霊人にかかわるエーテル霊について語らなければならない。このエーテル霊は生命霊と名づけられる。
>
> ——『神智学』S.48、六四頁、四五頁

われわれは、この現実界に、みずからすすんで参加している。肉体という拘束衣を着て、無数の規制を受け入れて生きていく。しかし同時に、みずからの故郷である霊界からの助力も受けているというわけだ。「生命霊」によって、霊界でも同時に生き、多種多様な霊的情報を浴びながら、この現実世界で困難な生活をつづけていくということだろう。この人間の二重性が、われわれの本質的なあり方だとシュタイナーはいう。

この「二重性」によって、われわれの世界の多くの謎が、解明される可能性があるのではないかと私は思う。逆のいい方をすれば、このような「二重性」を前提にしなければ、この世界は、あまりにもわからないことが多すぎるような気がするのだ。

しかし、この「二重性」が、どのようなメカニズムをもっているのかについて、シュタイナーは詳しく説明しない。現実世界と霊界の重なりが、それぞれの世界にどう影響し、どのような相互作用をしているのかは、よくわからない。この構造を明確にするには、時間と空間、物質と霊的性質などの関係を探究する必要があるだろう。

シュタイナーは、霊的な人間の本質を、つぎのようにまとめている。

> 魂のなかで「私」は輝き、霊からの介入を受け、それによって霊人の担い手となる。人間はこうして「三つの世界」（物質界、魂界、霊界）に関与する。人間は肉体、エーテル体、魂体を通して、物質界に根を下ろし、霊我、生命霊、霊人を通して、霊界で花を咲かせる。しかし一方に根を下ろし、他方で花を咲かせるものの樹幹は魂そのものである。
>
> ――『神智学』S.50、六八頁、四九頁

「私」という世界の中心にいながら、われわれは、三つの世界にかかわっていく。物質界から知覚によって多様なデータを受けとり、霊界からの影響によって（直観を受けて）、さらに高みへと進んでいく。

「思考」について論じる前に、シュタイナーによる「輪廻転生」の説明を見てみよう。「霊の再生と運命」という章に入っていきたい。

6　輪廻転生

シュタイナーは、『神智学』の「霊の再生と運命」の章で、人間の生まれ変わり、つまり輪廻転生を説明する。その際、自然科学的態度を貫こうとしたとシュタイナーは後年述べている。

> 科学的態度をとろうとする者にとって、輪廻転生とそこから生じる運命とを表現すること

は、決して容易な業ではない。霊視内容をただ記述するだけに留めようとしないなら、それに関する諸理念が扱われねばならない。このような諸理念は、感覚界を十分綿密に観察すれば推察できるものでありながら、しかも一般にはまだ知られておらず、理解もされていないような諸理念でなければならない。

——『神智学』ちくま学芸文庫、二四八頁

シュタイナーは、輪廻転生があることは、もちろん経験的に「知っている」。それが真実であることは、霊視によって充分理解している。個人の輪廻だけではなく、宇宙全体の進化さえも、シュタイナーは霊視しているのだから。そして、そのような熟知している輪廻転生について、『神智学』においては、物理的世界だけを認識している人々にも理解できるように、できるだけ説明しようとしたというのである。一貫して科学的態度で説明しようとしたというのだ。

この「輪廻転生の理念」を説明するために、かなり苦闘したことを、シュタイナーは、つぎのように正直に告白している。

もし私がどれ程『神智学』の各版毎に、転生についての章を繰り返し書き改め、それによって転生の真実を感覚界の観察から得た諸理念と結びつけようとしてきたかを確かめてみるなら、科学的方法によっても承認されうるような表現を獲得するために払ってきた私の努力を理解してくれるだろう。

——同書、二四八頁

しかし結論からいえば、シュタイナーのこの真摯な意図が、成功しているとはいいがたいように思われる。やはり、「転生の理念」を、自然科学的姿勢（当時の自然科学、そして、現時点の自然科学でも、というべきだろうが）で説明するのは、とてつもなく困難な作業だといえるのかもしれない。これから、そのようなシュタイナーの壮大な意図も考慮しながら、この「霊の再生と運命」の章をじっくり見ていきたい。

われわれは、二つの世界に生きている。感覚的世界と霊的世界である。その中間に「魂」（私）という場所が存在している。シュタイナーは、まず感覚的世界の事物は一時的なものであり、霊的世界から来るものは永続的なものであることを指摘する。

体と霊の中間には魂が生きている。体を通して魂にまで達する諸印象は、一時的なものである。それらは、体がその器官を外界の事物に向けて開いている間しか存在しない。私は薔薇の花が目の前にあり、しかも私の眼がそれに向かって開かれるとき初めて、薔薇の花の色を感知する。印象、感覚もしくは知覚が生じるためには、外界の事物と肉体器官とが現存していなければならない。しかし私の霊が薔薇について認識した真理は、現存するものだけに通用する真理ではない。この真理はまた、私次第でどうにでもなるというものでもない。たとえ私が薔薇に一度も向かい合ったことがなかったとしても、その真理が真理であることに変わりはない。

――『神智学』S.53、七一頁、五七頁

生成消滅する薔薇という植物について、私が知覚し、その本質を認識することによって、眼前の一本の薔薇だけではなく、薔薇という植物のあり方が真理として、私の魂のなかに立ち現れる。一時的なものを知覚したにもかかわらず、永続的なものが私のなかに残るというわけだ。そして、その真理は、私だけではなく、多くの人が共有するものとなる。

まずシュタイナーは、人間の記憶の働きに着目する。魂は、体と霊の中間にある。そのことによって、われわれは、現在にありながら、霊界における永続性ともつながっている。これは、われわれに記憶という独特の能力があるからだ。シュタイナーはつぎのようにいう。

しかし魂はまた、現在と持続との仲介もする。魂は、いまあるものを記憶に保持する。このことを通して、魂はいまあるものをその無常性から切り離し、魂の霊的部分の持続のなかに取りこむ。魂はまた、時間に制約された、無常な存在に永続の刻印を押すが、それが魂にできるのは、魂が一時の刺激のなかに埋没することなく、自分の方から事物に働きかけ、その行為のなかで、事物に自分の本質を組み入れるからである。記憶を通して昨日を保持しつづけ、行為を通して明日を準備するのが、魂の働きなのである。

——『神智学』S.53-54、七二頁、五八頁

もしわれわれに記憶という能力がなければ、現在だけに存在し、つぎつぎと生成消滅する瞬間だけに生きていくことになるだろう。何の蓄積もなく、どんな感慨ももつことなく、一瞬の連続のうちに（しかし、連続を意識することなく）一生を終えてしまう、あっという間に。

しかし私たちが、記憶という場を開くことで、ある種の抽象的世界をしつらえることも可能になる。たとえば昨日や一か月前の記憶と、現時点での知覚の像とをもとに、それらを同一平面で比較しつつ、一定の構造をみずからの内につくりあげることができる。記憶によって時間が蓄積され、空間（場）が形成されるというわけだ。

もっと正確なことをいえば、われわれが知覚をすることさえ記憶力がなければ不可能だろう。

知覚というのは、ある一定の幅の持続がなければ成りたたないからだ。たとえば大きな樫の木を見ることができるのも、瞬間的とはいえ時間の幅をもつ場が開かれ、直前の像を記憶にとどめているからだ。すくなくとも直前の像と現時点での像を重ねて幅のある「樫の木」を構成しなければならない。そうしなければ、視覚像は成立しない。樫の木は、眼前に現れない。

われわれのすべての認識は、記憶の場が開かれることによって成りたつ。記憶という魂の能力によって、霊界の永続的な存在様式との連続性を保つことができるのだ。〈この現在〉という、本来は幅のない地点に、永続的なものをもちこむことが可能になるのである。

シュタイナーはいう。

この意識化の能力のおかげで、魂は外界を自分の内界にし、ついでこの内界を記憶力によって——思いだすことができるように——保持し、受けとった印象に左右されることなく、この内界とともに、自分独自の生活を営むことができるようになる。魂の生活はかくして、外界の無常なる印象の持続的な成果となる。

——『神智学』S.54、七三頁、五八頁

しかし同時に、「行為」もまた持続的なものだとシュタイナーはいう。われわれが外界に対して何らかの行為をする。するとその行為によって変化をこうむった外界の一部が、持続的につぎなる変化を引きおこすというわけだ。一つの行為によって、ある持続的な経過が始まるのである。

シュタイナーは、つぎのようにいう。

外界のなかで私が今日おこなったことは、明日も外界のなかに存続する。それは、私の昨日の印象が記憶によって私の魂にとって持続的となったように、行為を通して持続的となる。
——『神智学』S.54、七三頁、五九頁

私たちは、何か行為をしようとすると、それに必要な記憶を現在へと呼び戻すだろう。たとえば、街角で、見覚えのある顔を見かけたら、その人が誰であったか、自分の記憶庫のなかから探しだそうとする。そして、その記憶をもとに、その人に話しかけ、一緒に一つの出来事をつくる。つまり、その人と同じ場所で行為をする。われわれは、そうやって記憶と行為を結びつけている。

ベルクソンが、『物質と記憶』でいっていたように、知覚にも記憶がはりついていて、われわれは周りに「イマージュ」という対象をつくりだす。「イマージュ」というのは、「記憶＋知覚」というあり方をしている対象のことである。つまり、われわれは、どんなものでも知覚する際に、その対象と似たものを記憶のなかからとりだしているのだ。白い机をわれわれが見ることができるのは、「白」「机」といった記憶を、知覚している眼の前の対象にかぶせるからなのである。既知の記憶を手がかりにして、現在の知覚が成りたつというわけだ。

さらにシュタイナーは、われわれの行為にも、記憶と同じようなことが起きるという。つぎのようにいう。

「私」によって刻印された行為の諸結果は、もしそのための外的なきっかけが生じたのなら、ちょうど記憶に保持された印象が外的なきっかけで再びよみがえってくるように、ふたたび自我へ向かって近づこうとする傾向をもつ、とは考えられないだろうか。
——『神智学』S.55、七四頁、六〇頁

魂のなかに蓄積された記憶の多様な網の目のなかから、そのつど、必要な記憶をわれわれはとりだす。それと同じように、われわれが過去になした行為が、外界の多様な関係性のなかから、あるきっかけがあると、こちらに近づいてくるというのだ。私の魂が深くかかわった行為の結果が、何らかのきっかけで、めぐりめぐって、その魂に影響を与えるのではないかとシュタイナーはいっているのである。

それほどわかりやすい考えではないが、われわれの世界の行為の関係性を考えれば、一つの可能性として認めることはできるだろう。一つの行為が、なされる。その行為の痕跡が、世界全体の記憶の海に蓄積される。未来のある時点で、同じ魂が、べつの行為をおこなうときに、その痕跡が、記憶の海から甦るとでもいったらいいだろうか。

たとえば、仏教の「縁起」という概念も、同様のことを述べているといえるかもしれない。一つの魂がなした行為が、めぐりめぐって、ふたたびその魂へと戻ってくる。もちろん、途方もなく複雑な関係群が、長い時間をかけて因果の系列をつくりだしている。だから、その系列を正確にたどるのは容易ではない。一つの仮説として提示するしかないだろう。

さらにシュタイナーは、われわれの魂が唯一無二のものであることを強調して、つぎのようにいう。

肉体をもった人間である私は、肉体をもった人間の子孫として生まれた。私は、全人類に共通の形姿をもっている。この類の特質は、類の内部で、遺伝を通して受けとることができた。一方、霊的人間としてのわたしは、私だけの伝記をもち、私だけの形姿をもつ。だから私は、私以外の誰からもこの（霊的）形姿を受けついではいない。私は不特定のではなく、特定の魂の素質をもってこの世に生を享け、この素質を通して、伝記が示しているような人生行路をとってきたのだから、私自身に対する私の働きかけは、生まれたときに始まったのではない。霊的人間としての私は、生まれる以前から存在していたにちがいない。

――『神智学』S.62、八三－八四頁、六九頁

ここでシュタイナーは、肉体はたしかに遺伝的特質をもっているが、しかし、霊的人間としての魂は、それだけで一つの種として（「私だけの伝記をもち、私だけの形姿をもつ」）、生まれる以前から、ずっと存在していたといっているのだ。

一人の人間の霊的次元では、繰りかえし多くの人生を生きていく。同じ霊人が、さまざまな肉体（そのつどの「衣服」）をまとい、特定の時代に特定の人物として一定期間生きていく。それが輪廻転生だ。同じ一人の人間が、毎日眠りにつき、つぎの朝、前日の仕事をさらにつづけるように、同じ一人の霊的人間は、一つの人生（「今世」）で死につき、さらにつぎの人生（「来世」）で、前回までの人生（「前世」）で自分がなした所業や残した仕事を、ふたたびみずからの課題として引き受けることになる。

シュタイナーは、つぎのようにいう。

人間が今朝新たに創りだされたのではないように、人間の霊も、その地上での生活を始めるとき、新たに創られたのではない。この世の人生を歩み始めたとき、何が生じたのかを明らかにしておきたい。遺伝法則にしたがって、新しい形態を獲得した肉体が現れる。肉体の

この形態は、以前の生を繰りかえす霊を新たにになう担い手となる。この体と霊との間に、みずから固有の生活をいとなむ魂があって、愛好、嫌悪、願望、欲望の営みを成りたたせている。さらに魂は、思考力もみずからのために使う。

――『神智学』S.70、九三頁、七九頁

このような輪廻の仮説は、たしかに突拍子もないように思われるかもしれない。しかし、このように考えなければ、とてつもない才能を生まれたときからもっている天才の存在を、解釈できないのではないか。他にも、この世における無数の「不条理」もいつまでたっても、手つかずのままになるだろう。

シュタイナーも、モーツァルトの例をだして説明している。

一人の人間の天賦の才を例にとろう。モーツァルトが少年の頃、一度聞いた長大な曲を、記憶だけで楽譜に写すことができたことは、よく知られている。彼は全体を一度に見通すことができたからこそ、このようなことができたのである。（中略）素質にもとづく能力を奇蹟だとして、ただ驚嘆するだけで終わりたくないのなら、この能力を、霊我が魂を通してもった諸体験の成果なのだと見なさなければならないだろう。この能力は、霊我に刻印されているのである。もしもそれが生存中に刻印されたのでないとしたら、前世においてでしかない。

――『神智学』S.67-68、九〇頁、七六－七七頁

モーツァルトやピカソを、あるいは、ガロアやラマヌジャンを、どのように考えればいいのか。一度かぎりの人生で獲得できる能力は限られている。そうだとすれば、輪廻転生という仮説を受

け入れた方が、もろもろの謎を説明しやすいにちがいない。シュタイナーは、つぎのように本章の結論を手短にまとめている。

三つのことが、誕生から死にいたる人間の一生を規定している。そしてこのことを通して、人間は、誕生と死を超越している要因に、三重の仕方で依存している。すなわち肉体は、遺伝の法則にしたがっている。魂は、みずからつくりだした運命にしたがっている。人は人間の魂によってつくりだされたこの運命を、古い表現を用いて、人間のカルマと呼ぶ。そして霊は、輪廻転生（再受肉）の、つまり生まれ変わりの法則にしたがっている。だから、霊、魂、身体の関係を、つぎのようにいい表すこともできる。霊は不滅である。誕生と死は、物質界の法則にしたがって、身体を支配している。運命にしたがう魂の営みは、この世に生きるかぎりは、この両者に関連を与えている。

——『神智学』S.74-75、一〇〇頁、八六－八七頁

7　思考と霊界

三重の存在である人間が属しているそれぞれの世界は、どのようなものなのだろうか。物質界以外の魂界と霊界についてのシュタイナーの記述を見てみよう。まず、そもそも魂界や霊界が、われわれが実際に知覚しているこの世界と重なっているというのは、どのような事態なのか。シュタイナーの言葉を聞こう。

魂界や霊界は、物質界の隣にあるのでも、その外にあるのでもない。それらは空間的に物質

界から分離しているわけではない。手術で眼が見えるようになった人にこれまでの闇の世界が光と色に輝くように、魂と霊とに目覚めた人に、以前はただの物体として現れていた事物が、その魂的、霊的特性を明らかにするのである。魂的、霊的に目覚めていない人にはまったく知られていない様相や存在で、この世界は満たされている。

——『神智学』S.79、一〇八頁、九六頁

われわれのこの世界に魂界、霊界は、重なっている。私たちがいつも見ているただの物体や事物に、魂界、霊界が、重なって存在しているのである。だから、もしわれわれに霊眼がそなわったら、このままの世界が、まったくちがった様相を呈することになるのだろう。この通常の感覚世界が、いままで気づかなかった真の相貌を現すのである。

物質界と魂の世界とのちがいを、シュタイナーは、つぎのようにも表現している。

物質界と魂の世界との第一の相違は、後者の世界のすべての事物や本性が、前者の世界の場合よりも、はるかに精妙で、動的で、自由に形態を変えうる、ということであろう。しかし、よく理解していなければならないのは、そこが物質界とはまったく異なった、新しい世界だということである。

——『神智学』S.81、一一〇–一一一頁、九八–九九頁

シュタイナーは、物質界と魂界とは、比較することができないともいう。この二つの世界を比較して、「より精妙」「より粗雑」といったいい方をすること自体、そもそもできないというのだ。重なってはいるけれども、まったく隔絶したあり方をしているというのである。このあり方も、

これから解明していかなければならないだろう。

われわれの物質界では、四つの力（重力、電磁力、強い相互作用、弱い相互作用）が働き、さまざまな物質間の関係が成立しているように、魂界では、共感と反感という二つの基本力が働いている。

シュタイナーは、つぎのようにいう。

> 共感とは、魂の形成物が他の魂の形成物を惹きつけ、他の形成物と融合しようとし、他の形成物との親和関係を生じさせる力である。反感とは、これに反して、魂の形成物が他の魂の形成物に反発し、他の形成物を排除し、自分の特性を主張しようとする力である。
>
> ――『神智学』S.83-84、一一四頁、一〇二頁

このような共感・反感という魂の根本的な力によって、魂の世界は構成されている。そして、これらの力は、物質界における固体・液体・気体に対応する状態もつくりだしている。

シュタイナーは、魂の世界のあり方をつぎのようにまとめる。

> 固体、液体、気体が物質界で互いに浸透しあっているように、魂の世界における燃える欲望、流動する感応性、願望の領域の力は、互いに浸透しあっている。そして、物質界で熱が物体を貫き通り、光がそれを照らしだすように、魂的世界での快、不快や魂の光にも同様のことが生じる。さらに同じことが魂の活動力と本来の魂の生命にも生じている。
>
> ――『神智学』S.88、一二〇頁、一〇八頁

物質界で、固体、液体、気体という状態によって、無数の物質が存在しているように、魂界でも、欲望、感応性、願望というあり方で、多くの魂は関係しあっているという。魂の世界は、感覚や感情が渦巻く世界であり、それらの流動的な状態が、共感・反感という力を媒介にして、多様で複雑な関係をつくっているということになる。

それでは、さらなる高次の世界は、どうだろうか。物質界、魂界には、さらにもう一つの世界、霊界が重なっている。霊界は、この現実界に重なってもいるが、死後、肉体を失ったわれわれがおもむく場所でもある。

シュタイナーはいう。

> 霊は人間の中心点である。体は、この霊が物質界を観察し、認識し、そこで活動するのに必要な仲介者である。そして魂は、この霊と体との仲介者である。
>
> ――『神智学』S.89、一二一頁、一〇九頁

体(形をもつもの)がなければ、われわれ(霊としての人間)は、物質的活動ができない。物質界で、一連の行為をしたり、過去の行為の痕跡(カルマ)を解消したりできないのだ。そして、霊人(霊としての人間)が、物質界で活動するためには、具体的な魂、つまり、感情や感覚をもつものが必要になるというのである。この二つの側面を、シュタイナーは、「仲介者」と呼んでいるのだ。

そして、肉体的な人間が死んだら、この「仲介者」という働きは、必要ではなくなる。

死とは、物質界の事実として考察するなら、身体の活動の一つの変化である。死んだ身体は、魂と霊の仲介者であることをやめる。それ以降、身体はその活動を物質界の法則にまったく従属させる。そして身体は、物質界へ移行し、そのなかに溶解していく。物質的な感覚によって観察できるのは、死後に身体がたどるこの物質的経過だけである。

——『神智学』S.90、一二三頁、一一一頁

人は死ぬと、肉体から離れ、霊界へと向かう。最終的には、エーテル体、アストラル体という衣を脱ぎ、霊体としてのみ存在する。この霊体こそが、輪廻転生の主体ということになるだろう。われわれは死後、つぎの人生を再び開始するまで、霊界に一定期間存在していることになる。それでは、その霊界とは、どのような場所なのか。

ここで、やっと「思考」が登場する。最後に、「思考」について、シュタイナーのいうことをじっくり聞いてみよう。「思考」こそ、シュタイナー哲学の真の中心概念なのだから。しかも「思考」は、シュタイナーが、霊的知識を披瀝する前から、彼の哲学のなかで、最も重要な概念だった。『自由の哲学』でも、「思考」こそ、その哲学の中心だった。つまり「思考」は、シュタイナーの生涯を貫く、哲学の根幹をなす概念だったといえるだろう。

まず、シュタイナーは、「霊界」の素材について、つぎのように興味ぶかいことをいう。

とくに強調しておかなければならないのは、霊界が、人間の思考内容を織りなす素材とまったく同じ素材によって織りなされている、ということである（「素材」という言葉は、もちろ

んここでは比喩的にもちいられている)。人間のなかに生きている思考は、思考の真の本性の影や幻にすぎない。人の頭に浮かぶ思考と、その思考に対応する「霊界」の本性との関係は、壁に映る対象の影と、その対象との関係と同じだ。

——『神智学』S.101、一三六-一三七頁、一二四頁

霊界は、思考でできているという。われわれの思考をつくりだす素材によって、霊的世界は構成されているのだ。霊界に思考の本性が存在し、その影が、現実世界でのわれわれの思考だという。実に重要な指摘だといえるだろう。

われわれが日常生活で何かを考えるとき、その思考を形成する要素は、霊界の構成要素と同じだというわけである。つまり、霊界をつくっている生地で、われわれの思考はつくられている。思考しているとき、われわれの魂に流入しているのは、霊界にある素材なのだ。この素材をわれわれは、霊界と根源的に共有しているということになるだろう。いわば「霊界によってわれわれは思考する」のである。

シュタイナーは、つぎのようにいう。

人間は、霊的感覚が目覚めると、ちょうど肉眼が机や椅子を見るように、この思考内容の本性を実際に知覚する。その人は、思考の本性の周辺を歩く。ところが、肉眼でライオンを知覚すると、感覚的なものに向けられた思考は、幻や影絵としてのライオンの思考内容しか知覚しない。霊眼は、「霊界」のなかでライオンの思考内容を、肉眼によって知覚された物質としてのライオンと同じくらいの生々しさで見る。

——『神智学』S.101-102、一三七頁、一二四-一二五頁

たとえば動物園で、ライオンを肉眼で見るとき、まざまざとその姿がこちらに見えるだろう。その表情や動きまわる姿がこちらに迫ってくる。しかし、そのとき同時に、ライオンについて考えても、その思考内容（イメージ）は、知覚している生きいきとしたライオンに比べれば、遥かにぼんやりとして曖昧なものになるだろう。すくなくとも、猛獣に対する恐怖は、そのイメージには一切含まれない。

ところが、霊界では、ライオンを思考すると、その思考内容が、生きいきと現れるという。現実の世界でライオンを見ていたのと同じように、思考内容がなまなましくこちらに迫ってくる。霊界では、「思考ライオン」は、実際に生きているのである。

霊界では、物質界と魂界に存在するものの「原像」が存在している。だから、霊界における「思考」は、もともとの「原像」を生みだしていることになる。現実界のライオンの「原像」が、生まれているというわけだ。

シュタイナーは、つぎのようにいう。

> 実際の「霊界」には、すべての事物の原像が存在する。そして物質的な事物と存在は、この原像の模像にすぎない。
>
> ――『神智学』S.102、一三八頁、一二五頁

さらに霊界における「原像」の創造活動を、つぎのようにもいっている。

> 霊界では、あらゆるものが絶え間のない活動状態を保ち、休むことのない創造行為をつづ

けている。物質界に存在するような休息、停滞は、ここには存在しない。なぜなら、原像とは、創造する本性のことだからである。原像は、物質界と魂界に生じる一切のものを統括するものなのだ。原像の形態は、急速に変化する。どの原像にも、無数の特殊形態をとる可能性がある。特殊形態を、自分自身のなかから、いわば芽生えさせる。

——『神智学』S.103、一三八‐一三九頁、一二六頁

そして、このような「原像」は、思考されるだけではなく、経験される「生きた存在」なのである。

「霊界」の第一領域における人間は、地上の事物の霊的原像にとりまかれている。この世の生活においては、思考内容として捉えたこれらの原像の影だけを、人間は知ることができた。地上ではたんに考えられるだけのものが、この領域では体験されるものとなる。この領域で、人間は思考内容のなかを遍歴する。しかしその思考内容というのは、現実の生きた存在なのである。(中略)肉体をもった人間が感覚的事物を現実として体験するように、いま、霊となった人間は、霊の形成する諸力を現実として体験する。

——『神智学』S.110-111、一五〇頁、一三七頁

霊界においてはわれわれは、思考の絶え間ない創造活動を体験する。原像の流動的形成を、「身をもって」内側から生きていく。ここでは、思考は生命活動であり、生きた創造状態だといえるだろう。たしかに霊界におけるこのような思考の状態を考えるならば、シュタイナーが「思考」

という働きを、この上なく重視したのもわかる。われわれが、この感覚世界で、抽象的な思考をしているのも、そもそも霊界におけるダイナミックで流動的な創造活動の影なのであり、霊界が純粋に現実の世界に流れこんできている現象だからなのだ。そうなると、「抽象的」といういい方や「たんなる思考にすぎない」といったいい方で、「思考」を形容するのは、根本的にまちがっていることになるだろう。「思考」こそが、われわれの本質的活動であり、最も具体的で真実の出来事（経験）だからだ。われわれ人間の（そして、この世界全体の）本源的状態を、この物質的世界の形式で表現したものだからである。

つぎに、最終章「認識の小道」において、シュタイナーが、どのような思考をするべきであるかを述べているところを見てみよう。つぎのような警告をシュタイナーはする。

認識する人間は、思考する存在であるかぎり、すでに霊界の市民である。本当の意味で霊界の市民になるためには、霊的認識に際して、真理の永遠の法則、すなわち霊界の法則にしたがった方向に思考を推し進めることができなければならない。なぜなら霊界はそのときにしか、人間に作用し霊的諸事実を開示することができないからだ。

——『神智学』S.151、二〇三－二〇四頁、一九四頁

自分勝手で恣意的な思考では、霊的な真実には、当然のことながらたどり着けない。具体的にシュタイナーは、つぎのようにもいう。

さしあたり、肉体のなかの脳に制約された精神活動しか知らぬ人間の思考世界は、無秩序

で混乱している。そこでは、ある思考内容が現れ、途切れ、べつの思考内容にとってかわられる。二人の交わす会話に注意深く耳を傾けるなら、あるいは自分自身を率直に観察するなら、鬼火のように、あちこちに揺れ動く思考内容の群れに支配されている状態が見えてくるだろう。

――『神智学』S.151、二〇四頁、一九四－一九五頁

脳がそのときどきで感情や感覚に支配され、あれこれと支離滅裂になされる思考は、「思考」の名には値しない。ましてや、霊界の諸法則を体現することなどとてもできない。ぼんやりした状態で、ありとあらゆる想念が千々に乱れ、統一がとれないまま進行していく思考は、真の思考ではない。

エックハルト・トールが *The Power of Now*（邦訳『さとりをひらくと人生はシンプルで楽になる』あさりみちこ訳、徳間書店）のなかで、徹底的に批判した「頭のなかの思考」（mind）も、シュタイナーがここで指摘している「思考とはいえない思考」だといえるだろう。「いまにいつづけること」で、そのような「頭のなかのざわめき」をシャットアウトするとき、シュタイナー的ないい方をすれば、霊界からの真の脈動がわれわれに流れこんでくることになる。

しかし、そのような「思考とはいえない思考」を消滅させ、われわれが生きるこの現実に寄りそったとしても、真の思考に近づくわけではない。

私がどんなに混乱した思考をつづけても、日常生活は、現実法則にかなった行動をするように私に要求してくる。ある都市について私の抱く観念は、支離滅裂なものであるかもしれない。しかしその都市に行くなら、そこの現実にわたしはしたがわなければならない。（中略）

感覚世界の内部では、現実が思考を絶えず修正してくれる。ある物質現象やある植物の形態について誤った見方をしたなら、現実が私の前に現れ、正しく思考するように促す。

——『神智学』S.152、二〇四頁、一九五頁

しかし、われわれの感覚世界を対象にした自然科学においては必須の、このような姿勢(ベルクソンのいう「精密さ」[précision]のような態度)も、シュタイナーによれば、本当の「思考」とはいえないのである。その対象のもつ性質や状態をまるごと把握するようなやり方をしても、それは、真の思考ではない。

「真の思考」は、現実法則ではなく、霊界の法則にしたがったものでなければならない。霊界の創造活動に則したものでなければならないのだ。シュタイナーは、つぎのようにいう。

したがって認識する者は、思考を厳密に規則づけられたものにし、その思考内容を、だんだんと、日常的な歩みに合わせる習慣から、完全に切りはなさなければならない。思考内容は、その過程全体で、霊界の内的性質をとり入れなければならないのだ。(中略)一つの思考内容が勝手に別の内容と結びつくのではなく、もっぱら思考世界の厳密な内容にふさわしく結びつくのでなければならない。

——『神智学』S.152、二〇五頁、一九六頁

しかし、これが、具体的にどのようなものであるかは、なかなか理解できない。ここでも、シュタイナーは、数学を厳密な思考の模範的な例としてだしている。しかし、かならずしも数学的な論理法則だけが重要なわけではないともいう。

プラトンの学舎アカデメイアの門に刻まれた言葉に触れながら、つぎのようにシュタイナーはいっている。

> プラトンは入門した者に、まず数学の課程を習得するように命じた。現象界の日常的な歩みにしたがわない数学の厳密な法則は、認識を志す者にとって、まことによい準備となる。(中略)思考生活そのものが、何にも妨げられない数学の判断や、推論の似姿とならなければならない。どのような場合でも、こうした仕方で思考できるように、努力しなければならない。そうすれば霊界の合法則性が自分のなかへ流れこんでくる。
>
> ――『神智学』S.153、二〇六頁、一九七頁

「どのような場合でも、こうした仕方で思考できるように」というのは、実に厳しいいい方だ。われわれは、どのような状態であっても、厳密な思考にしたがわなければならないという。つねに、自分自身の「思考」に注意を向けていなければならないのだ。

だからといって、数学をかならず学ぶ必要があるわけでもないともシュタイナーは、つけくわえる。

> 数学はたしかに思考の訓練に役だつけれども、数学を学ばなくても、健全な、生きた純粋思考にいたることができる。
>
> ――『神智学』S.153、二〇六―二〇七頁、一九七頁

われわれには、霊界そのものの素材である思考の流動的な創造活動がどのようなものなのかは、

想像できない。森羅万象を恒常的に創りだしている、霊界における原像の活動だからだ。絶え間なく変容しつづける創造活動なのだ。

シュタイナーによれば、われわれにできるのは、恣意的でその場かぎりの思考をコントロールすることだという。そのことによって、霊界からの流れがつねにわれわれに入ってくることを可能にする。つまり、霊界から思考の原形が入ってくるための「場」になることが大切なのだ。霊的な創造をつねに受け入れることができる「空虚な器」にならなければならないというのである。

シュタイナーは、『神智学』を刊行したのと同時期におこなった講義のなかでつぎのようにいう。

たとえ短時間だけでも、日常から離れて、厳格に秩序づけられた思考世界に没頭し、その中に生きるのです。そうすることは、外的な文化の中に巻き込まれ、その中で心が引き裂かれていることの償いをすることです。そうすることができれば、内なる中心が力づけられ、日常の世界の中でも、みずからを律することができるようになります。ひとつの思考内容を、たとえそれが私たちの日常生活に属していないものであっても、私たちの意識の中に生かすことによって、そうできるようになるのです。

——『シュタイナーの瞑想法　秘教講義3』高橋巖訳、春秋社、二〇一九年、二一三—二一四頁

日常生活やまわりの環境とは切り離して、自分自身のなかに、純粋で客観的な思考世界を創りだすこと。このことによって、霊界からの真の思考の脈動が下りてくるということだろう。自分自身の思考を注意深く観察しながら、つねに純粋で正しい思考へと導くこと。これが、霊界との間

断なきつながりをつくりだすことになるのである。

シュタイナーは、つぎのようなとても興味深いこともいっている。

> 第二の言葉は、「それが考える（Es denkt）」である。この「それが考える」は「私である」について述べたのと似た仕方で、ひとつの力をあらわしている。その力が、高次の世界から人間の言語器官の形態を生じさせたのである。
>
> 思考がまだ人体と結びついて働いていなかったとき、まだ高次の魂の世界の中にあったとき、思考は当時まだ存在していなかった言語器官を人体に形成するように、そこから働きかけていた。
>
> ——同書、一一〇頁

思考が霊界で創造活動をしているとき、そして、その活動がまだ物質界の人体と結びついていなかったとき、現実界の人間が思考できるようにするために、言語器官を創造しようとした、というのだ。思考は、本来、人間個々人のものではなく、霊界そのものの波動であり状態なのだから、それを受けとるための器官を人に創らなければならなかった。

そして、そのことを象徴的に表す言葉が、「それが考える」だとシュタイナーはいう。もちろん「それ（es）」は、霊界、あるいは、霊界が包みこんでいるこの宇宙全体という意味だろう。われわれの思考とは、「それが考える」内容を受けとることだ。霊界から降り注いでくる真の思考を、われわれは、〈無の場所〉となって、じっと受容しなければならない。そのために、言語器官が創造されたとシュタイナーは、ここでいっているのである。

このようなものとして「思考」を考えるならば、霊界における「思考という創造活動」を、純粋なままで受けとることができるように、みずからの「思考」をつねに整えておくことが、神秘家としての真の姿勢だといえるだろう。

まとめ

最後に、シュタイナーの特徴をあらためて述べてみよう。まずは、この哲学者は、自然科学的態度を堅持したうえで、霊的世界を探究した人物だということになるだろう。シュタイナーは、霊学（精神科学 Geisteswissenschaft）という名称にふさわしい学問を目指したのである。あくまでも「学」（Wissenschaft）を目指したのだ。

曖昧な神秘主義を峻拒しながら、同時にそれらが対象とする領域は包摂していく。他方で、唯物論的な自然科学から距離をとりながらも、その方法論は、みずからの霊学の軸に据える。このようなことが可能であったのも、シュタイナーの比類なき霊視能力と、堅実な自然科学的態度だったといえるだろう。歴史（宇宙進化史を含めた）にかんしても、多くの学問の分野でも、とてつもない視野をもち、それをこの上ない精度で見通すことができたからこそ選べる方法論だったといえる。つまり、ルドルフ・シュタイナーだからこそできた学問分野だったといえるだろう。すでに述べたいい方（柳田國男の南方熊楠評に依拠したもの）を少し変えて表現すれば、「現時点での地球人の極限」とでもいいたくなる。

たとえば、スピリチュアルの世界では、かなり評価の高い『神との対話』（ニール・ドナルド・ウォルシュ［一九四三−］というアメリカ人がチャネリングによって「神」と語る文書。一九九五年から刊行される。全三巻。翻訳は、サンマーク文庫。人間、社会、歴史、宇宙など、ありとあらゆる情報が語りつくされる）を読んでも、「セス」関係の文献（二〇世紀アメリカで、最も著名なチャネリングによる文献。現在『セス・マテリアル』『セスは語る』『個人的現実の本質』の三冊の邦訳がナチュラルスピリットから刊行されている）を読んでも、現在の地球人が、これから進化していく可能性（というよりも、切実な必要性）について多く指摘されている。自然科学的にも精神科学（霊学）の見地からも、新たな道の可能性があるということだ。これら以外の文献や情報からも、シュタイナーが二〇世紀初頭に屹立していた地点はかなり高く、いろいろな事柄を見通せる場所だったといわざるをえない（『神との対話2』では、シュタイナー教育が称賛されていた）。したがって、シュタイナー自身が選んだ方法論は、これからますます重要になってくると思われる。

これらの文献が、シュタイナー自身が批判していた心霊術の類であるかどうかは、たしかに大きな問題だろう。ただこれらの文献に書かれている文章の明晰さと内容の豊かさは、読んでみれば火を見るよりも明らかである。そういう意味で、シュタイナーの体系と比較検討する価値は充分あるのではないだろうか。

ルドルフ・シュタイナーという二〇世紀最大の思想家は、自然科学と神秘思想の双方にまたがり、かつ方法としては、唯一無二の隘路を進んだ孤独な科学者だった。どこにも似た思想家は見いだせない。この人物が、ここまで公開してくれた、この膨大な情報を、われわれはどこまで活かせるのだろうか。

さらに、シュタイナーのもう一つの特徴として、「思考」をひじょうに重視するという点があるだろう。霊界（精神世界）が思考の織物であり、その霊界（精神世界）こそが、われわれの現実世界（物質界）の源なのだとすれば、私たちが、真に精力を傾けなければならないのは、思考態度であり、そこから生みだされる思考内容だということになる。私たちがどのような思考を紡ぐかによって、世界は変化していくのであって、物質的な働きかけによってではないというのだから。このことを徹底させれば、世界は一変するだろう。

これもまた、数多の文献でも指摘されていることであり、シュタイナーとは浅からぬ縁のあるクリシュナムルティ（一八九五－一九八六年。多くの講演、対話、著作により、全世界に深甚な影響を与えた宗教指導者、神秘家。物理学者デヴィッド・ボームとの対談も多い）もまた、「内側からしか変化はおこらない」ということを徹底して繰りかえしている（ただクリシュナムルティは、「頭のなかの思考」［mind］については、エックハルト・トール同様、否定的である）。

精神・思考こそが、すべてに先行している。これは、理想として述べているわけではなく、現実の構造としてそうなのである。遥か先になるかもしれないが、地球の自然科学でも、このことは発見されるにちがいない。

ゲーテアヌムが放火されたとき、シュタイナーは、その原因を、自分も含めた人智学協会内部の問題に求めた。自分たちの内側の炎が、最終的にゲーテアヌムを焼き尽くしたというのである。シュタイナーも、クリシュナムルティも、『神との対話』においても、すべての始まりは、一人ひとりの心のなかだという。繰りかえしになるけれども、もしこれが真実ならば、それは、とてつもなく革命的な思想だろう。われわれの現実の世界は、物理的世界も、政治も経済も、何もかも、私たちの思考から始まっているというのだから。私たちの考えたことが、現実のものとして、われわれの現前にまざまざと現れるというのだ。

さらにシュタイナー自身は、触れることはなかったが、多くのほかの文献からわかるのは、この世界の根源的なあり方も、われわれの常識とは著しく異なるらしいということだ。『セス・マテリアル』や『神との対話』を読むと、量子力学の多世界解釈による世界像が、まさにこの世界の真実のあり方だというのだから。多くの分岐した宇宙が、同時に進行していく。これが、われわれの世界の本当のあり方らしい。このような並行宇宙が、われわれのこの世界に、どのような影響をおよぼしているのか（あるいは、およぼさないのか）は、今後の課題だろう。「セス」文献や『神との対話』によると、この〈私〉と他の世界の「〈私〉たち」とは関係している。そのとき、この世界だけに存在する単一の〈私〉は、どうなるのだろうか。〈私〉の同一性は、意味をなくすのだろうか。この「多重人格的自己同一性」をどのように考えればいいのか。

そして、もう一つ考えなければならないのは、『奇跡のコース』（一九六五年から一九七二年にかけて、コロンビア大学で心理学を教えていたヘレン・シャックマンが、チャネリングで書きとめた文献。刊行は一九七六年。この世界が幻であることを体得するための教科書）に代表される、この世界が幻であるという考え方だ。これは、現在「非二元論」といわれているものと通底する考えだ。仏教の唯《ゆい》識《しき》思想の最終段階（悟り）である「転依《てんね》」ともかかわってくるだろう。このような思想を加味すれば、シュタイナーの『アカシャ年代記より』の記述内容をどう評価すればいいのか。あの膨大で精緻な宇宙の記憶をどう考えればいいのだろうか。

いまわれわれは、ルドルフ・シュタイナーが提示した壮大な宇宙論や精密な人間観から出発して、ほかの多くの新たな革命的思想をも同時に考えざるをえない時代を迎えていると私は思う。すくなくとも私は、こうした時代を画する革命の流れに棹さしたいと思っている。だからこそ、本書を書いた。

おわりに

二〇一九年の九月、一〇月、一一月と三回「ルドルフ・シュタイナーの哲学」と銘打った講演を東京自由大学でおこなった。東京自由大学は、高橋巖先生、西川隆範先生という日本のシュタイナー研究を長く牽引されたお二人が、ゼミや講演をされてきたシュタイナー研究の「聖地」である。そこで、シュタイナーについて、いわば素人同然の私がお話をするのは、とても勇気のいることだった、いや本当に。

高橋先生や西川先生の下で研鑽をつまれた方々も参加されていて、講演後の質問などで、こちらの方が教えられることが多かった。この上ない経験をしたと思っている。自由大との当初の約束通り、この講演をもとに本書はできあがったのだ。

東京自由大学では、二〇一三年から、ソシュール、ホワイトヘッド、土方巽、西田幾多郎など毎年のようにお話をさせて頂き感謝の言葉もない。

自由大とのおつきあいは、いま運営委員長をしている辻信行君が、私の大学の授業に潜りこんできたときから始まった。文学部の授業なのに、なぜか総合政策学部の辻君がやってきたのである。三〇〇人から四〇〇人くらいの受講生がいるなか、辻君との漫才のような丁々発止のかけあいを毎週楽しんだ。私の授業の四〇年近くになる歴史のなかでも、一、二を争う「逸材」だった。その辻君からお話があり、神田にあった頃の東京自由大学で講演をすることになったのだ。辻君とのつきあいは、私にとってかけがえのないものである。とても感謝している。

今回の本は、その自由大学の今井章博さんとのやりとりから始まった。二〇一九年の講演をもとに本を書かないかと編集者でもある今井さんから、あらためて勧められたのだ。こうして二〇二〇年のコロナ禍のなか、今井さんにこの本の原稿を送りつづけた。いつも丁寧なコメントが返ってくるので、私も嬉しくなり、ついつい長いものになってしまった。ありがたいことだ。

できあがった原稿は、自由大の理事長でもあり、角川書店の敏腕編集者でもあった宮山多可志さんにも実に仔細に読んで頂いた。シュタイナーに造詣の深い宮山さんには、いろいろな角度からとても的確なアドバイスを貰った。こうしてこの本は、だんだんと形に成っていった。今井さん、宮山さんには、本当に感謝している。

河出書房新社の尾形龍太郎さんに初めてお会いしたのは、二〇二一年の暮れだ。千駄ヶ谷の鳩森八幡神社でお参りをし、私の「聖地」日本将棋連盟で、アベマトーナメント（！）のファイルを買い、河出書房新社の下の喫茶店で、今井さんと三人でお会いした。尾形さんとお話ししているうちに、不思議なシンクロがあり妙な気分になった。山田詠美、笙野頼子、松浦理英子といった文学の天才たちの話で盛りあがり、とても初めてお会いした人とは思えなかった。ご縁があるのだろう。

こうして河出書房新社から本書が刊行されることになった。多くの方々のお蔭である。シュタイナーの本だけに、こうした方々とのおつきあいが、とても今世だけのものとは思えない。長く深いものであるような気がしてならない。私のたんなる思いこみだろうか。シュタイナー先生、いかがです？

私の哲学とのつきあいも、ウィトゲンシュタイン、ホワイトヘッド、ベルクソン、西田幾多郎ときて、ルドルフ・シュタイナーにたどり着いた。しかし、この世界の謎は、まだまだ深まるばかりだ。此岸のことも彼岸のことも、私のなかでは、何ひとつ解明できた気がしない。私は、まだ彼岸に旅立つことはできないということなのだろう。もう少し此岸で頑張りたいと思う。

中村　昇

二〇二二年二月二二日

シュタイナーの誕生日を五日後に控えて

▪ベルクソン『思考と動き』（原章二訳、平凡社ライブラリー、2013年）
▪清水真木『ニーチェ入門』（ちくま学芸文庫、2018年）

▪『シュタイナーの瞑想法　秘教講義 3』（高橋巖訳、春秋社、2019 年）

シュタイナーに関する著作（刊行年順）

▪子安美知子『ミュンヘンの小学生　娘が学んだシュタイナー学校』（中公新書、1975 年）
▪ヨハネス・ヘムレーベン『ルドルフ・シュタイナー』（川合増太郎・定方昭夫訳、人智学研究会・工作舎、1977 年）
▪高橋巖『神秘学講義』（角川選書、1980 年）
▪F・W・ツァイルマンス・ファン・エミショーベン『ルドルフ・シュタイナー』（伊藤勉・中村康二訳、人智学出版社、1980 年）
▪高橋巖『若きシュタイナーとその時代』（平河出版社、1986 年）
▪高橋巖『シュタイナー哲学入門』（角川選書、1991 年）
▪A.P. シェパード『シュタイナーの思想と生涯』（中村正明訳、青土社、1998 年）
▪西平直『シュタイナー入門』（講談社現代新書、1999 年）
▪小杉英了『シュタイナー入門』（ちくま新書、2000 年）
▪高橋巖『神秘学入門』（ちくまプリマーブックス、2000 年）
▪西川隆範『シュタイナー用語辞典』（風濤社、2008 年）
▪井藤元『シュタイナー「自由」への遍歴』（京都大学学術出版会、2012 年）
▪今井重孝『〝シュタイナー〟『自由の哲学』入門』（イザラ書房、2012 年）
▪衛藤吉則『シュタイナー教育思想の再構築　その学問としての妥当性を問う』（ナカニシヤ出版、2018 年）

そのほかの著作（刊行年順）

▪西田幾多郎『善の研究』（岩波文庫、1979 年）
▪ゲーテ『自然と象徴―自然科学論集―』（高橋義人編訳、前田富士男訳、冨山房百科文庫、1982 年）
▪マルティン・ハイデガー『ニーチェⅢ』（薗田宗人訳、白水社、1986 年）
▪三島憲一『ニーチェ』（岩波新書、1987 年）
▪ニーチェ『権力への意志　下（ニーチェ全集 13）』（原佑訳、ちくま学芸文庫、1993 年）
▪ウィリアム・ジェイムズ『純粋経験の哲学』（伊藤邦武編訳、岩波文庫、2004 年）
▪村井則夫『ニーチェ――ツァラトゥストラの謎』（中公新書、2008 年）

〈主要参考文献〉

（網羅的なものではなく、本書を書くにあたって、直接参考にしたものだけを挙げた）

ルドルフ・シュタイナーの著作

▪*Die Philosophie der Freiheit,* Rudolf Steiner Verlag, 2005（『自由の哲学』本間英世訳、人智学出版社、1981年、『自由の哲学』高橋巖訳、ちくま学芸文庫、2002年）

▪*Friedrich Nietzsche:ein Kämpfer gegen seine Zeit,* Rudolf Steiner Gesamtausgabe, 1963（『ニーチェ　みずからの時代と闘う者』高橋巖訳、岩波文庫、2016年、『ニーチェ　同時代への闘争者』西川隆範訳、アルテ、2008年）

▪*Grundlinien einer Erkenntnistheorie der Goetheschen Weltanschauung,* Rudolf Steiner Verlag, 2011（『ゲーテ的世界観の認識論要綱』浅田豊訳、筑摩書房、1991年）

▪*Goethes Weltanschauung,* Rudolf Steiner Verlag, 1985（『ゲーテの世界観』溝井高志訳、晃洋書房、1995年）

▪*Mein Lebensgang,* Rudolf Steiner Verlag, 1982 （『シュタイナー自伝　Ⅰ・Ⅱ』伊藤勉・中村康二訳、ぱる出版、2001年、『シュタイナー自伝　上・下』西川隆範訳、アルテ、2008-2009年）

▪*Theosophie,* Rudolf Steiner Verlag, 2005（『神智学』高橋巖訳、ちくま学芸文庫、2000年、『テオゾフィー　神智学』松浦賢訳、柏書房、2000年）

▪*Wie erlangt man Erkenntnisse der höheren Welten?,* Rudolf Steiner Verlag, 2014（『いかにして超感覚的世界の認識を獲得するか』高橋巖訳、ちくま学芸文庫、2001年、『いかにして高次の世界を認識するか』松浦賢訳、柏書房、2001年、『いかにして人が高い世を知るにいたるか』鈴木一博訳、精巧堂出版、2008年）

▪*Die Geheimwissenschaft im Umriss,* Rudolf Steiner Verlag 2005（『神秘学概論』高橋巖訳、ちくま学芸文庫、1998年、『神秘学概論』西川隆範訳、イザラ書房、1992年）

▪*Aus der Akasha-Chronik,* Rudolf Steiner Verlag, 2013（『アカシャ年代記より』高橋巖訳、国書刊行会、1994年）

▪*Allgemeine Menschenkunde als Grundlage der Pädagogik,* Rudolf Steiner Verlag, 2018（『教育の基礎としての一般人間学』高橋巖訳、創林社、1985年）

▪『薔薇十字会の神智学』（西川隆範訳、平河出版社、1985年）

▪『死後の生活』（高橋巖訳、イザラ書房、1989年）

▪『哲学の謎』（山田明紀訳、水声社、2004年）

▪『シュタイナー輪廻転生譚』（西川隆範編訳、風濤社、2009年）

▪『シュタイナー哲学講義』（西川隆範訳、アルテ、2010年）

中村 昇 Nakamura Noboru

哲学研究者、中央大学文学部教授。一九五八年、長崎県佐世保市生まれ。中学・高校と小林秀雄の影響下で過ごす。浪人時代から二年間、土方巽のもとで暗黒舞踏家になる。大学院から、木田元に師事し哲学を学ぶ。中央大学大学院文学研究科哲学専攻博士課程満期退学。言語や時間といった普遍的な問題から、落語と哲学の関係にいたるまで、ユニークな研究をつづけている。著書に『いかにしてわたしは哲学にのめりこんだのか』『小林秀雄とウィトゲンシュタイン』『ホワイトヘッドの哲学』『ベルクソン=時間と空間の哲学』『落語―哲学』『ウィトゲンシュタイン『哲学探究』入門』など。

編集 宮古地人協会

装画 柳 智之

ブックデザイン 鈴木成一デザイン室

ルドルフ・シュタイナー 思《し》考《こう》の宇《う》宙《ちゅう》

二〇二二年四月二〇日 初版印刷
二〇二二年四月三〇日 初版発行

著者 中村《なかむら》 昇《のぼる》
発行者 小野寺優
発行所 株式会社河出書房新社
〒一五一―〇〇五一 東京都渋谷区千駄ヶ谷二―三二―二
電話 〇三―三四〇四―一二〇一［営業］
〇三―三四〇四―八六一一［編集］
https://www.kawade.co.jp/
組版 KAWADE DTP WORKS
印刷 株式会社亨有堂印刷所
製本 加藤製本株式会社
Printed in Japan ISBN978-4-309-23116-7